国家社会科学基金青年项目"心理因果性理论的最新发展研究"（14CZX039）
湖北省重点马克思主义学院建设项目（19ZDMY）

心灵哲学丛书

高新民 主编

心理因果性难题

张卫国 著

科学出版社

北京

图书在版编目（CIP）数据

心理因果性难题 / 张卫国著 . --北京：科学出版社，2024.3

（心灵哲学丛书 / 高新民主编）

ISBN 978-7-03-078240-3

Ⅰ.①心⋯　Ⅱ.①张⋯　Ⅲ.①心理学–因果性–研究　Ⅳ.① B84

中国国家版本馆 CIP 数据核字（2024）第 059226 号

责任编辑：任俊红　陈晶晶 / 责任校对：郑金红
责任印制：赵　博 / 封面设计：有道文化

科学出版社 出版

北京东黄城根北街 16 号
邮政编码：100717
http://www.sciencep.com

固安县铭成印刷有限公司印刷
科学出版社发行　各地新华书店经销
*

2024 年 3 月第　一　版　　开本：720×1000　1/16
2024 年 10 月第二次印刷　　印张：16
字数：287 000

定价：118.00元

（如有印装质量问题，我社负责调换）

"心灵哲学丛书"

编　委　会

| 总　序

心灵可能是世界上人们最为熟悉，也最为神秘的存在了，正所谓"适言其有，不见色质；适言其无，复起虑想，不可以有无思度故，故名心为妙"①。在一般人看来，"心"无疑是存在的，然而却不曾有哪个人看到或碰到过它，但若据此就说它不存在，似乎又说不通，因为心不只存在，而且还可将自身放大至无限，正如钱穆先生所说：心并不封闭在各个小我之内，而实存于人与人之间，它能感受异地数百千里外，异时数百千年外他人之心以为心②。

人类心灵观念的源头可追溯到原始思维。尽管其形成掺杂有杜撰的成分，其本体论承诺也疑惑重重，但它所承诺的心灵却在后来的哲学和科学中享有十分独特的地位。例如，迄今为止，它仍是哲学中的一个具有基础性地位的研究对象。正是由于存在心灵，才有了贯穿哲学史始终的"哲学基本问题"。当然它也历经坎坷，始终遭受着两方面的待遇：一方面是建构、遮蔽；另一方面是解构、解蔽。

心灵问题常被称为"世界的纽结""人自身的宇宙之谜"，是一个千古之谜、世界性的难题。它像一个强大的磁场，吸引着一

---

① 天台智者.法华玄义.卷第一上 // 大正藏.第 33 卷：685.
② 钱穆.灵魂与心.桂林：广西师范大学出版社，2004：18，90.

代又一代睿智之士，为之殚精竭虑、倾注心血，而这反过来又给这个千古之谜不断地穿上新的衣衫，使之青春永驻、历久弥新。当然，不同的文化背景和致思取向在心灵的认识方面也会判然有别。例如，西方哲学在科学精神的影响下，更关注心灵的本质、结构、运作机制等"体"的问题，而东方智慧由于更关注人伦道德问题，因而更重视寻觅心灵对"修、齐、治、平"的无穷妙用。但不管是哪一种取向，在破解心灵之谜的征程上仍然任重道远，甚至可以说我们目前对心灵的认识尚处于"前科学"的水平。原因是多方面的，但其中一个重要原因是我们的认识和方法犯了某种根本性的错误（如吉尔伯特·赖尔所说的"范畴错误"），未能真正超越二元论，因而对心灵的构想、对心理语言的理解是完全错误的。这样一来，当务之急就是要重构心灵的地形学、地貌学、结构论、运动学和动力学。

应该承认，常识和传统哲学确有"本体论暴胀"的偏颇，但若矫枉过正而倒向取消主义则无异于饮鸩止渴。从特定意义上说，心灵既是"体"或"宗"，又是"用"，它不仅存在，还有无穷的妙用。说心是"体"，是因为人们所认识到的世界的相状、色彩等属性，以及世界呈现给人们的各种意义都离不开心，因而心是一切"现象"的本体和基质，是一切价值的载体，也是获得这些价值的价值主体。说心是"用"，是因为人的生活质量好坏、幸福指数高低、能否成为有德之人，在很大程度上取决于心之所使，正如天台智者所言：三界无别法唯是一心。作心能地狱，心能天堂，心能凡夫，心能圣贤。[①]由此看来，心不仅有哲学本体论和科学心理学意义上的"体"、本质和奥秘，也有人生价值论意义上的"体"和"用"。由于有这样的认识，中国自先秦以降很早就形成了一种独特的"心灵哲学"：从内心来挖掘做人的奥秘，揭示"成圣为凡"的内在根据、原理、机制和条件。从内在的方面来说，这是名副其实的心学，可称为"价值性心灵哲学"，而从外在的表现来看，它又是典型的做人的学问——"圣学"。

在反思中国心灵哲学的历史进程时，我们同样会遇到类似于科学史上的"李约瑟难题"：17世纪以前，中国心灵哲学和中国科学技术一样，远远超过同期的欧洲，长期保持着领先地位，或者说至少有自己的局部优势，但此后，中国与欧洲之间的差距与日俱增。李约瑟也承认，东西方人的智力没多大差别，但为什么伽利略、牛顿这样的伟大人物来自欧洲，而不是来自中国或印度？为什么近代科学和科学革命只产生在欧洲？为什么如今原创性的心灵哲学理论基本上都与西方人的名字连在一起？带着这样一些疑惑、觉醒意识和探索冲动，

---

① 天台智者.法华玄义.卷第一上//大正藏.第33卷：685.

一些中国青年学者踏上了探索西方心灵哲学、构建当代中国心灵哲学的征程。本丛书是其中的一部分成果。它们或许还不够成熟，但毕竟是从中国哲学田园的沃土里生长出来的。只要辛勤耕耘、用心呵护，中国心灵哲学的壮丽复兴、满园春色一定为期不远。

高新民　刘占峰

2012 年 8 月 8 日

| 前　言

　　人的心灵，不仅能够认识世界，而且能够创造世界。心灵与世界之间具有因果关系。人们每天都在体验着两种因果关系：从世界到心灵的因果关系和从心灵到世界的因果关系。前一种因果关系是认识世界的基础，后一种因果关系是改造世界的基础。

　　从自然科学摆脱宗教束缚并获得独立发展以来，一种以自然科学为基础的世界观统治着世界，科学成为常识的"法庭"。以科学的视角去透视常识，常识变得千疮百孔、满目疮痍。关于心理因果性的常识观念也不例外。"心灵如何可能发挥对世界的因果作用"这一心理因果性难题是科学对常识的诘难和审问。一个行为真实地发生了，科学给出的是客观的生理原因，而常识给出的是主观的心理原因。心灵是自由的，物质是惰性的，因而主观的心理原因不同于客观的生理原因。于是，心灵就被怀疑是没有因果作用的副现象。

　　新兴的自然科学与常识之间发生着激烈的碰撞和激荡，使心理因果性成为一个哲学问题。这个哲学问题的最初表现，就是笛卡儿[①]的心身实体二元论和心身相互作用论之间的矛盾。在笛卡儿的心身实体二元论看来，人既有心灵实体，又有身体实体。心灵实体的本质是能思维，但没有广延。身体实体的本质是有广延，但不能

---

① 又译作"笛卡尔"。

思维。根据笛卡儿的心身相互作用论，心身两种实体虽然性质相异，但在因果上又能相互作用。然而，根据当时的机械力学，因果关系的典型实例就是齿轮与齿轮之间的咬合关系。两个物体之间要具有因果关系，它们必须彼此接触。既然心灵没有广延，它就不可能接触并"咬合"身体从而推动身体的运动。心身实体二元论与自然科学不相容，使得心灵是副现象的看法甚嚣尘上。

正如福多（Fodor）所言，如果副现象论（epiphenomenalism）是真的，它将是我们物种历史上无可比拟的、最大的理智灾难。心理因果性不仅是认识世界和改造世界的基础，也是伦理学、法学和科学心理学的基础。如果心理事物是副现象，那么我们既不能认识世界，也不能改造世界。如果我们的心灵只是我们身体活动的消极旁观者，就无法说明我们在何种意义上要为我们的所作所为负责，也无法说明我们每个人的法律责任。如果心理因果性真的不存在，那么，心理与行为之间就没有任何规律可言，科学心理学存在的合法性也就消失殆尽了。

无论自然科学对因果关系的认识如何发展，笛卡儿的心身实体二元论都始终难以与自然科学相容。笛卡儿的心身实体二元论为心灵及其因果作用覆盖了一层神秘的面纱。为了消除笛卡儿覆盖在心灵之上的这种神秘性，"自然化心灵"不仅成为一种口号，更成为一种运动。20世纪50年代以来，物理主义作为唯物主义的当代形式在这种运动中逐渐取代心身实体二元论成为理解心灵的主流范式。世界上只有一种实体，即物质实体，心灵实体被消解了。心灵的存在地位，从实体下降为属性，即它只是物质实体的一种属性。因此，物质实体既具有物理属性，又具有心理属性。人们不再坚持心身实体二元论，但又不得不坚持属性二元论，否则人类引以为傲的意识就是一种惰性的事物，人就没有资格成为万物之灵。

坚持属性二元论又带来了新的副现象论问题，即心理属性的因果性是如何可能的。在一个原因事件的诸属性中，与原因事件引起结果事件的因果过程相关的，不是这个原因事件的所有属性，而是其中的部分属性。一个行为产生了，导致这个物理结果产生的原因是发生在大脑中的事件。这个原因事件既可以用心理语言描述，也可以用物理语言描述。这就表明这个原因事件既具有心理属性，又具有物理属性。但是，如果心理属性不同于物理属性，心理属性的因果性就无法说明，心理属性就是一种无因果作用的副现象。

本书以心理属性的因果性难题为中心，在全面梳理和深入分析当代唯物主义心理因果性理论的基础上，对心理属性的因果性难题作出尝试性的解答。本书共有十章，可分为四个部分。

第一部分包括第一章和第二章，主要介绍心理因果性难题产生的原因、演变的过程，以及新的表现形式。心理因果性难题的实质就是副现象论的威胁。第一章主要介绍副现象论的缘起、副现象论的演变过程和副现象论的类型。第二章主要分析心理属性副现象论的三个论证：基于心理异常性的论证、随附性 / 排除论证和"外在主义威胁"论证。

第二部分包括第三章和第四章，主要分析心理因果性难题的"形而上学问题"。解决心理因果性难题有一个前提，即必须先要解决两个与之相关的形而上学问题：一是心灵在世界中的地位；二是因果关系的形而上学问题。第三章以前一个形而上学问题为中心，分析了行为主义、心脑同一论、功能主义（functionalism）、解释主义和取消主义（eliminativism）等心灵哲学理论。第四章以后一个形而上学问题为中心，分析了规则论的因果理论、反事实条件论的因果理论、过程论的因果理论、自主体因果理论和干预主义的因果理论等形而上学因果理论。

第三部分包括第五章、第六章和第七章，主要论述当代各种唯物主义的心理因果性理论。第五章主要论述化解心理异常性难题的心理因果性理论，如反事实条件论的心理因果性理论、法则学充分性理论的心理因果性理论、跨世界的相关相似性理论的心理因果性理论、生物学功能解释的心理因果性理论。第六章主要论述消解随附性 / 排除难题的心理因果性理论，如功能还原论的心理因果性理论、确定关系论的心理因果性理论、干预主义的心理因果性理论、特普论的心理因果性理论、构成物理主义的心理因果性理论、平行主义的心理因果性理论、突现论的心理因果性理论。第七章主要论述解除外在主义威胁的心理因果性理论，如宽功能主义的程序解释论、信息语义学的结构原因论、目的论语义学的规范原因论、解释实践优先理论。

第四部分包括第八章、第九章和第十章，主要是在分析物理主义和二元论的心理因果性理论的基础上，阐发一种新的心理因果性理论，即实践唯物主义的心理因果性理论。第八章主要分析物理主义在解决心理因果性问题上的得与失。第九章主要论述新二元论的新论证及在心理因果性难题上的新回应。第十章以实践为核心范畴，分析心理内容（mental content）的本质、来源、因果作用，揭示心灵的存在地位和本质，阐释实践唯物主义作为心理因果性理论何以可能的根据。

| 目　　录

第一章

心理因果性难题：副现象论

随着自然科学从中古的神学枷锁中解放出来，它的触角不断延伸，它的疆域不断拓展，它的权威性也在不断地加强，自然科学现在已经成为人们审视一切的理性法庭。人们不仅用它来审视中古的神学世界观，也用它来审视常识观点。当人们用它来审视最为重要的常识观点即"心灵能够改变世界"时，人们惊奇地发现自然科学和常识产生了尖锐的冲突。在"心灵改变世界何以可能"这一心理因果性问题上，自然科学所做的回答难以与常识心理因果观相容：如果一种改变世界的行为产生了，那么，自然科学所揭示的背后的客观的生理原因，似乎先占（preempt）或排除（exclude）了常识所给出的主观的心理原因。科学和常识在心理因果性问题上的激荡和碰撞催生了副现象论。副现象论宣称，在行动产生的过程中，心理事物是不能发挥任何因果作用的副现象。因此，任何一种心理因果性理论都要正视副现象论提出的难题。

第一节　副现象论的缘起

从哲学形态上看，副现象论是一种介于一元论与二元论之间的本体论理论。唯物主义一元论主张物质决定意识，意识对物质具有反作用。二元论主张物质和意识各自独立存在，谁也不决定谁。副现象论则宣称，物质决定意识，但意识不能反作用于物质。

副现象论所说的"副现象"（epiphenomenon）是一个合成词，前缀 epi 意为在……旁或在……上，phenomenon 是现象的意思。它的字面意义是某个过程的

"副产品"或"副现象"。这一词最早由心理学家和哲学家詹姆斯（James）使用。他在《心理学原理》第五章"自动机理论"中写道：根据意识自动机理论，意识自身没有机械的功能。感官会唤醒大脑细胞；大脑细胞又会以合理而有序的顺序相互唤醒，直到动作发生的时刻到来；最后的大脑振动会向下释放到运动束。但是，这是一个相当自发的事件的链条，而且无论有什么样的心灵与之相伴随，也都只能是一种"副现象"，如霍奇森（Hodgson）所说，是一种"泡沫、气味或者音调"，阻碍它或者促进它，对于事件的发生都同样不起作用。[①]

这段文字至少有以下两层含义：一是人的生理系统是一个封闭的系统，意识不会作为原因而介入其中；二是意识是生理过程的副产品，对理解和解释人的行为完全无用。根据意识自动机理论，意识是由生理事件产生的，但不能反过来对生理事件产生任何因果作用。由此我们可以看出，意识自动机理论与意识副现象论是一实的二名，二者之间没有本质区别。

意识自动机理论与其他理论不同，不能在古希腊哲学中找到其源头，它的出现始于近代。哈贝克（Harbecke）说：心理因果性问题作为哲学研究的对象较之于其他的哲学问题来说非常年轻。一个重要的理由是，在古希腊和中古哲学中，人们还不知道物理因果闭合性原则和能量守恒定律。只有当物理力学和笛卡儿的著作开始影响哲学推理时，这一问题才被当作一个真正的问题。[②]哈贝克表明了副现象论兴起的根本原因有两点：一是近代自然科学的出现；二是笛卡儿的哲学影响人们看待自我的方式。

近代自然科学自从摆脱了中古的神学束缚之后，就像摆脱缰绳的野马飞奔前行，取得了巨大成就。在解剖学和生理学方面，维萨留斯根据解剖发现，女人不可能是上帝用男人的肋骨造出来的。在天文学方面，哥白尼的太阳中心说推翻了亚里士多德－托勒密的地球中心说。后来伽利略用望远镜观察天体，证明和发展了哥白尼的日心说。在物理学方面，伽利略还发现了自由落体定律、钟摆定律等自然规律。近代科学革命从根本上改变了人类的知识图景，机械力学成为"西方思想生活的框架"。在这种思想框架之下，人们认为世界是一台自动运行的机器，社会是一台自动运行的机器，人也是一台自动运行的机器。自此，"物理事物的原因和结果都是物理的"这条物理因果闭合性（或完备性、封闭性）原则逐渐被人们认识，并且被当作一种科学的方法论原则，用于探索世界奥秘。

---

① 詹姆斯. 心理学原理. 田平译. 北京：中国城市出版社，2003：179.

② Harbecke J. Mental Causation: Investigating the Mind's Powers in a Natural World. Frankfurt: Ontos Verlag, 2008: 13.

这种科学原则似乎与关于心灵的常识观念不相容。我们关于心灵的常识观念至少也包含着两条原则：心理事物与物理事物不同；心理事物与物理事物在因果上能相互作用。这两条常识原则的哲学表达实际上就是笛卡儿的心身实体二元论和心身相互作用论。在这里，其实已有三条原则：①物理结果有充分的物理原因；②心理事物与物理事物不同；③心理事物与物理事物在因果上能相互作用。

在这三条原则中，每一条原则单独看来似乎都是真理。但是，一旦我们将注意力聚焦在这三条原则之间的关系上，就会发现它们难以相容。首先是①和②的合取否定了③。假设某一行动产生了，这一行动无疑是一种可以通过经验观察的物理结果。对于这一物理结果，①表明，它的原因只能是物理原因，比如大脑内的神经活动。②表明，任何心理事物都不可能同一于这个物理原因。由此可以推出，没有任何心理事物能够作为这个物理结果的原因，据此③是错误的。其次是①和③的合取否定了②。根据①，它的原因只能是物理事物。根据③，它有心理原因。由此可以推出，它的心理原因同一于它的物理原因，因此②是错的。最后是②和③的合取否定了①。根据③，物理结果可以有心理的原因。根据②，这个心理原因不同于任何物理事物。由此可以推出，物理结果可以有非物理的原因，因此①是错的。

从以上的分析中我们可以看出，副现象论在近代出现的原因是近代自然科学的范式与常识心理因果观发生了尖锐的冲突。

第二节　副现象论的演变

自然科学从中古宗教神学中独立出来之后并没有立即催生副现象论。副现象论的产生和演变经历了三个阶段：17 世纪的自动机理论是副现象论的萌芽；18 ～ 19 世纪意识自动机理论的提出，标志着古典副现象论的正式诞生；20 世纪在心灵哲学中出现的心理属性副现象论是副现象论的现代形式。

一、副现象论的萌芽：17 世纪的自动机理论

17 世纪的生理学家深受当时机械力学的影响，逐渐形成和普遍接受"动物[①]

———————
① 此处的"动物"指非人类动物。

是自动机"的观念。动物的生理系统若是一部自动运行的机器，则意识就无法介入其中。不过，此时的生理学家并没有宣称自己是副现象论者。他们内心充满了矛盾：一方面，他们的生理学研究告诉他们动物机器是自动运行的，不需要意识推动；另一方面，他们的常识观念又无法让他们否认意识的因果作用。这种矛盾尤为明显地体现在笛卡儿的生理学和哲学著作中。

（一）"动物是自动机"

笛卡儿基于其生理学的研究提出了"动物是自动机"的著名论断。这一论断表明，一切有生命的物体与无生命的物体一样都是一部自动运行的机器。笛卡儿的生理学观点深受哈维（Harvey）的血液循环理论的影响。哈维是英国著名的生理学家。他在《心血运动论》中提出了血液循环理论，为"动物是自动机"提供了理论基础。哈维利用解剖方法，对心脏进行观察，发现了血液自动循环的机械论本质，从而抛弃了其前辈与同时代的人在解释身体的功能时诉诸的生命精气、自然精气等。

笛卡儿将哈维血液循环理论中的机械生理学思想，推广到人的整个生理系统。在他看来，非人类动物是简单的自动机，人类的身体是复杂的自动机。人虽然有灵魂，但不能干涉身体机器的运行，因为身体机器有原动力，不需要灵魂的推动。人的死亡，就像钟表停摆一样，不是由于灵魂的缺失，而是由于原动力不再起作用。

（二）心身实体二元论

笛卡儿虽然承认"人的身体是自动机"，但否认了"人是自动机"。因为人除了身体之外，还有理性的灵魂和生命的激情。他说："我首先曾把我看成是有脸、手、胳臂，以及由骨头和肉组合成的这么一架整套机器，就像从一具尸体上看到的那样，这架机器，我曾称之为身体。除此而外，我还曾认为我吃饭、走路、感觉、思维，并且我把我所有这些行动都归到灵魂上去。"[①] 这句话意味着，人的身体虽然与动物的身体结构类似，但人与其他动物有本质的区别，因为人具有其他动物所不具有的灵魂，而理性的灵魂具有自由意志。这句话实际上表达了笛卡儿的心身实体二元论的哲学观点。

根据心身实体二元论，人是由心灵实体和身体实体构成的。心灵与身体不同，心灵能思维而无广延，身体有广延而不能思维。两者性质截然不同。两种实体之间的不同主要表现在以下三个方面。

---

① 笛卡尔.第一哲学沉思集：反驳和答辩.庞景仁译.北京：商务印书馆，1986：26.

首先，身体实体占有空间，而心灵实体不占有空间。任何一个物质对象在空间中都占据着一个位置并呈现出空间的维度，而心灵的对象，如感觉和思维，则不占据任何空间。因此，肉体是可分的，而精神是不可分的。虽然我们通常也会说思想产生于我们的大脑之内、脚趾的疼痛发生于脚趾上，这种说法似乎表明心灵的各种状态至少是有空间位置的，但是说思想或疼痛有空间位置的意义，显然不同于说物理对象有空间位置的意义。幻肢痛感是一种发生在截肢上的疼痛，但这种症状只是表明：当你把疼痛描述为发生在你的脚趾上时，你真正描述的是一种特定类型的感觉，如脚趾上的疼痛感，它可能发生于并且的确曾发生于那些脚趾已被截除的主体的身上。

其次，心灵实体具有感觉和思维，而它们表现出来的性质似乎是在物理领域之外或之上的。比如，当你闻到玫瑰花的香味时，你所具有的感觉在性质上似乎不同于任何属于物理世界的东西。虽然导致这些心理体验产生的各种原因无一例外都是物理事物，但是它们本身却似乎显现了一些物理世界之外的性质。反过来也一样，物质对象所表现出来的特征，心理对象似乎也不具有。比如，一块石头有独特的大小、形状、质量以及确定的空间位置，而感觉和思维似乎并不具有。疼痛可能是强烈的，却不可能有一定的长度；你对一个即将来临的假期的思考，也不可能有质量。

最后，从认识论上来看，心灵是私密的，而物质是公开的。由于你的感觉和思维是私密的，别人可以猜测或推断出你的所思所感，但是只有你才有到达你的思想和感觉的"直接"通道。我可以观察到你正在进行思考，或正在经历某一疼痛。但是，我显然不能像你一样直面你的思想和疼痛。我的经验不是关于你的疼痛，而是关于你的疼痛对你所起的作用以及相应的行为表现。笛卡儿甚至认为，这种关于自己的感觉和思维的直接知识是不可错的。[①]

综上所述，心与物完全是异质的。心灵既没有物理特征，也不能以物理的方式来认识。反过来，身体也是如此，大脑既不能思考，也没有感觉。由于心理现象和物理现象从根本上讲是彼此不同的，因此，两个人即使有完全相同的身体，他们的心灵也可能完全不同。

（三）心身相互作用论

笛卡儿宣称心灵实体与物质实体是完全异质的，但又同时承认，它们是统一的，而统一的证据就在于，它们能够相互作用。

---

① 约翰·海尔.心理因果关系//斯蒂克，沃菲尔德.心灵哲学.高新民，刘占峰，陈丽，等译.北京：中国人民大学出版社，2013：244-245.

一方面，大脑的神经活动产生人的灵魂。笛卡儿明确表明灵魂的处所不是心脏，而是大脑，确切地讲，是大脑正中央的松果体。大脑中的松果体产生灵魂的过程是这样的：先是位于神经末梢的身体部位接受来自体外事物的刺激，再是自体的刺激催动了神经管中动物精气的流动，然后是动物精气经由神经管从身体部位流进大脑中，最后是动物精气的变化改变松果体的运动，从而产生灵魂。这里所说的"精气"，指的不是中古经院哲学家虚构出来的解释生命运动的精神性的东西，而是一种物质性的东西，即人的身体。①

另一方面，灵魂又能引起身体的运动。灵魂引起身体运动的过程是：先是灵魂通过松果体推动动物精气沿着神经管流向肢体；再是动物精气的流动引起肌肉收缩，从而产生身体的运动。

笛卡儿在这里似乎推翻了他的"人的身体是自动机"的观点。人的身体受到了心灵的作用，不完全是自动机。他说："我有一个肉体，当我感觉痛苦的时候，它就不舒服；当我感觉饿或渴的时候，它就需要吃或喝；等等。因此我决不怀疑在这上面有没有真实性。"②

（四）自动机理论、心身实体二元论与心身相互作用论之间的矛盾

基于当时的机械力学，物体间的因果关系与原因物体和结果物体之间的推动有关，推动要求原因和结果彼此接触。因此，笛卡儿的学生伊丽莎白公主在读了《第一哲学沉思集》之后就产生了一个疑惑。一个物体能够运动起来，是由于另外一个物体的推动。推动要求两个物体接触，只有有广延的物体才能彼此接触。但是，人的灵魂只是一个有意识的实体，没有广延，那它怎么可能与身体接触从而推动身体运动？

如果心灵没有广延，那么心灵就不可能与身体接触，从而也就不可能作为原因推动身体的运动。对于这一点，我们可以用一个简单的机械力学的例子来说明。假设一个转动的齿轮咬住第二个齿轮，从而使第二个齿轮转动起来。在这个例子中，我们能够理解，第二个齿轮的转动是如何由第一个齿轮的转动引发的。现在假设第一个齿轮被一个非空间的实在代替，那么，这样一个实在如何可能咬住第二个齿轮呢？

松果体说似乎不能解决伊丽莎白公主的困惑。松果体要么是物理的东西，要么是非物理的东西，二者必居其一，没有中间状态。如果松果体是物理的，那么它只能将物理的东西与物理的东西"连接"起来；如果它是非物理的，即

---

① 笛卡尔.论灵魂的激情.贾江鸿译.北京：商务印书馆，2017：8.

② 笛卡尔.第一哲学沉思集：反驳和答辩.庞景仁译.北京：商务印书馆，1986：85.

是精神性的，那么它只能将精神性的东西与精神性的东西"连接"起来。无论如何，松果体都不可能作为沟通精神与身体的桥梁。即使根据当代物理学的研究成果，因果作用的实现形式多种多样，但是不管二元论者给出什么样的因果链，都会陷入相同的困境。松果体说解决不了心身相互作用的问题。

二、古典副现象论的诞生：18～19世纪的意识自动机理论

与17世纪的生理学家不同，18～19世纪的生理学家不再纠结。他们没有试图将生理学的研究成果与常识心理学统一起来，而是直接宣布放弃常识心理学，从而维护生理学的科学性。他们直接宣布人是有意识的自动机，意识是副现象。

（一）人是自动机

副现象论的正式创始人是英国生物学家、生理学家和哲学家赫胥黎（Huxley）。他曾任英国科学促进协会主席，是达尔文进化论的主要辩护者。赫胥黎在英国科学促进协会大会上做了题为"论动物是自动机的假设及其历史"的报告。这一事件被普遍认为是副现象论公开问世的标志。在这篇报告中，他提出了一种新的观点，即所有的野兽和人类都是有意识的自动机。

与笛卡儿的观点相比，赫胥黎的观点有以下两个方面的不同。一方面，笛卡儿只承认动物是无意识的自动机，但赫胥黎却承认动物是有意识的自动机。笛卡儿认为动物是无意识的，而赫胥黎则认为动物是有意识的。赫胥黎的理由是，如果动物能做梦就表明它们能够思考，如果动物能思考就表明它们是有意识的。例如，睡着的青蛙似乎经常做梦。做梦就意味着在梦里思考，因而就没有理由怀疑它们是有意识的。[1] 在此基础上，赫胥黎进一步宣称，虽然动物有意识，但意识只是身体机器的副产品，对动物的行动没有任何干预的能力，就像伴随着机车发动机工作的汽笛对其机械装置没有影响一样。另一方面，笛卡儿只承认人的身体是自动机，但不承认人是自动机，而赫胥黎则承认人是"有意识的自动机"。

（二）心理事件是副现象的论证

赫胥黎论证了，动物的意识不是其行为发生的必要条件。根据他自己的观察，青蛙在被摘除一部分大脑之后，虽然不能实施行动，但能够实施一系列类似于反射的动作。切断灰白质的青蛙没有意识，但依然能爬、能跳、能游泳。

---

[1] Huxley T. Hume with Helps to the Study of Berkeley. New York: Appleton, 1894: 125.

由此可知，意识不是实现反射行动的必要条件。

在此基础上，赫胥黎进一步论证了，人的意识不是其行为发生的必要条件。他的论据来自一个特殊的病例。一名法国士兵的大脑在战争中受到了严重的损伤，时常精神恍惚，即使在这种状态下，他也能完成一系列的复杂运动。

赫胥黎一方面坚持自然主义的或机械论的生理学，相信行为的原因只可能是大脑；另一方面坚持二元论的常识心理观，相信心理在本质上是非物理的。他调和这两个明显不一致的论断的唯一方式，就是将心性置于副现象的地位，主张心理事件是生理事件的副现象。

（三）副现象论的问题

副现象论从诞生之日起，就是一种"令人厌恶"的理论，除了赫胥黎等少数生理学家和哲学家宣称自己是副现象论者之外，少有人赞同并支持副现象论。副现象论至少存在以下四个方面的问题。

第一，副现象论是反直觉的和荒谬的。我们的意识（如思想、感觉等）对我们的（物理）行为有影响，不仅是一个常识，而且是一个显而易见的事实，人们几乎不可能设想，如果一个人的精神生活完全改变了形式，甚至根本丧失了，而他的行为竟会不随之发生任何变化。[1] 根据副现象论的说法，人的意识是附加在人的身体上的东西，是一种多余的存在。在反对副现象论的诸多论证中，反直觉论证虽然看似最简单，但也是最有说服力的。

第二，副现象论与进化论相违背。根据进化论，那些有利于生物体生存与繁衍的特征或机制，在进化过程中通过自然选择而被保留下来。人具有意识，是因为意识对大脑过程及生物体的行为有因果作用。波普尔（Popper）和埃克尔斯（Eccles）对赫胥黎提出了批评，说他作为一个达尔文主义者并未坚持进化论，因为在达尔文主义者看来，意识和心理过程被认为是（且有可能被解释为）经自然选择进化而来的。[2]

第三，副现象论使得"他心知"成为不可能。我们相信他人有心理生活的理由是基于类比论证。基于经验观察，他人的身体和外在的行为与我们自己的身体和外在行为类似。根据类比论证的核心原则，类似的行为有类似的心理原因。由此可以推知，他人享有的心理生活和我们享有的心理生活类似。但是这种推理对于副现象论者而言是无效的，因为他们从根本上否定了任何心理原因的存在。如果人的行为不是意识的结果，我们就无法通过他人的行为了解到别

---

① 泰勒.形而上学.晓杉译.上海：上海译文出版社，1984：31.

② Popper K, Eccles J. The Self and Its Brain. New York: Springer, 2012: 72.

人也有与我们类似的意识。①

第四，副现象论陷入了自我否定。副现象论与关于我们自己心灵的知识不相容，也与知道副现象论是正确的这一观点不相容。如果副现象论的观点能被证实，那么，副现象论者就会遇到现实的矛盾，他们声称知道或相信的观点暗含了他们没有相信这一观点的理由。假设某人是一个副现象论者。他说："我疼痛得厉害。"他作为副现象论者否认了关于疼痛的话语是由疼痛引起的。因此，即使没有经历疼痛也可以说出疼痛的话语。如果真是如此，那么他关于疼痛的证言对于自己和他人而言就是没有任何价值的，他的这些证言不能表达他自己的疼痛知识。②

三、副现象论的发展：20世纪以来的心理属性副现象论

赫胥黎式的副现象论的内在矛盾推动了古典副现象论向新副现象论的转型。当代哲学家几乎都抛弃了笛卡儿的实体二元论，同时拒绝赫胥黎的事件二元论，转而支持心物事件同一论。根据这种理论，心理事件严格地同一于物理事件，或者说，以心理语词描述的事件与以物理语词描述的事件是同一个事件，因此，基于物理事件有对行为的因果效力，心理事件也有对行为的因果效力。心物事件同一论虽然能够说明心理事件的因果有效性问题，但并没有根除副现象论的问题。对于既是心理事件又是物理事件的那些事件，它们的心理属性的因果相关性问题再一次进入人们的理论视野之中。

（一）心物事件同一论

心理事件是否同一于物理事件呢？在回答这一问题之前，我们首先要弄清楚同一的内涵以及同一的标准。

同一不是相似。同卵双生子长相相似，但他们是两个不同的人。你手中的100元人民币和我手中的100元人民币，外观相似，且拥有完全相同的购买力，但它们是两张不同的钞票。

同一表明两个对象实际上是一个对象。张某某打了一个喷嚏。这个喷嚏声响很大，而且传播病毒。基于这一事实，我们既可以说，这个事件是一个声响很大的事件，又可以说这个事件是一个传播病毒的事件。因此，"这个声响很大的事件"与"这个传播病毒的事件"指的是同一个事件，都指的是张某某打了

---

① Robinson W. Epiphenomenalism. Wiley Interdisciplinary Reviews: Cognitive Science, 2010, 1(4): 539-547.
② Robinson W. Epiphenomenalism. Wiley Interdisciplinary Reviews: Cognitive Science, 2010, 1(4): 539-547.

一个喷嚏这个事件。从这种严格的意义上说，"这个声响很大的事件"同一于"这个传播病毒的事件"。

在弄清"同一"的内涵之后，我们再来思考同一的标准。两个事件是相同的还是不同的是以什么来区别的呢？这种问题实际涉及事件的同一性或个体化标准问题。

有些哲学家主张，事件所处的时空位置为我们提供了事件同一性或个体化的标准。也就是说，如果两个事件占有相同的时间和空间位置，那么它们就是同一的。心理事件发生的时间和空间与物理事件发生的时间和空间是相同的吗？答案似乎是肯定的。心理事件和相应的物理事件（神经生理事件）都发生在大脑中。这一点表明，心理事件和物理事件的位置似乎是相同的。心理事件与神经生理事件都发生在行为结果之前，且两个事件之间没有被觉察到的时间间隔。这一点似乎表明，心理事件和物理事件是同时发生的。既然这两个事件发生的时间和空间都相同，那么，心理事件就同一于物理事件。不过，对心物事件的同时性问题，生理学家利贝特（Libet）进行了质疑。

根据时空属性来对事件进行个体化的做法，在戴维森（Davidson）看来，是难以接受的。一是我们很难确定事件的边界或它的空间位置。二是发生在不同时间中的事件可以看作是同一的，如布鲁图斯刺杀恺撒和布鲁图斯杀死恺撒是同一个事件，即使恺撒被刺在时间上先于恺撒死亡。三是不同的事件可以发生在相同的时间和相同的地点，比如，某人吃饭时肚子痛得厉害，某人吃饭和某人肚子痛就有相同的时间和地点。①

基于所有的事件都处于因果联系之中，戴维森提出了事件同一性或个体化的因果关系标准。他的观点是，如果两个事件具有相同的原因和结果，那么它们就是同一的。按照这样的同一性标准，一个事件的本质就在于其构成了某个因果链条中的一环。皮科克（Peacocke）论证了心理事件与大脑中的物理事件有相同的原因和相同的结果。

假设张某某的手不小心碰到了热水壶，剧烈的疼痛使他立即把手撤了回来。疼痛这个心理事件以 $c\psi$ 表示，手撤回来这个身体运动事件以 e 表示。再假设，在疼痛事件发生时，这个人的神经系统中有某个事件 $c\varphi$ 发生，它是手撤回来这一身体运动事件 e 的原因。关于身体运动的生理学原因 $c\varphi$，皮科克作出一个经验假设，即关于 $c\varphi$ 的诸前因和 $c\varphi$ 到 e 的因果路径，我们可以用神经生理学的

---

① 韩林合.分析的形而上学.北京：商务印书馆，2003：197.

语词作出完备的和完整的物理说明……它能完备地解释事件 $c\varphi$ 是如何引起 e 的。也就是说，不用诉诸心理原因，生理学完全可以揭示生理原因如何引起身体运动的因果细节。虽然这种物理细节只有通过详细的经验研究才能知道，但是很难相信科学家不可能最后知道它们。既然疼痛这个心理事件 $c\psi$ 和神经生理事件 $c\varphi$ 有相同的原因，即手碰到了热水壶，以及相同的结果，即手撤了回来，那么，结合这个例子中表明的心物相互作用的常识观点，我们有足够的理由证明 $c\psi = c\varphi$。[①]

（二）属性二元论

心物事件同一论将心理事件同一于物理事件的做法，虽然能够有效地解决心理事件的因果有效性问题，但它似乎暗含了某种属性二元论。

事件同一论是如何暗含了属性二元论的呢？我们现在还是以"打喷嚏"的例子来说明。张某某打的喷嚏，不仅声响很大，而且传播病毒。根据事件同一论的观点，这个声响很大的事件同一于这个传播病毒的事件。与此同时，也可以得出，这个事件具有声响很大和传播病毒两种不同的属性。

心物事件同一论也是如此。这个既是心理事件又是物理事件的事件有两种属性：心理属性和物理属性。从语言学的角度看，一个事件是心理事件，是因为它是以心理语词来描述的事件，因而有一种心理属性。同理，一个事件是物理事件，是因为它是以物理语词来描述的事件，因而也有一种物理属性。一个既可以用心理语词来描述又可以用物理语词来描述的事件，必定同时具有两种属性：心理属性和物理属性。

心理属性和物理属性显然是不同的。笛卡儿在关于心身实体二元论的描述中，将其中的"实体"一词换成"属性"一词，似乎也能表明心理属性和物理属性为何不同。心理属性的本质是思维和感觉，因而具有私密性，而物理属性的本质是有广延，因而具有公开性。在当代心灵哲学的话语体系中，思维的本质是具有意向性（intentionality）和感受性（质）。前者指心理状态指涉自身之外的某种事态，后者指对象向主体显现的现象学特征。关于心理属性不同于物理属性的论证也有很多，如克里普克（Kripke）的模态论证、查默斯（Chalmers）的怪人论证（又叫可设想性论证、二维语义学论证）、T. 内格尔（T. Nagel）的蝙蝠论证、杰克逊（Jackson）的知识论证、莱文（Levine）的解释空缺论证。

---

① Peacocke C. Holistic Explanation: Action, Space, Interpretation. Oxford: Clarendon, 1979: 134.

（三）心理属性是副现象？

心物事件同一论虽然解决了心理事件的因果有效性问题，使关于心理事件的副现象论失去了存在基础，但并没有彻底清除副现象论的幽灵，关于属性的副现象论仍然存在。

在一个原因事件的诸属性中，与结果相关的不是这个事件的所有属性，而是其中的部分属性。例如，张某某打喷嚏能够引起李某某感冒，是因为这个打喷嚏事件具有"传播病毒"的属性，而不是因为它具有"声响很大"的属性。再如，一个人踩到香蕉皮摔倒了，是因为香蕉皮很滑，而不是因为香蕉皮是黄色的。

属性的因果相关性不同于事件的因果有效性。因果相关性实际上是一个四元关系：原因事件 c，结果事件 e，c 的属性 F 和 e 的属性 G。F 是否与 G 因果相关，取决于 F 是否能符合因果相关属性的标准。在心理属性的因果相关性问题上，人们对因果相关的属性标准和心理属性的独特性的理解不同，因而问题也不相同。

若将同一论贯彻到底，将心物事件同一论推广到心物属性同一论，将心理属性同一于物理属性，也能够解决心理属性的因果相关性问题。只不过心理属性不同于物理属性的各种论证阻止了人们的这种做法。

第三节　副现象论的类型

副现象论的分类方式有很多。根据不同的标准，我们可以把副现象论划分为不同的类型。

根据强弱程度不同，副现象论可分为强副现象论和弱副现象论。弱副现象论主张虽然心理事物不能引起物理事物，但心理事物之间可以相互引起。很多生理学家和哲学家持弱副现象论观点。强副现象论主张不仅心理事物不能引起物理事物，而且心理事物之间也不能相互引起。生理学家霍奇森就主张，不引起神经活动的感觉甚至也不能相互引起。①

根据关注的对象不同，副现象论可以划分为关于心理事件的副现象论和关于心理属性的副现象论。麦克劳克林（McLaughlin）称前者为个例副现象论，后者为类型副现象论。霍根（Horgan）称前者为传统副现象论，后者为作为副

---

① 詹姆斯. 心理学原理. 田平译. 北京：中国城市出版社，2003：184.

现象论（qua epiphenomenalism）。

个例副现象论是指，物理事件能引起心理事件，而心理事件不能引起任何事件；类型副现象论是指，a 事件能够成为原因是由于它从属的是物理类型，而 b 事件不能成为原因是由于它从属的是心理类型。[①]其中的"个例"是相对于"类型"而言的。它们之间的关系类似于集合论中的"元素"与"集合"之间的关系。事件个例指的是一个具体的有明确的时空标记的事件，而事件类型指的是，不同的事件个例由于具有相同的属性而从属于同一个事件类型。

自事件同一论出现之后，人们关注的不再是心理事件的因果有效性问题，而是这个既是心理事件又是物理事件的原因事件 c、c 的属性 F、结果事件 e 和 e 的属性 G 之间的四元关系，即"作为 F 的 c 引起了作为 G 的 e"。人们着重思考的是，F 和 G 之间的作为相关性问题，也就是 c 例示了 F 能否对 e 例示 G 作出解释。如果能，那么此二者就具有作为相关性。如果不能，c 的属性 F 对于 e 的属性 G 而言就是作为副现象。

在两种副现象论的关系上，心理事件副现象论蕴含了心理属性副现象论，反之则不然。我们先思考论断的前半句。如果一个事件与另一个事件在因果上不相关，那么，前一个事件具有的所有属性与后一个事件具有的所有属性在因果上都不相关，否则，这两个事件就因果相关了。因此，如果一个心理事件对于一个既定的结果事件而言是副现象，则这个心理事件的所有属性，当然也包括心理属性，在因果上都无关于这个结果事件。所以心理事件副现象论蕴含了心理属性副现象论。我们再来思考论断的后半句。一个事件有很多种属性，其中的一种属性与结果事件的属性在因果上不相关，不能排除其他属性与结果事件的属性因果相关，如果有其他属性与结果事件的属性因果相关，则可以得出这个事件是结果事件的原因。同理，一个事件的心理属性与结果事件的属性没有因果相关性，不排除这个事件的物理属性与结果事件的属性因果相关。如果这个事件的物理属性与结果事件的属性因果相关，那么这个事件就是结果事件的原因。由于这个事件具有物理属性的同时，还具有心理属性，因此它还是一个心理事件。由此可以得出，虽然一个事件的心理属性对于一个结果事件而言是副现象，但不能推出这个事件对于这个结果而言也是副现象。

① McLaughlin B. Type epiphenomenalism, type dualism, and the causal priority of the physical. Philosophical Perspectives, 1989, 3: 109-135.

第二章

心理属性副现象论：心理因果性的新难题

在解决意识与行为之间的因果作用问题上，二元论和同一论可谓毁誉参半。二元论虽然维护了心理事物的独特性，但违反了奥卡姆剃刀原则，增加了不必要的实在，且使心身之间的因果作用神秘化。与之相反，同一论虽然揭示了心物相互作用的机制，但舍弃了心理属性的独特性。基于此，扬弃二元论和同一论成为哲学家的理性选择，非还原的物理主义成为哲学家的价值追求。非还原的物理主义一方面承认心理事件同一于物理事件，从而赋予心理事件以因果有效性的地位；另一方面又否认这个（既是心理事件又是物理事件的）事件的心理属性同一于它的物理属性，又为心理的独特性留有空间。由此决定了当代心理因果性研究的重心已开始转移，不再关注心理事件的因果性问题，而聚焦于心理属性的因果性问题：当行动发生时，与行动因果相关的，是心理/物理事件的心理属性，还是其物理属性？如果将心身还原论贯彻到底，将心理属性同一于物理属性，则心理属性也会具有物理属性所具有的因果相关性。但是，非还原的物理主义者基于戴维森所揭示的心理异常性、金在权（Kim）阐述的心身随附性以及普特南（Putnam）和伯奇（Burge）提出的心理内容的外在性等性质，否定了这一假设，承诺了属性二元论。副现象论借此向非还原的物理主义发难，质疑心理属性的因果相关性，宣称非还原的物理主义的逻辑归宿是关于心理属性的副现象论。当代心理因果性的研究主要是围绕心理属性的三种独特性质及其相关的因果性难题展开的。[①]

---

① 金在权. 物理世界中的心灵. 刘明海译. 北京：商务印书馆，2015：41.

第一节　心理异常性与心理异常性难题

心理异常性指的是心理属性游离于严格的决定论之外。戴维森《心理事件》将这一性质揭示出来。戴维森是 20 世纪下半叶最重要的分析哲学家之一，在语言哲学、行动哲学、认识论、形而上学等哲学领域，尤其是在心灵哲学领域，开展了独创性的工作。戴维森关于心灵本质的工作对于心灵哲学方面的当代讨论具有重要影响。[①]

戴维森在《心理事件》中提出了著名的异常一元论（anomalous monism）。这一概念由"异常"和"一元论"两个概念组合而成。"一元论"说的是所有的心理实体（有特定时空边界的对象和事件）都是物理实在。"异常"说的是心理概念不能根据定义或自然规律还原为物理概念。从形而上学上讲，异常一元论是介于笛卡儿二元论和还原论之间的一种唯物主义主张。

异常一元论开创了非还原的物理主义的先河。它勾勒了一幅关于心身关系的美好图景，似乎能解开了人自身的千古之谜。人们小心翼翼地考证着异常一元论的每一个论证步骤，谨防这幅图景化为梦幻泡影。但事与愿违。许多哲学家在审视异常一元论的论证时发现，它的论证似乎存在逻辑问题。在杭德里克（Honderich）和斯陶特兰（Stoutland）、索莎（Sosa）和德雷斯基（Dretske）、金在权等人看来，如果心理属性不出现于因果规律之中，心理属性的因果性就无法说明。

一、心理异常性

戴维森之所以提出心理异常性，主要是因为他对物理主义不满。物理主义有两种不同的版本，一种是以卡尔纳普（Carnap）和纽拉特（Neurath）为代表的语言学版本的物理主义，另一种是以费格尔（Feigl）、普赖斯（Price）和斯马特（Smart）为代表的本体论版本的物理主义。前者主张心理语词可以还原为物理语词，心理陈述可以被转译为关于物理的或可观察的对象的陈述。后者宣称所有的心理事件可以还原为大脑中的神经生理事件。两种版本的物理主义虽然关注的对象不同（前者关注的是心理语言，后者关注的是心理实在），但它们都

---

① 　金在全.心灵哲学与心理学//路德维希.唐纳德·戴维森.郭世平译.上海：复旦大学出版社，2011：112.

否定了心理事物（语言和实在）的独特性。戴维森采取语义上行的方法，从语言学方面论证了，心理实在具有异常性，不能被还原，诸如感知、记忆、决定之类的心理事件和行动不能被纳入物理学的法则之网中。[①]

（一）"心理事件"的语言学标准

戴维森主要是从语言学的角度来讨论心理事件的标准：心理事件就是用心理语词来描述的事件。

事件是不可重复的、注有发生日期的个别事件。也就是说，事件是具有时空属性的殊相。如中华人民共和国 1949 年 10 月 1 日举行开国大典，2008 年北京奥运会开幕式于 2008 年 8 月 8 日 20 时在中国国家体育场举行。

一个事件是心理事件，还是物理事件，取决于被描述的方式。如果一个事件可以用纯物理的语词来描述，它就是物理事件；如果一个事件可以用心理的语词来描述，它就是心理事件。上述两个事件都是用纯物理语词描述的，描述中都没有出现心理语词，因而都是物理事件。

心理事件就是用心理语词描述的事件。我们可以称表达命题态度的动词为心理动词，如"相信""打算""希望""知道""感知""注意""记忆"等。[②]在以这些动词作谓词（语词）的句子中，通常的共指称的替换原则似乎行不通。例如，虽然鲁迅是《狂人日记》的作者，但人们不能从"戴维森相信《狂人日记》的作者创作了《狂人日记》"中推出"戴维森相信鲁迅创作了《狂人日记》"。由此可以得出，描述心理事件的语句具有语义的不透明性。

从戴维森对心理事件和物理事件的语言学界定来看，他承认了事件同一论，即心理事件同一于物理事件。一个事件可以有多种描述方式，心理事件似乎也是这样的，如用物理语词来描述。例如，"我觉得最浪漫的事"（心理事件）就是"我和你一起慢慢变老"（物理事件）。反过来，我们也可以说，有的物理事件也可以用心理语词来描述，如"我和你一起慢慢变老"是"我觉得最浪漫的事"。这就意味着，心理事件和物理事件之间的不同，只是语言学上的不同，它们在本体论上是同一的。

与此同时，戴维森也承认了属性二元论。一个事件可以由两种不同的语词来描述，就表明它具有两种不同的属性：一种是心理属性，即一种"可以用心

---

① 戴维森.心理事件//戴维森.真理、意义与方法：戴维森哲学文选.牟博选编.北京：商务印书馆，2008：434.

② 戴维森.心理事件//戴维森.真理、意义与方法：戴维森哲学文选.牟博选编.北京：商务印书馆，2008：439.

理语词来描述"的属性；另一种是物理属性，即"可以用纯物理语词来描述"的属性。心理学的描述方式不同于物理学的描述方式，实际上表明了心理属性不同于物理属性。

（二）心理异常性的内涵

在戴维森看来，心理事件虽然同一于物理事件，却具有游离于严格规律之外的异常性。不仅没有严格地将心理事件和物理事件关联起来的心物规律，也没有严格将心理事件和心理事件关联起来的心理规律。

规律关联的是类型或属性。例如，"所有的金属都能导电"是一条物理学规律。它将"金属"这一类型和"导电"这一类型关联起来。一个具体的物体如果从属于金属这一类型，也就会从属于导电这一类型。另外，一个事物从属于某一类型，就具有"是从属于某一类型的"这一属性，反之亦然。比如，一个小铁块从属于金属这一类型，它就具有是金属这一属性。类型和属性以及上面所说的描述方式具有相同的本质。由此可知，心理事件之所以是异常的，游离于严格的规律之外，主要是因为它所从属的心理类型、它所具有的心理属性、它的描述方式不能出现在严格的规律之中。

规律属于语言学的范畴。它对出现于其中的事件在描述方式上有要求。一个事件只有以恰当的方式来描述才能例示一条规律。所谓的心物规律和心理规律都不是严格的规律，严格的规律只存在于物理学之中。

戴维森从语言学的角度对规律的本质进行了分析。一是规律是形如"所有 F 都是 G"且为真的普遍陈述。二是规律支持反事实条件句，即"如果 x 是 F，x 就是 G"；"如果 x 不是 G，x 就不是 F"。三是具有可投射性，即被肯定的实例支持，如既是 F 又是 G 的事物不断被发现。[①]

与非严格的规律相比，严格的规律具有以下五个方面的特点：①严格的规律没有例外。它在形式上不使用"在其他条件都相同的情况下"这一"免责"条款，在内容上不允许出现可将其证伪的反例。②严格的规律从属于一个封闭而又全面的系统。该系统内的事件只能与其中的其他事件相互作用，且能被其中的某个规律所涵摄，从而据以解释或预言。③严格的规律是同质概括。它利用的每一个概念在相同的概念域中就能够得到阐明。④严格的规律是精确的。也就是说，严格的规律是定量规律，而不是定性规律。⑤严格的规律不包含因

---

① 戴维森.心理事件 // 戴维森.真理、意义与方法：戴维森哲学文选.牟博选编.北京：商务印书馆，2008.：448-449

果倾向语词。因果倾向语词需要更基本的科学概念和规律来解释。[①]

能满足上述条件的规律只有物理学规律。据此戴维森在本体论上坚持了物理主义。

基于对严格规律的分析，心理事件必然是游离于严格规律之外的。由此我们可以得出两种不同的心理异常性理论：一种是心理－物理异常论，即不存在将心理类型与物理类型连接起来的严格的规律，这就相当于否定了意向主体（或认知主体）与其神经生理状态（或物理行为）之间存在着严格的规律；另一种是心理－心理异常论，即不存在将心理类型与心理类型连接起来的严格的规律，这相当于否定了一些信念与别的信念，以及信念和愿望、意图之间存在严格的规律的可能性。

心理－物理异常论与心理－心理异常论都属于心理异常性理论的范畴，但是它们的地位是不一样的。心理－物理异常论是心理异常性理论的关键。戴维森主要论述的是心理－物理异常论。只要论证了心理－物理异常论，就可从中推衍出心理－心理异常论。

（三）心理异常性的论证

在戴维森看来，心理事件不能出现在严格的规律之中，是因为心理事件具有物理事件所不具有的三个特征：外在性、整体性、规范性。心理学不能成为一门"严格的"科学，是因为不存在严格的心理学规律，而这又源于心理事件具有的外在性、整体性、规范性特征。

1. 心理事件的外在性

心理事件的"外在性"说的是，心理内容不是由主体的内在属性单方面决定的，它还受到了主体所处的社会和物理环境的影响。为了追求真理的客观性，以免陷入主观主义和怀疑主义，戴维森从知识论的角度肯定了心理事件的外在性。他说：只有外在主义才能代替主观主义。在思想与世界的关系上，外在主义与其说是一种内在观点，不如说是一种外在观点。这种外在的关系不是推导、构建或发现的结果，而是它们的出发点。[②]

根据影响心理内容的外部因素的不同，可以将外在主义分为两种不同的类型：一是社会外在主义，主张心理内容部分地依赖于它的所有者所属的共同体

---

① 戴维森.心理事件//戴维森.真理、意义与方法：戴维森哲学文选.牟博选编.北京：商务印书馆，2008：450-456.

② Davidson D. Externalisms//Kotatko P, Pagin P, Segal G. Interpreting Davidson. Stanford: CSLI Publications, 2001: 2.

的语言实践；二是知觉外在主义，即物理环境外在主义，心理内容依赖于它的所有者个人对自然界的知觉。戴维森早期受奎因（Quine）提出的彻底的翻译理论的影响而倾向于社会外在主义，后来在同福尔斯达尔（Follesdal）的讨论中开始重视知觉在解释和翻译中的作用，从而倾向于知觉外在主义，最后在《外在主义》一文中承认这两种外在主义都有缺陷。①

单纯的社会外在主义不能保证心理内容的正确性。社会外在主义要求遵守规范，与他人一致。但是，众人一致也可能是以讹传讹，无法确保心理内容的正确性。假设古时候有个猎人向县令谎报"山中有虎"，县令不相信，因为以前没听人说。但是后来道听途说的人越来越多，县令变得确信不疑，因为大家都这么说，所以张贴告示"山中有老虎，勿向虎山行"。最先谎报"山中有虎"的那个猎人因县令的告示最终连自己也相信了，从而形成了信念的闭环。结果是大家都相信了"山中有虎"。这告诉我们，大家内心都相信的事情，不一定是真实的事情。大家可能都错了，而且没有认识到自己所犯的错误。

知觉外在主义也不能确保心理内容的正确性。知觉外在主义主张，心理内容来源于世界对人的感官知觉施加的因果影响。通常的"眼见为实"原则告诉人们，相信自己看到的。但人们仍然无法避免"错误表征"的出现。接上例，第一个猎人谎报"山中有虎"可能并非出自主观故意，而是误把与老虎体形相似的野牛当成老虎了。从知觉可能犯错的角度讲，知觉免不了带有私人性和主观性。

社会外在主义和知觉外在主义得失正好相反。社会外在主义相对于知觉外在主义的"得"在于，在一个人之外再引入另外一个人的做法，的确为这个人所处的环境加入了基本的东西。在上述例子中，第一个猎人看错了，误把野牛当老虎，但若有其他人去求证，他人就可以纠正第一个猎人错误的知觉信念。知觉外在主义的"得"在于，要增加一个关于联结或自然归纳的要素：每一个人都联结着其他人，他们对刺激做出的反应都来自一个共享的世界。②

戴维森扬弃了社会外在主义和知觉外在主义，既看到知觉对心理内容的作用，又看到他人或社会对心理内容的作用，从而在自己、他人和世界三者之间架起一个稳固的三角关系。③

---

① 方红庆.戴维森的外在主义.科学技术哲学研究，2011，28（3）：23-27.
② Davidson D. Externalisms//Kotatko P, Pagin P, Segal G. Interpreting Davidson. Stanford: CSLI Publications, 2001: 3-6.
③ 戴维森.知识的三种类型 // 戴维森.真理、意义与方法：戴维森哲学文选.牟博选编.北京：商务印书馆，2008：375.

2. 心理事件的整体性

与传统的形而上学的整体论不同，戴维森的整体论是语言学或心灵哲学的整体论，即理解一个说者所说的某句话的意义，必须基于他说此话时所依赖的信念，而要理解这个信念又必须基于他的整个"信念之网"。戴维森所说的整体论包含了三个要点：一是以信念为代表的命题态度不可能孤立存在；二是各种命题态度之间存在逻辑关系；三是不同的信念和不同的愿望组合，可以导致不同的行动。

第一，任何一个命题态度的存在都依赖于无数的别的命题态度。我们识别他人单个的信念、愿望或意图时，必须将其纳入他的由诸多态度构成的网络之中。在日常交流过程中，同一句话既可以理解为直抒胸臆，也可以理解为说反话。说话者到底表达的是哪一种意思，取决于这句话背后的信念及其在说者的整个信念系统中的定位。

第二，命题态度之间的关系是逻辑关系，而不是因果关系。一个命题态度的内容从逻辑上可以从其他的命题态度中推导出来，其自身也可以推导出别的命题态度。

第三，信念和愿望的不同组合导致不同的行动，甚至是相反的行动。一个人感觉口渴，如果他相信瓶子里的水没有毒，就会去喝；如果他相信瓶子里的水被人下毒了，他就不会去喝。

3. 心理事件的规范性

在理解心理事件的规范性之前，我们先来了解一下"规范"的意思。规范指明文规定或约定俗成的标准。人们经常说要遵守规范，遵守规范是要求个人与他人或社会一致。人们"应当"遵守规范，但事实上可能出现主观故意违反规范的情况。

心理事件的规范性体现在两个方面。一方面，在个体信念形成的过程中，个人要与他人一致，即受到社会外在性的影响；另一方面，个人作为解释者来理解说者背后的信念时，要遵守宽容原则，尽量使自己和他人一致。

宽容原则说的是解释者要尽量与人为善，善意地认为说者和自己是一致的，都是一个理性的人。由此，宽容原则的第一个要求是，解释者要认为在说者的信念之网中绝大多数的信念都是真实的，真信念越多越好。以什么来评价说者信念总体的真实性呢？解释者肯定认为自己的信念总体是真实的，评价别人的信念也只能以自己的信念为根据。因此，宽容原则的第二个要求是，说者与解释者在信念上尽量保持一致。从宽容原则的两点要求中，我们可以看出，宽容原则带有明显的规范性：它只要求解释者应该如何对待说者，而没有直接说明说者事实上做了什么。①

二、心理属性是无因果作用的副现象

在心理异常性理论提出之前，哲学家和心理学家一般认为：心理事件和物理事件之间存在规律性的联系。戴维森的心理异常性理论颠覆了这种人们习以为常的直觉，因而遭到了许多哲学家（如杭德里克、斯陶特兰、索莎、德雷斯基和金在权等）的反对。他们纷纷质疑戴维森的心理异常性理论，指责它将心理属性置于副现象的尴尬地位。

（一）心理属性不符合因果相关属性的法则学特征原则

杭德里克和斯陶特兰基于因果相关属性的法则学特征原则，认为心理异常性理论存在一个两难困境：要么自相矛盾，要么导致副现象论。

在原因事件中有很多属性，不是每一种属性都与结果在因果上相关。两个事件之所以有法则学的因果关联，是由于它们的因果相关属性之间具有法则学的关联。各个事件是由于它们的这些属性才具有似规律的关联，这一原则可称为因果相关属性的法则学特征原则。②

根据戴维森的理解，心理事件是以心理语词描述的物理事件，心理事件与物理事件在本体论上是个例同一的，据此心理事件的确具有因果有效性。但是，根据因果相关属性的法则学特征原则，人们不禁要追问，在行动事件的发生过程中，与行动事件因果相关的，是原因事件的心理属性，还是原因事件的物理属性？

在杭德里克看来，无论戴维森做哪一种选择，都会陷入尴尬的境地。如果说与行动事件因果相关的是原因事件的心理属性，根据因果相关属性的法则学特征原则，心理属性和物理属性之间就存在严格的规律，这显然与心理异常性理论本身相悖。如果说与行动事件因果相关的是原因事件的物理属性，根据上述原则，存在的规律只能是物理规律，而不是心理规律。若如此，根据因果相关属性的法则学特征原则，心理属性之于行动事件，就像梨子的颜色和产地之于天平指针的偏移一样，都是无因果作用的副现象。一旦我们将事件的因果相

---

① Davidson D. Could there be a science of rationality//Davidson D. Problems of Rationality. Oxford: Clarendon, 2004: 121.

② Honderich T. The argument for anomalous monism. Analysis, 1982, 42(1): 59-64.

关属性和因果无关属性区别开来，人们就能明白心理异常性理论蕴含了关于心理属性的副现象论结论，即心理属性是不具有因果相关性的副现象。

（二）心理属性符合因果无关属性的反事实特征原则

索莎和德雷斯基对心理异常性理论的质疑与杭德里克和斯陶特兰的质疑不同。后两者主张，原因事件中因果相关属性是结果事件出现的充分条件。而前两者则主张，原因事件中因果相关属性是结果事件出现的充分必要条件。前两者指出，如果一个原因事件不具有某种属性也不会影响原有结果的出现，那么这种属性与结果事件在因果上就是无关的。对他们而言，原因事件的心理属性对于行动事件的发生来说，就是这种无关紧要的属性。

索莎举了一个枪杀案的例子。对于受害人死亡这件事来说，开枪发出的巨大声响是副现象，开枪射出了一颗实弹是因果现象。德雷斯基以"歌声震碎玻璃杯"为例来表明他的疑虑。一个高音歌唱家在演唱会时唱得声音太高了，竟然将玻璃杯震碎了！显而易见的是，歌唱家所唱旋律即使没有相应的意义，只要有相应的音调和振幅，就可以震碎玻璃杯。神经生理事件有某个意向心理内容无关于这个神经生理事件的结果，就像声音的意义无关于声音导致玻璃杯破碎一样。依据因果无关属性的反事实特征原则，大脑中的原因事件即使没有心理属性，只要有物理属性，行动事件的发生就不会有任何改变。心理属性对于行动事件的发生来说是副现象。

（三）心理现象不符合"亚历山大信条"

金在权信奉亚历山大信条，即"是实在的就具有因果力"：一个事物如果不具有因果力就无法证明其存在地位。从这个意义上说，心理属性如果不具有因果效力，就无法向人们显示其存在地位，它的存在地位就可能被取消。

根据心理异常性理论，心理属性不能出现在因果规律之中，因此就很难表明：具有心理属性是这个世界的一个重要特征。在金在权看来，戴维森的异常一元论似乎蕴含了以下观点：即使你以任何你喜欢的方式重新分布事件的心理属性，你在戴维森的世界中也只会得到完全相同的因果关系网络；即使你将心理属性随意地归属给事件，甚至将心理属性从这个世界中完全移除，你也不会改变任何一个单一的因果关系。[①]

金在权的意思很明显，异常一元论与其说是一种非还原的物理主义，倒不

---

① Kim J. The myth of nonreductive materialism//Kim J. Supervenience and Mind: Selected Philosophical Essays. New York: Cambridge University Press, 1993: 269.

如说是一种取消主义。[①] 非还原的物理主义与取消主义不同的地方在于，前者承认了心理属性的存在地位。但是，如果心理属性没有任何因果作用，那么它的存在就完全是神秘的，是无法解释的。

第二节　心身随附性与随附性 / 排除论证

心身随附性原则指的是心理事物非对称地依赖于物理事物。它由戴维森从元伦理学中引入心灵哲学中，后经金在权的阐发，现已成为心灵哲学中一个非常重要的范畴。金在权是当代重要的心灵哲学家，研究涉及心灵哲学、形而上学、行动理论、认识论及科学哲学等。他以心身随附性原则为基础提出了随附性 / 排除论证（又叫因果排除论证），论证了心理属性的独特性和因果性是不相容的，心理属性如果不能还原为物理属性，就是没有因果作用的副现象，因而所有的非还原的物理主义都是伪理论。随附性 / 排除论证强有力地表明了，非还原的物理主义在其理论内部存在着无法兼容心灵的独特性和因果性的难题，因此，这一难题又被称为非还原的物理主义的随附性 / 排除难题（又叫因果排除难题）。

一、心物随附性

在随附性范畴还没有引入心灵哲学时，人们理解心身关系主要依据两个范畴："二元"和"同一"。二元论宣称心与身是两个完全不同的实在。同一论则宣称心与身是同一个实在。这两个范畴在说明心身关系时各有优劣。于是，人们期待找到一个全新的介于二者之间的范畴，既能表明心与身的不同，又能表明心对身的依赖和身对心的决定关系。戴维森引入了随附性范畴。正如在伦理学中规范的 / 道德的属性不能还原为却又依赖于描述的 / 非道德的属性一样，心理属性也不能还原为却又依赖于物理属性。

（一）"随附性"概念的缘起与演变

随附性思想萌芽于古希腊的亚里士多德。亚氏在《尼各马可伦理学》中使用"随附"来表示两事物或属性之间的一种"后生"或伴随关系，如血气方刚

---

① Kim J. The myth of nonreductive materialism//Kim J. Supervenience and Mind: Selected Philosophical Essays. New York: Cambridge University Press, 1993: 271.

伴随年纪轻等。^① 不过，亚氏的随附性思想当时并没有引起哲学界的重视。

英国哲学家摩尔（Moore）在《哲学研究》中表明，道德属性依赖于非道德属性：如果一特定的事物在某种程度上具有任何类型的内在价值，那么不仅该事物在所有情况下，在同等程度上一定具有这种价值，而且任何实际上相似于它的事物在所有情况下，在极为类似的程度上也一定具有这种价值。^② 他表明，两个事物如果具有相似的非道德属性，就一定具有相似的道德属性。但是，摩尔本人似乎没有使用过"随附性"这个词语。

黑尔（Hare）在《道德语言》中正式使用"随附性"这个词语，并使其广泛流传开来。在黑尔看来，道德属性随附于行为。他说：假使弗朗西斯是一个善良的人，那么在逻辑上就不可能既主张这一观点，同时又坚持认为：可能还存在着另一个人，他处在和弗朗西斯完全相同的环境中，而且以完全一样的方式行动，但他不是一个善良的人。^③ 黑尔实际上说明了，行为属性对道德属性的决定关系，如果两个人采取了相同的行为，那么他们在道德性质上就是相同的。

戴维森将随附性从伦理学中引入心灵哲学中。他在《心理事件》一书中阐明，心理特性随附于物理特性：这样的随附意味着不可能有在一切物理的方面都相同、只在某个心理方面不同的两个事件，或意味着一个对象不可能在某个物理方面没有改变的情况下在某个心理方面有改变。^④ 其中的"心理特性""心理方面"指的是心理属性，"物理特性""物理方面"指的是物理属性。戴维森指明了随附性的另一个重要特征，即随附属性和基础属性之间存在协变关系。

将随附性发展成为一个重要的心灵哲学概念的是金在权。金在权围绕随附性概念发表了大量的论文，并出了一本论文集《随附性与心灵：哲学论文选编》^⑤。在戴维森的基础上，金在权还从形而上学的角度区分了随附性的三种不同类型：弱随附性、强随附性和全体随附性。

（二）随附性的内涵

在心灵哲学中，随附性是一种不同于同一关系的非对称的共变和依赖关系。一些人将这种含义戏称为"随附性口号"：没有 B 属性的差异变化，就没有 A 属性的差异变化。

---

① 高新民，沈学君. 现代西方心灵哲学. 武汉：华中师范大学出版社，2010：652.
② 金在权. 随附性的种种概念 // 高新民，储昭华. 心灵哲学. 北京：商务印书馆，2002：205.
③ 金在权. 随附性的种种概念 // 高新民，储昭华. 心灵哲学. 北京：商务印书馆，2002：205.
④ 戴维森. 心理事件 // 戴维森. 真理、意义与方法：戴维森哲学文选. 牟博选编. 北京：商务印书馆，2008.
⑤ Kim J. Supervenience and Mind: Selected Philosophical Essays. New York: Cambridge University Press, 1993.

提到随附性概念时，可以借助戴维森对随附性的解释来理解。第一，心理属性依赖于物理属性。第二，物理属性决定心理属性。第三，物理属性的改变是心理属性改变的必要条件。需要注意的是，戴维森从来没说过"一个对象在某个物理方面改变了，心理方面也跟着改变"这样的话，也就是说，他不认可物理属性的改变是心理属性改变的充分条件。

我们可以得出心身随附性有以下几点特征：

（1）决定关系：物理属性决定心理属性。

（2）依赖关系：心理属性依赖物理属性。

（3）协变关系：心理属性的变化以物理属性的变化为前提，物理属性的变化是心理属性的变化的必要条件。

（4）非对称关系：物理属性决定心理属性，但心理属性不决定物理属性。心理属性的变化以物理属性的变化为前提，但物理属性的变化不以心理属性的变化为前提。

（5）非还原关系：心理属性不同一于或不能还原为物理属性。

如果以 M 表示心理属性，以 P 表示物理属性，那么，心物之间的随附关系大致如图 2.1 所示。

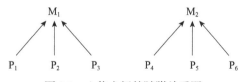

图 2.1　心物之间的随附关系图

M_1 和 M_2 是不同的心理属性。P_1 至 P_6 是不同的物理属性。箭头表示决定关系。从图 2.1 中我们可以看出两点重要信息：一是基础物理属性改变，随附的心理属性可保持不变。例如，从 P_1 变为 P_2，M_1 保持不变。二是心理属性改变，必须以其基础物理属性改变为前提。例如，从 M_1 变为 M_2，基础物理属性必须从 P_1 或 P_2 或 P_3 变成 P_4 或 P_5 或 P_6。

（三）随附性的类型

在金在权看来，随附性总共有三种不同的类型：弱随附性、强随附性和全体随附性。金在权是从形而上学的角度来讨论随附性的，我们在这里只关注它的心灵哲学意义。

1. 弱随附性

A 弱随附于 B，当且仅当并且必然地，对于任意的 x 和 y，如果 x 和 y 共有

B 中的所有属性，那么 x 和 y 共有 A 中的所有属性——那就是说，关于 B 的不可分辨性可推衍出关于 A 的不可分辨性。[①]

我们赋予 x、y、A、B 以心灵哲学意义。x 和 y 表示两个人，A 表示人的心理属性，B 表示人的物理属性。心身弱随附性是针对两个个体而言的。如果两个个体在神经生理属性上不可分辨，则他们在心理属性上也不可分辨。

2. 强随附性

A 强随附于 B，当且仅当并且必然地，对于每一个 x 和 A 中的每一种属性 F 而言，如果 x 具有 F，那么在 B 中有一种属性 G，使得 x 具有 G，并且必然地，如果任何 y 具有 G，则它具有 F。[②]

心身强随附性也是针对两个个体而言的。如果两个个体在物理属性上不可分辨，则他们在心理属性上也是不可分辨的。注意在强随附性的定义中模态词"必然地"出现两次，也就是说强随附性不只在现实世界中存在，在其他可能世界中也存在。

3. 全体随附性

A 全体随附于 B，当且仅当，在 B 方面不可分辨的诸世界在 A 方面也是不可分辨的。[③]

心身全体随附性是针对两个世界而言的。心理属性全体随附于物理属性，则两个世界在物理属性上不可分辨，在心理属性上也不可分辨。心身全体随附性允许下述情况的存在：一个现实世界中的个人和一个可能世界中的个人在物理属性上是不可分辨的，但是，如果前者所在的现实世界在某个地表深处不明位置比后者所在的可能世界的相应位置多了一个水分子，二者所具有的心理属性就有可能大相径庭，甚至其中一个人有心理属性，而另一个人完全没有心理属性。

从金在权对三种随附性的阐述来看，根据全体随附性，两个人的心理属性是不可分辨的，当且仅当，在"所有的世界"中，"两个人的身体"及其"所处的世界"的"物理属性"是不可分辨的；强随附性要求当且仅当，在"所有的世界"中，"两个人的身体"的"物理属性"是不可分辨的；弱随附性只要求当且仅当，在"现实世界"中，"两个人的身体"的"物理属性"是不可分辨的。基于对随附性的分类研究，金在权认为心身弱随附性要求太低而心身全体随附

① 金在权. 随附性的种种概念 // 高新民，储昭华. 心灵哲学. 北京：商务印书馆，2002：209.
② 金在权. 随附性的种种概念 // 高新民，储昭华. 心灵哲学. 北京：商务印书馆，2002：218.
③ 金在权. 随附性的种种概念 // 高新民，储昭华. 心灵哲学. 北京：商务印书馆，2002：222.

性要求又太高了，都不太可能成为非还原的物理主义表述心物依赖关系的合理选择。在他看来，似乎强随附性是非还原的物理主义的唯一选择。但是他担心强随附性太强了，以至于强随附性可能暗含了心身还原论。

二、随附性 / 排除论证

随附性 / 排除论证对于所有的非还原的物理主义来说都是一个亟需解构的难题。它的目的在于论证非还原的物理主义是错误的理论，心理属性如果不能还原为物理属性，就是没有因果作用的副现象，就面临着被取消的风险。

（一）随附性/排除论证的五个原则

随附性 / 排除论证证明结论的方法是，论证非还原的物理主义的三条原则和金在权提出的心身随附性原则、随附性 / 排除原则不能相容。也就是说，随附性 / 排除论证共有五个原则。

1. 心理因果有效性原则

心理因果有效性原则，即心理事物与物理事物之间存在因果上的相互作用。心理因果有效性原则既是我们的常识观念，又是非还原的物理主义的一条重要原则。

2. 心理事物的独特性原则

心理事物的独特性原则，即心理属性不同于物理属性。同心理因果有效性原则一样，这既是我们的常识观念，也是非还原的物理主义的一条重要原则。非还原的物理主义不同于还原的物理主义的地方在于，前者承认了心理属性不能还原为或同一于实现它的物理属性。

3. 物理因果闭合性原则

物理因果闭合性原则，即每一个被引起的物理结果都是由在先的物理原因充分地决定的。物理因果闭合性原则是还原的和非还原的物理主义都要遵循的根本原则，不遵循这一原则，就不是物理主义。物理学在因果上是自足的，即对于一个物理事件，我们没有必要在物理学之外去寻找它的原因或因果解释。[①]

4. 心物随附性原则

心物随附性原则，即心理事物非对称地依赖于物理事物。

---

① Kim J. Physicalism, or Something Near Enough. Princeton: Princeton University Press, 2005: 15.

5. 因果排除原则

因果排除原则，即物理结果在同一时间有且只有一个充分的物理原因，除此之外别无其他原因（假定这种因果关系并非因果过度决定论的实例）。因果排除原则是随附性／排除论证的核心原则。①

（二）随附性/排除论证的论证过程

在随附性／排除论证的五个原则中，前三个原则是非还原的物理主义的基本主张。金在权在此基础上新增心身随附性原则和因果排除原则，利用归谬论证，证明五个原则是不能相容的。金在权提出的随附性／排除论证的论证过程和步骤如下。

假设一个心理事物引起了另一个心理事物，两者的心理属性分别以 M 和 M* 来表示。

（1）M 引起 M*。金在权提醒我们注意，属性本身是不能进入因果相互作用过程中的。当说到"M 引起 M*"时，实际上说的是，M 的一个例示引起了 M* 的例示，或 M 的例示致使 M* 在那个时刻得以例示。这一步可以用图 2.2 表示。

$$M \Longrightarrow M^*$$

图 2.2　随附性／排除论证第 1 步示意图

注：其中的双线横向箭头表示因果关系，箭尾表示原因，箭头表示结果。

（2）对于心理属性 M* 而言，如图 2.3 所示，有某种物理属性 P* 作为其随附基础（根据随附性原则）。

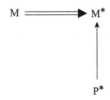

图 2.3　随附性／排除论证第 2 步示意图

注：其中的单线竖向箭头表示随附关系，箭尾表示基础属性，箭头表示随附属性。

当我们问及"M* 在那一时刻为什么能够得以例示？"时，有两个相互竞争的回答："因为 M 使 M* 在那一时刻得以例示"和"因为作为 M* 的随附基础的 P* 在那一时刻例示了"。两种回答处于竞争关系，而解决的唯一方式是下面（3）的方式。

---

① Kim J. Physicalism, or Something Near Enough. Princeton: Princeton University Press, 2005: 17.

（3）M引起了M*的随附基础P*从而引起了M*。如图2.4所示。

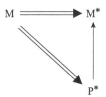

图2.4 随附性/排除论证第3步示意图

这一步所表明的是，如果心物随附性是正确的，心理事物与心理事物之间的因果关系就蕴含了心理事物与物理事物之间的因果关系，或者说，同一层次的因果关系蕴含了"下向因果关系"。根据随附性原则，心理因果关系只有进入物理因果关系之中才是可能的。这一结论对我们来说非常重要。如果我们承认了宏观现象与微观现象之间的随附关系，我们就不能再认为，因果关系是某个层次内部的事情。任何L层的因果关系都蕴含了跨层次的因果关系。

（4）根据随附性原则，M同样有一个物理的随附基础P，见图2.5。

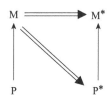

图2.5 随附性/排除论证第4步示意图

我们有充分的理由认为，P是P*的原因。我们知道，P对于M来说至少在法则学上是充分的，M于此时发生依赖于P在此时的发生。根据（3）和（4），我们可以得出下面（5）的结论。

（5）M引起P*，P也引起了P*，见图2.6。

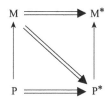

图2.6 随附性/排除论证第5步示意图

由于M随附于P，M和P是同时发生的，因此，P和M之间的关系并不是因果关系。也就是说，P不可能成为M引起P*的中间因果环节。同理，M也

29

不可能成为 P 引起 P* 的中间因果环节。

（6）根据心物之间被假定的不可还原性，我们可以得到：M ≠ P。

由于 M 的例示 ≠ P 的例示，因而（5）和（6）之间似乎存在一个形而上学上的冲突。因为这里的 P* 有两个不同的原因，其中的每一个原因对于它的出现来说都是充分的。如果这种因果关系不涉及因果过度决定论，那么，因果排除原则适用于这一情况。让我们假定这种因果关系并不是因果过度决定论的真正实例。

据此，我们要么取消 M 作为 P* 的原因资格，要么取消 P 作为 P* 的原因资格。那么我们应该取消哪一个呢？

心理原因 M 被物理原因 P 排除，即 P* 的原因是 P 而不是 M，见图 2.7。

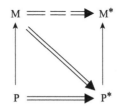

图 2.7　随附性 / 排除论证第 6 步示意图

注：其中的虚线横向箭头表示虚假的因果关系。

物理因果闭合性原则排除了物理结果的心理原因，从而得出了副现象论的结论：心理现象是没有任何因果作用的副现象。

在随附性 / 排除论证所勾画的图景中，只存在一种因果关系，即物理属性 P 与另一种物理属性 P* 的因果关系，而最初假定的 M 与 M* 的因果关系是虚假的。它们表面的因果关系可以根据它们所随附的物理属性之间的真实的因果作用过程来解释。无论是 M 还是 M* 都没有出现在任何因果关系之中，它们在塑造因果结构的过程中没有发挥丝毫作用，只是一种副现象，而副现象在金在权看来就是取消主义。M 要想获得真正的因果力，除非非还原的物理主义放弃其基本原则，使 M=P，支持某种形式的还原论。在金在权的眼中，非还原的物理主义只是一种不切实际的"神话"。[①]

心理属性的一个主要样式是心理内容。心理属性与心理内容之间是共性和个性、普遍性与特殊性的关系。随附性 / 排除难题针对的是所有的心理属性，因此，解决随附性 / 排除难题是解决外在主义威胁的前提。一旦解决了心理内容的因果有效性问题，了解了心理内容是如何进入行动产生的因果作用过程中的，

① Kim J. The myth of nonreductive materialism//Kim J. Supervenience and Mind: Selected Philosophical Essays. New York: Cambridge University Press, 1993: 265.

则随附性／排除难题就不攻自破，被证伪了。随附性／排除难题与心理内容的有效性问题关系密切，在心灵哲学中，这两个问题往往交织在一起。

第三节 心理内容的外在性与"外在主义威胁"

所有的心理内容（意向性或语义性）都关涉、指向、表征或反映了自身之外的某种存在。[①] 如某人相信明天要下雨。相信作为一种心理活动，其主体是某人，客体是他之外的某种实在，即明天要下雨。这一心理活动表明了，他对明天要下雨的态度是相信而非怀疑。从本体论的范畴学角度讲，心理内容是一种关系，而非一种性质。但是，基于人们对因果关系的一般理解，一个事件要成为原因，必须是一种具体的、局域的、独立存在于时空之中的东西。既然心理内容是一种关系性的、处在协变中的变动不居、弥散性的东西，不是由大脑的局域性属性单方面决定的，那么，当大脑发挥对行为的因果作用时，心理内容似乎无法进入行动产生的因果过程之中。这就是雅各布（Jacob）所说的关于心理内容的"外在主义威胁"。

一、心理内容的外在性

在当代心灵哲学中，关于心理内容有一个聚讼纷纭的问题，即由什么来判定两个心理内容是相同的还是不同的，这就是心理内容的个体化问题。根据人们对这一问题的不同回答，心理内容理论可以分为内在主义和外在主义。[②]

（一）心理内容的"内""外"有别

内在主义宣称，心理内容是由其随附的物理属性来确定的，如果两个心理内容所随附的神经生理基础是相同的，那么，它们就是相同的，反之就是不同

[①] 心理内容、意向性、语义性等词，尽管用法上有细微的差别，但它们有相近的内容，都表达了一种存在对另一种存在的"关涉"、"指向"或"表征"关系。在本书中，我们将它们当作同义词来使用。参见高新民．意向性理论的当代发展．北京：中国社会科学出版社，2008：3-25.

[②] 心灵哲学中有内在主义和外在主义之分，知识论中也有内在主义和外在主义之分。前者侧重于本体论，主要关注的是心理内容的存在；后者侧重于认识论，主要关注的是知识的正确性。心灵哲学内在主义和外在主义争论的焦点是，心理内容的存在是否仅依赖于大脑内的神经生理属性；知识论内在主义和外在主义争论的核心是，知识的正确性或真理性是否仅取决于它是否与脑中的其他观念一致或相容。

的。支持内在主义的主要有认知心理学和心灵哲学中的机器功能主义。它们都与将人比作计算机的"计算机隐喻"有关。

内在主义由于受到塞尔（Searle）的"中文屋"等思想实验从内在方面的批判，以及受到外在主义的孪生地球思想实验和关节炎思想实验从外在方面的质疑，现已江河日下，支持者寥寥无几。即使和者甚寡，福多作为内在主义的斗士，仍然捍卫着内在主义旗帜不倒。他对内在主义的辩护并非像人们想象的那样软弱无力。

与内在主义不同，外在主义认为，心理内容是由它的随附基础和它的物理 - 社会 - 历史环境共同决定的，两个心理内容的随附基础即使相同，它们本身也可能不同。在当今的心灵哲学界，外在主义可谓取得了压倒性优势。多数心灵哲学家支持外在主义，如普特南、伯奇、戴维森等人。

（二）论证外在主义的两个思想实验

两个非常著名且非常有意思的思想实验证明了心理内容具有外在性。

1. 孪生地球思想实验

普特南的《"意义"的意义》中设计了孪生地球思想实验，引起了语言哲学界和心灵哲学界热烈而又持久的讨论。这一思想实验表明了心理内容是由外在的自然环境决定的。

普特南假设宇宙大爆炸之后，演化出了两个地球。一个是我们现在所居住的现实地球，另一个是孪生地球。孪生地球是地球的分子对分子的复制品。现实地球有的东西，孪生地球都有一个对应的复本。

孪生地球与现实地球没有差别，但有一个例外。现实地球上人们称为"水"的物质，其化学构成是 H_2O，而孪生地球上人们称为"水"的物质，其化学构成不是 H_2O，而是一个化学式非常长的分子结构，简称 XYZ。不过，两种水的显性特征都一样，不仅有相同的可观察性状，也有相同的作用，如可以解渴、灌溉等。

在化学产生之前，当奥斯卡和孪生奥斯卡使用"水"这个语词时（例如当他们都说"我想喝水"时），他们大脑中的神经生理状态是完全一样的，没有任何区别。但是，从心理内容的角度看，奥斯卡想喝的是化学构成为 H_2O 的物质，而孪生奥斯卡想喝的是化学构成为 XYZ 的物质。既然他们想喝的是不同的东西，那么，他们的心理内容和语言的意义就不同。因此，普特南说意义不在头脑之中。[①]

---

① 普特南 . "意义" 的意义 // 陈波，韩林合 . 逻辑与语言：分析哲学经典文选 . 北京：东方出版社，2005：464.

2. 关节炎思想实验

伯奇在普特南的基础上，设计了关节炎思想实验。这一思想实验表明了心理内容由外在的社会环境决定。

假设有两个世界：一个是我们居住的现实世界，另一个是与我们最近的可能世界。在现实世界里，语言共同体把"关节炎"定义为发生在关节上的疼痛。在可能世界中，语言共同体把"关节炎"定义为发生在关节上或大腿上的疼痛。也就是说在可能世界的语言共同体中，发生在大腿上的疼痛也可以称作关节炎。

再假设一个叫奥斯卡的人，他的腿疼痛得厉害，于是他去看医生。如果他看的是可能世界的医生，并对医生说"我的大腿得了关节炎"。可能世界的医生会认为他正确地使用了"关节炎"这个语词，同时也正确地表达了他的想法。因此，奥斯卡的内心所想，在可能世界的医生看来，是正确的。

如果他看的是现实世界的医生，且对医生说"我的大腿得了关节炎"。现实世界的医生会告诉他"关节炎只能发生在关节的部位，不会发生在大腿上，你的大腿如果有问题，只可能是别的问题"。现实世界的医生会认为他错误地使用了"关节炎"这个语词，没有正确表达他的想法。因此，他所说的内心想法，在现实世界的医生看来，是错误的。

两种情境相对照，似乎可以得出，具有"关节炎"思想的个体，在两个不同的语言共同体中，有不同的心理内容。显然，奥斯卡是同一个奥斯卡，说的话是同一句话，当时的神经生理状态也是相同的。但是，他的心理内容却有不同的性质，在可能世界中是正确的，在现实世界中是错误的。

因此，我们就可以得出这样的结论：心理内容是由语言共同体的特征决定的。人类的心灵是在人与外在世界打交道的过程中建立起来的，是一种渗透着社会的、关系性的实在，而不是一种纯个体主义的东西。

上述两个思想实验侧重点有所不同：孪生地球思想实验侧重于外在的物理环境，关节炎思想实验侧重于外在的社会环境。前者认为心理内容不在大脑之内，而在大脑之外，心理内容就是它所关涉的事实，例如，"相信水能解渴"这一信念就是由"水真的能解渴"这一事实决定的；而后者则认为心理内容既在大脑之内，又在大脑之外，是一种弥散在大脑内外的关系状态，例如，"相信水能解渴"，就是这个人与"水能解渴"这一事实处于特定的关系中。不论如何，在心理内容的个体化问题上，它们都反对个体主义，主张心理内容不完全在大脑之内。

二、外在主义威胁

如果心理内容取决于复杂的物理－社会－历史关系，那么，它对行为的因果作用就无法理解。因为，大脑对外来刺激做出反应仅仅是由于大脑的内在构成和刺激的内在特征，一个事件的因果力完全是由它的物理性质决定的。[①]

福多就利用自动售货机的例子向外在主义发难。假设某人将一枚25美分的硬币塞入自动售货机。这枚硬币与其他25美分硬币一样，有一系列的内在特征。但仅凭这些内在特征不能使它成为一枚25美分的真币，因为一枚假币同样可以分享这些内在特征。25美分硬币之所以是真币，依赖的是它的因果历史：它由官方制造。但是硬币的因果历史并不是自动售货机所关心的，它只会对硬币的内在特征做出反应。质言之，硬币能作用于机器，不是因为它是25美分的真币，而是因为它的这些内在特征。福多认为，大脑的运作方式在许多方面与自动售货机的运作方式是一样的，心理内容无法进入行动生产的因果过程之中。

（一）外在主义威胁的实质

在心理内容的个体化问题上，福多提醒我们，要谨慎对待内在主义和外在主义与个体主义和反个体主义两对概念。

内在主义和外在主义是一对常识心理学概念，侧重于心理内容在"常识心理学"中事实上是如何被个体化的。个体主义和反个体主义是一对科学心理学概念，侧重于心理内容在"科学心理学"中应该如何被个体化。从两对概念的区别来看，个体主义和反个体主义争论的焦点是科学心理学，而不是常识心理学。

以普特南和伯奇为代表的反个体主义和以福多为代表的个体主义在以下三个方面是一致的。

第一，双方都支持常识心理学中的外在主义。他们都主张：常识心理学的概念及内容要被个体化，必须诉诸它们之外的事态，以及它们与外在事态的关系。现实的"我"和孪生的"我"想要喝的虽然都是水，但它们只是名字相同但实质迥然有别的东西。前者是 H_2O，后者是 XYZ，它们是两种根本不同的物质。

第二，双方都承认心理状态的因果有效性。个体主义同反个体主义都承认具有心理内容的心理状态对行为的因果有效性。现实的"我"和孪生的"我"的心中所想对他们二人的行为都发挥了真实的因果作用。

第三，双方对科学心理学的任务和目的有相同的理解。科学心理学的主要任务是进行因果解释。构建因果解释就是将心理类型纳入因果规律之下。意向

---

① Fodor J. A Theory of Content and Other Essays. Cambridge: The MIT Press, 1992: 138.

行为在决定心理类型中起着决定性的作用。从科学心理学视角，应根据心理状态的因果力来对它们进行区分和个体化。

因此，个体主义和反个体主义之间的根本分歧在于，心理状态在内容上的不同，是否就是因果力上的不同。福多对个体主义和反个体主义的争论作了如下总结：个体主义所关心的问题是，现实地球人想喝水的思想和孪生地球人想喝水的思想之间的差别是不是因果力上的差别？反个体主义者的回答是肯定的，个体主义者的回答是否定的。①

（二）反对外在主义的三个论证

在福多看来，两种心理状态只要具有完全相同的物理基础，即使意向心理属性不同，它们对行动的因果力也是相同的。福多给出了三种不同的论证：跨情景论证、概念关联论证和"方法论的唯我论"论证。

1. 跨情景论证

所谓"跨情景"，是相对于"在情景之内"而言的。如果孪生地球人来到现实地球，他将会拿到现实地球人所拿到的东西（水）；如果现实地球人去了孪生地球，他将会拿到孪生地球人所拿到的东西（孪生水）。福多对宽内容、窄内容和行为之间关系的阐述，类似于对一个函数的说明，其中宽内容是自变量，行为是因变量，而窄内容是函数本身。无论是在现实地球中，还是在孪生地球中，虽然宽内容和行为是变化的，但窄内容都是不变的。窄内容的因果力或作用始终是将宽内容映射到行为上。如果现实地球人和孪生地球人处于同一个情景中，无论是处于现实地球中，还是处于孪生地球中，他们会做出相同的行为。②

2. 概念关联论证

在孪生地球思想实验中，实际上涉及两个相关的问题：①现实地球人和孪生地球人在行为结果上的不同是不是由他们在心理内容上的不同造成的？②如果是由他们在心理内容上的不同造成的，是否就能表明他们的心理内容在因果力上有不同？首先，现实地球人和孪生地球人在行为上的不同，是由他们心中的想法不同造成的。如果现实地球人想喝的水是 XYZ，他要去取的水就是 XYZ。如果孪生地球人想喝的水是 H_2O，他要去取的水就是 H_2O。其次，现实地球人和孪生地球人在行为上的不同，不是由他们的心理内容在因果力上的不同造成的。

① Fodor J. A modal argument for narrow content//Macdonald C, Macdonald G. Philosophy of Psychology. Oxford: Blackwell, 1995: 214.

② Fodor J. A modal argument for narrow content//Macdonald C, Macdonald G. Philosophy of Psychology. Oxford: Blackwell, 1995: 208.

现实地球人和孪生地球人的心理状态在心理内容上的不同，对于心理状态的行动结果而言，不是因果力上的不同。因为行为结果间的不同可以由心理原因间的不同从逻辑上推导出来。福多坚持因果关系的这种非逻辑或非概念关系，是因为他担心，如果我们放弃了休谟关于因果关系的偶然性的要求，心理学的解释性概括就会被证明有某种"准逻辑"地位，就像"如果某东西是可溶的，就会被溶解"一样具有"准逻辑"地位。①

3."方法论的唯我论"论证

福多为认知心理学确立了一种经验的研究方法，即方法论的唯我论。方法论的唯我论只承认心理状态的持有者的存在，不预设在他之外的其他个体事物的存在。认知科学的概括不应当涉及心理状态的内容。根据方法论的唯我论，大脑类似于计算机，心理过程是计算过程。

首先，人脑对心理内容进行"编码"。正像计算机不能直接加工自然语言一样，人脑也无法加工自然语言，因为自然语言由声音或形状（如书写墨迹、形态）之类的物质构成，无法进入人脑。人脑也只能处理人脑中的符号或代码即思维语言。它的作用是表征人的观念或心理内容。思维过程中出现的心理状态个例，特别是像相信 P 这样的命题态度个例，是有机体与心理表征个例之间的关系。

其次，人脑对符号进行计算或转换。计算过程是符号之间的形式转换。福多说，计算的过程既是符号，因为它们是被限定在表征上的，又是形式的，因为它们（大致上）依据表征的句法而应用于表征。②这种符号转换与计算机中的计算过程同形式逻辑和数理逻辑中的数学推理过程类似。心理过程将被看作是符号加工的结果。

最后，人脑对计算得出的心理表征结果进行解码。福多对这一部分没有进行过多的说明。但是，有编码，就有解码。经过解码，心理表征重新形成自然语言和心理内容。

因此，认知科学只应且只能研究符号形式的加工过程，不用管符号的语义属性，也不涉及符号与世界的关系。方法论的唯我论既是对个体主义的辩护，又从反面论证了"外在主义威胁"。③

---

① Fodor J. A modal argument for narrow content//Macdonald C, Macdonald G. Philosophy of Psychology. Oxford: Blackwell, 1995: 224-225.

② Fodor J. Methodological solipsism considered as a research strategy in cognitive psychology. The Behavioral and Brain Sciences, 1980, 3: 63-109.

③ Fodor J. Methodological solipsism considered as a research strategy in cognitive psychology. The Behavioral and Brain Sciences, 1980, 3: 63-109.

第三章

心灵在世界中的位置

　　心理因果性的总问题是"心灵的原因作用如何可能"的问题。我们如何回答这一问题取决于我们如何回答与之相关的两个前提性的问题。第一个前提性的问题是心灵在世界中的地位及其本质的问题。如果"心灵"指的是唯心主义或笛卡儿式的心灵，没有人能给出见容于现代科学的回答。如果"心灵"指的是某种形式的物理实在，给出科学的回答也就不是什么难事。第二个前提性的问题是因果关系的形而上学问题。我们只有先弄清楚因果关系本身是什么，才能判别心灵与行为（或世界）之间有没有因果关系。在此基础上，我们才能进一步回答心灵的原因作用如何可能的问题。在本章中，我们主要解决第一个前提性的问题，即心灵在世界中的地位及其本质。对于这一问题，当代西方心灵哲学给出的回答主要是各种形式的唯物主义理论，如行为主义、心脑同一论、功能主义、解释主义和取消主义。本章的主要任务是考察各种形式的心灵哲学理论对心灵在世界中的地位及本质的理解。

第一节　行　为　主　义

　　在行为主义看来，心灵就是行为或行为倾向。行为主义有哲学行为主义和心理学行为主义两种不同的类型。哲学行为主义兴盛于20世纪40年代末，其主要代表人物是维特根斯坦和赖尔，代表作是维特根斯坦的《哲学研究》和赖尔的《心的概念》。心理学行为主义是一种科学理论，兴起的时间比哲学行为主义要早得多，代表人物是华生以及后来的斯金纳。

一、哲学行为主义

哲学行为主义又叫逻辑行为主义或分析行为主义。它采取语义上行的方法，将心理语词如"疼痛"等的意义作为研究对象。在哲学行为主义者看来，心理语词描述的不是人的内在心理状态，而是人的行为。

（一）兴起的原因

哲学行为主义的兴起是多种原因共同作用的结果，主要原因有以下三点。

一是反对二元论。笛卡儿的二元论对心灵的解释为心灵覆盖了一层神秘的面纱。在笛卡儿看来，心灵是非物质的实体。非物质的心灵像幽灵一样神秘和令人不安。它的存在与我们的物理的或科学的世界图景严重不符。

二是逻辑实证主义和意义的证实理论的影响日益增大。主体间的可证实性或可检验性变成了科学本质和语言意义的标准。心灵要么作为实在从科学的角度来研究，要么作为有意义的命题从语言学的角度来研究。无论从哪个方面来研究，心灵及其属性都不得不被限制在公开的、能从物理上检验的证实条件之中。因此，研究者不得不放弃传统的第一人称观点。

三是哲学的功能在于澄清语言的误用。20世纪初，哲学领域发生了语言转向。哲学命题的真假既不能被证实也不能被证伪，没有真假可言，因而被认为是无意义的伪命题，遭到当时哲学家的拒斥。由此导致了，哲学的任务也不再是研究与经验相脱离的物质或意识是什么，而是以语言分析和逻辑分析的方法来阐明科学中的概念、假设和命题的意义，从而澄清由形而上学导致的思想混乱问题。[①]

（二）"私人性"的解构：从内隐的心灵到外显的行为

人的意识分明是内隐的、私人的。人的行为则是外显的、公共的。人的意识何以可能是人的外显行为？行为主义者在阐明自己的主张前，首先要做的就是消解意识经验的私人性。

基于常识，关于意识，我们至少有以下三个观点：①每个人都是直接地经验到自己的意识，对自己经验到的意识具有权威性。自己头疼时，无须观察或借助证据，可以直接地意识到自己正在经历的头疼。每个人似乎都有进入自己有意识的经验的优越通道。②有意识的经验有相应的外部行为表现，如头疼时，脸上冒冷汗。③每个人对其他人的经验的认识是间接的和类推的。每一个人既

---

① 维特根斯坦.逻辑哲学论.贺绍甲译.北京：商务印书馆，1996：48.

是相对于他人的自己，又是他人的他人，因此，其他人说"我头疼"，人们就能逆向类推出他正在经历头疼。

在维特根斯坦看来，如果说意识或意识的内容是不能被公开观察的私人事件，那么，它们的存在就是有疑问的。维特根斯坦曾经在《哲学研究》中提出了一个很有说服力的比喻，叫作"盒子里的甲虫"。

> 假定每个人都有一个装着某种东西的盒子：我们把这种东西称为"甲虫"。谁也不能窥视其他任何一个人的盒子，而且每个人都说他只是通过看到他的甲虫才知道甲虫是什么。——此时完全可能每个人盒子里都装着一些不同的东西。甚至还可以想象装着不断变化着的东西。①

维特根斯坦指出，我们对"盒子里的甲虫"的描述类似于我们对心理状态的描述。首先，人们只能直接意识到自己的头疼，类似于人们只能直接翻看自己盒子里的甲虫。其次，人们不能直接意识到他人的头疼，类似于人们不能翻看他人盒子里的甲虫。最后，人们只能通过他人的行为才能知道他人正在经历头疼，类似于人们只能通过别人的语言行为才能知道别人盒子里装的是甲虫。

每个人都说自己盒子里装的是"甲虫"，但是他们用"甲虫"指的东西有可能大相径庭，甚至有可能指的是"盒子是空的"这种状态。这就如同象棋中的"车"一样，它既不指生活中用来代步的车子，也不指写有"车"字的那粒棋子。"车"不指称一个实体，而是指它在象棋规则中的独特用法。② 在这里，我们需要注意语词和实在的区别。语词和实在之间不一定是一一对应的关系。既存在一名多实的情况，如一个人和另一个人重名；又存在多名一实的情况，如金星早、晚的称谓不同。

语言如同游戏规则一样，具有社会性和规范性。学会使用语言，就像学会遵守游戏规则一样，学会使用心理语言也是一样的。正如盒子里的"甲虫"不指称任何内在的对象，甚至什么也不指称，"头疼"也没有一个统一的内在的私人本质。心理语词如"疼痛"等，犹如盒子里的"甲虫"没有命名任何对象。③

（三）维特根斯坦对心理语词的用法勘误

根据维特根斯坦的分析，"头疼"的意义就在于它的用法。当自己和他人脸上冒冷汗、喊头疼时，就将"头疼"用在自己和他人身上。正如盒子里的"甲

---

① 维特根斯坦.哲学研究.李步楼译.北京：商务印书馆，2017：150.
② 海尔.当代心灵哲学导论.高新民，殷筱，徐弢译.北京：中国人民大学出版社，2005.
③ 维特根斯坦.哲学研究.李步楼译.北京：商务印书馆，2017.

虫"的意义是"盒子里的东西","头疼"的意义就是"脸上冒冷汗、喊头疼"等行为表现。

在此基础上，维特根斯坦还分析了"疼痛"等心理语词被误认为指称了某种实在的原因。心理语词和物理语词在表层语法上有相似的结构。我们来比较以下两个句子：

（1）心理语句："心想事成。"

（2）物理语句："枪伤人命。"

这两个句子的表层语法是相似的，因此"心"就被误以为是像"枪"一样的实体性名词，指称了某种对象，"想"被误以为是像"伤"一样的动词，指称了某种过程。维特根斯坦因此宣称，在"语言放假"的时候，在人们脱离"心灵""思想""感觉"之类的心理语词的日常用法的时候，哲学问题就出现了。要澄清这样一些混乱的哲学问题，唯一的办法就是分析它们在日常语境中的用法。心理语词描述的不是内在的心理状态，而是行为本身。

（四）赖尔论"范畴错误"

赖尔发展了维特根斯坦的心理语词观。在赖尔看来，假设心灵是一种实体性存在犯了"范畴错误"。范畴错误就是把不属于某类范畴的事物归到这类范畴之中，或者某个语词不适于表述某类范畴却被用来表述这类范畴。比如，假设你带着一个小朋友去参观大学里的文学院、历史学院、哲学院、物理学院、图书馆等所有二级单位。在参观快要结束时，这个小朋友提出了一个很有意思的请求，"时间不早了，请带我参观大学吧"。这里的小朋友把"大学"与"大学里的二级单位"并列起来，就犯了一个范畴错误。

赖尔举这个例子不是为了说明，心与物之间的关系类似于大学与大学各单位之整体之间的关系，而是为了说明，"机器中的幽灵"这个笛卡儿式的教条犯了一个范畴错误：它把心灵描述为实体范畴，但实际上它是一个倾向性范畴。在赖尔看来，心理语词描述的实际上只是人的行为倾向。

赖尔所说的倾向，指的是在某些情境下以某种方式作用或反作用的能力、习惯、趋势。也就是说，倾向不是一个实体，不是一个事态，也不是一个行为的例示，而是一种行为模式。一个事物将通过许多行为的例示来展现这一模式。倾向性并不包含任何隐藏的内部原因，而只是简单的情景刺激与行为反应模式。在赖尔看来，心理语词描述的是行动的倾向，而不是笛卡儿所说的实体。[①]

---

① 赖尔.心的概念.徐大建译.北京：商务印书馆，1992：40-41.

二、心理学行为主义

心理学行为主义根源于将科学方法应用于心理学这一设想，起源于动物心理学的研究，主要关注的是心理学的科学地位问题。

（一）"抛弃内省的方法"与意识的清除

在心理学行为主义诞生之前，在心理学中占主导地位的是两种相互对立的心理学流派：构造主义与机能主义。前者注重心理内容。它先通过内省找到意识经验的基本要素，如感觉、意向和情感等，再对这些基本要素进行综合从而构造出复杂的意识经验。后者注重心理过程。在机能主义者看来，构造主义的这种先分析后综合的方法破坏了心理的整体性，主张意识是一个连续的整体，像其他身体器官的机能一样，其效用在于指引有机体达到适应生存的目的。

构造主义和机能主义虽然观点不同，但都将心理学定义为"关于意识的科学"，都采用了传统的、神秘的内省法。内省是一种主观的方法，通过对内部心理状态与过程的自我观察，来记录和描述某种行为或心理状态发生时自己的体验。据此心理意象和感觉的各种性质占据了心理学的中心地位。

在华生看来，心理学如果以内省法为方法论基础，将无法成为一门无可争辩的自然科学。他给出了理由。首先，从经验方面看，内省法不能帮助人们回答心理学的"基本问题"，如"感觉的本质是什么？"等。其次，从哲学的方面看，内省不具有客观性。内省陈述的真假，除了本人能确定之外，其他人都不能确定。一个人只能向内观察自己的内省活动，而不能观察别人的内省活动。最后，从实用的方面看，与行为相关的是环境对行为的刺激，而不是意识。[1] 笛卡儿和常人所认为的意识，实际上是内省分析和构建的结果。"意识"和"灵魂"一样都是前科学的概念，它们在本质上是同一的，在自然科学中没有它们的位置。[2]

（二）心理学是关于行为的科学

根据华生的理解，内省心理学对于人类而言没有用；心理学必须被界定为关于行为的科学，而不是关于意识的科学。华生重构了心理学的性质、出发点、任务、目标和研究方法。行为主义心理学从本质上讲是自然科学的一个客观实验分支，其理论目标就是对行为的预测和控制。

---

① 黎黑.心理学史.李维译.杭州：浙江教育出版社，1998：566-567.
② 华生.行为主义.李维译.杭州：浙江教育出版社，1998：1.

行为主义心理学的出发点是，一切有机体，包括人和动物，都会顺应环境。①行为主义心理学的研究对象是有机体为了顺应环境所做出的行为，不是内省心理学所说的意识。行为主义心理学的任务是揭示行为的规律。人和动物的全部行为都可以归为刺激和反应。揭示刺激和反应之间的联结规律，是行为主义心理学的主要任务。在华生看来，语言是人的一种反应，因此听取别人在接受某种刺激后的语言反应和观察别人的身体动作一样，都属于客观观察，所以他主张用言语报告法来研究人的行为和反应。②

（三）"思维是不出声的言谈"

华生认为，常识心理学和内省心理学所说的意识是前科学的概念，但他并未彻底地抛弃心理语词，而是赋予它们以新的内涵：心理语词是行为的另一种描述方式，意识和思维是"不出声的言谈"。华生在《行为主义》一文中阐明了他的思维观：思维就是自己对自己的无声谈话，思维是不出声的言谈。思维作为一种语言习惯与口头语言不同，后者是一种外显的、完备的和供社会之用的语言习惯，而前者只是一种内隐的、无声的和个人使用的语言习惯。当人们闭上嘴巴，自己和自己交谈时，就可以说自己在进行"思维"活动。③

语言就是一种习得性的行为。内隐的语言习惯是由外显的语言习惯逐渐演变而来的。在我们形成外显的语言习惯以后，我们不断地同自己交谈（思维）。华生举了两个例子。一是儿童。他们在独处时会大声说话，后来在大人与社会的要求下变成小声讲话，最后又变为无声的"自言自语"。二是聋哑人。聋哑人在交谈时用手语代替口语，在梦中的交流也采用相同的手势。④

三、行为主义的问题

到了 20 世纪 50 年代中期，行为主义虽然从以华生为代表的古典行为主义发展为以斯金纳（Skinner）为代表的新行为主义，但其本身固有的一些问题逐渐被揭露出来。这些问题也是哲学行为主义的问题。

首先，行为本身难以界定。这涉及行为的个体化问题。两个"行为"在什么情况下可以视作同一个行为？在什么情况下视为两个不同的行为？行为主义

---

① 华生.行为主义者所看到的心理学 // 张述祖.西方心理学家文选.北京：人民教育出版社，1983：160.
② 华生.行为主义.李维译.杭州：浙江教育出版社，1998：12.
③ 华生.行为主义.李维译.杭州：浙江教育出版社，1998：236-237.
④ 华生.行为主义.李维译.杭州：浙江教育出版社，1998：53.

可能回答：刺激相同，行为就相同。但是刺激与反应之间不是一一对应的，不同的刺激可以导致相同的行为，相同的刺激可以导致不同的行为。

其次，行为的原因不是刺激，而是对刺激的觉知。在刺激和反应之间存在着一个有明显心理成分的觉知，这是行为主义所不能容忍的。

再次，同一种信念状态与不同的信念状态和愿望的组合，可以出现完全不同的行为。某人发现草丛中有蛇，对蛇毒性的判断不同，采取的措施也会不同。哲学行为主义真正的困难在于，任何对心灵的既定状态所可能产生的行为的陈述都不可避免地会涉及心灵的其他状态。①哲学行为主义者想通过分析除去心理性东西，这是不可能实现的。

最后，对行为的分析似乎是末端开放而无限的。比如，某人发现草丛中有蛇，在他的后续反应中会形成新的信念和愿望，而它们又需要进一步分析。这会导致没完没了的分析。②

第二节　心脑同一论

20 世纪 50 年代末，行为主义开始失去其在心理学和哲学中的主导地位，取而代之的是心脑同一论。心脑同一论又叫心身同一论、类型同一论或中枢状态同一论，其主要代表人物是费格尔、普赖斯和斯马特。他们论证了心理属性就是大脑的物理属性。

一、同一范畴

心脑同一论者所说的"同一"，从形而上学范畴论的角度讲，是一种"严格的"同一。这种严格的同一就是亚里士多德所说的数目上的同一（numerical identity），与性质上的同一（qualitative identity）有着本质上的区别。数目同一性指的是"两个"事物事实上是"一个"事物。如晨星和暮星，实际上是同一个行星，也就是金星。性质同一性又叫精确相似性，或极其相似性。例如，两张相同面值的钞票有不同的编号，但是具有相同的价值。

同一关系同时具有以下四个方面的特征：①自返性。每个事物都与其自身

① 海尔.当代心灵哲学导论.高新民，殷筱，徐弢译.北京：中国人民大学出版社，2005：63.
② 海尔.当代心灵哲学导论.高新民，殷筱，徐弢译.北京：中国人民大学出版社，2005：69.

是同一的。②不可分辨性。同一的两个事物所具有的属性完全相同。③对称性。如果 x 同一于 y，y 也就同一于 x。④传递性。如果 x 同一于 y 且 y 同一于 z，则 x 同一于 z。

根据同一关系的关系项的范畴性质不同，可以将同一分为四种不同的类型。

（1）对象同一。两个不同的对象在外延上实际上是同一个对象，如晨星＝暮星，北京＝中国的首都。

（2）属性同一，又叫类型同一。属性和对象一样都可以作为同一关系的关系项。同一种属性也可以用不同的谓词来表述。对于某个特定的颜色，我们既可以将其表述为"红色"，又可以将其表述为"成熟的西红柿的颜色"，所以，红色＝成熟的西红柿的颜色。一个事物具有的属性决定了它所从属的类型。例如，一个整数能被 2 整除，所以它是偶数，即从属于偶数这一类型。属性的同一也就决定了类型的同一。类型同一的例子有：被 2 整除的整数＝偶数，水 ＝H_2O。

（3）事件个例同一。两个不同的事件个例在外延上实际上是同一个事件。事件个例是相对于事件类型而言的。事件个例是带有时间（或空间）标记的具体事件。事件个例同一指的是，同一个具体的事件可以有不同的描述方式。尽管描述方式不同，但它们在外延上是同一的。例如，"鲁迅 1918 年公开发表了《狂人日记》"与"周树人 1918 年公开发表了他的第一篇短篇白话体小说"就是同一个事件。

（4）事件类型同一，又叫事件属性同一。两种不同类型的事件实际上是同一种类型的事件。例如，天空出现闪电，是云层大规模放电。因此，闪电＝云层大规模放电。

在上述四种同一类型中，第一种和第二种指向对象。第一种说的是对象本身，第二种说的是对象的属性。第三种和第四种指向事件。第三种说的是事件本身，第四种说的是事件的类型或属性。需要注意的是，事件不同于对象。粗略地讲，事件就是对象所具有的属性在一定时间内发生了变化，先具有一个属性，后具有另一个属性。比如，天下雨了就是一个事件。天空这个对象先是晴空万里（具有一个属性），后来又下雨（具有另一个属性）。

二、心脑同一论及其论证

心脑同一论者关注的是（对象的或事件的）类型的同一。这种同一是科学家在探索世界的结构时所发现的。心脑同一论者指出，基于脑科学的研究，每一种心理状态类型都同一于某种大脑神经状态类型。例如，疼痛就是某种神经纤维（如 C 神经纤维）的激活，即疼痛 =C 神经纤维的激活。至于疼痛关联的是哪条或哪些具体的神经纤维则是脑科学家的任务。心脑同一论的任务在于对这些研究成果的哲学解读。

随着脑科学研究的发展，人们发现心理事件与大脑的神经生理事件之间的关系非常密切。至于心理事件与神经生理事件之间是什么关系，自笛卡儿以来，至少有三种不同的论点。一是因果论，笛卡儿宣称，两者之间具有因果上的相互作用。二是副现象论，赫胥黎主张前者是由后者引起的，但不能反作用于后者。三是平行论，两者都是由"上帝"决定的。以上三种观点都以二元论为基础，即心理事件不同于神经生理事件。相对于二元论，同一论声称彻底地解决了心身问题。如果心理事件同一于神经生理事件，则两者之间的关系就不再神秘了。一个心理事件引起了一个物理事件，实际上是一个神经生理事件引起了另一个神经生理事件，反之亦然。

心脑同一论与二元论一样，都承认大脑中的神经生理活动或事件的存在，与二元论不同的是，心脑同一论不承认在神经生理事件之外或之上还有心理事件的存在。因为如果人们仅仅根据大脑中的神经生理活动或事件就能说明心理现象，根据奥卡姆剃刀原则，没有必要假设还存在一个由心灵及其属性构成的单独领域。①

三、对现象属性反对意见的回应

心脑同一论遇到的最大的本体论难题应该是基于现象属性的反对意见。这一反对意见涉及三个事项：被经验的对象、有意识的（主观）经验和大脑的神经生理活动。这个反对意见据此形成了对同一论的两个方面的反驳：一是被经验的对象的性质会出现在意识中，但不会出现在大脑中；二是在面对同一个被经验的对象时，有意识的经验具有神经生理活动所不具有的感受性。

在同一论者看来，反对意见的第一个方面显然混淆了两种性质：被经验的对象的性质和经验的性质。体积大、噪声大是燃气机车具有的性质，不为经验所具有。意识的位置在于大脑，它的体积充其量是整个大脑。如果说燃气机车的性质是意识的性质，那么，大脑如何可能装得下这么大的东西呢？此外，在被经验的对象并不是客观地存在于世界之中的情况下，人们也可能有关于这种"非存在"的意识。我们在谈论经验的性质时，不可避免地要提及被经验的对象

① 海尔.当代心灵哲学导论.高新民，殷筱，徐弢译.北京：中国人民大学出版社，2005：72.

的性质。但无论如何也不能把结果的性质和原因的性质相混淆。被经验的对象的性质不存在于大脑的神经生理活动中，不能说明大脑的神经生理活动不同于有意识的经验，因为被经验的对象的性质也不存在于有意识的经验中。

在同一论者看来，反对意见的第二个方面存在另一种混淆：有意识的经验（一阶经验）和关于有意识经验的经验（二阶经验）。有意识的经验对经验的主体而言有某种感觉（如心惊肉跳），大脑的神经生理活动（如果同一于有意识的经验）在主体和第三者看来为何没有心惊肉跳之感？之所以这样，是因为有意识的经验对于主体而言是一阶经验，被经验的对象是燃气机车，而主体和第三者观看大脑的神经生理活动（就是有意识的经验），是对有意识的经验的再经验，是二阶经验，被经验的对象是大脑的神经生理活动。

四、心脑同一论的理论困境

心脑同一论宣称心理状态同一于物理状态，坚持了唯物主义的基本原则。但是，它的观点太强了，缺乏韧性，它自身存在的问题很快就被揭示出来。

第一，普特南提出的关于心理状态的可多样实现性原则，表明心脑同一论不可能成立。心脑同一论将疼痛同一于 C 神经纤维的激活。也就是说，无论何种生物在何时何地出现疼痛，它的 C 神经纤维一定都被激活了，反之亦然。然而，许多不同种系的生物，都有可能感受到疼痛，但它们的神经系统和解剖结构可能完全相异。普特南据此提出了关于心理状态的跨种系的可多样实现性原则：一种心理状态在不同种系的有体机中可能有不同的实现方式。这一原则说明了跨种系的普遍的类型还原是不可能的，心脑同一论因此迅速走向衰落。

第二，戴维森关于心理异常性的论证表明，心脑同一论忽视了心理的异常性。在心脑同一论看来，由于心理类型同一于物理类型，因此心理学可以还原为神经生理学。但是，根据戴维森对心理异常性的论述，不存在将心理谓词与物理谓词关联起来的严格的规律，也就是不存在将心理学还原为神经生理学的桥梁律，我们实际上不能对心理学进行理论还原。

第三，克里普克的模态论证表明，心脑同一论没有满足同一关系的必然性要求。反对同一论的模态论证由克里普克提出。基于同一性原则和相同的事物的不可分辨性原则，克里普克指出了同一关系的第五个特征——同一性，即同一关系具有必然性。

如果 x 和 y 是同一个事物，那么，根据相同的事物的不可分辨性原则，x 具有的任何性质，y 也一定会具有；根据等同原则，x 具有一个"必然同一于 x"

的关系属性；根据相同的事物的不可分辨性原则，y 也一定具有"必然同一于 x"这一关系属性。因此，x 必然地同一于 y，或 y 必然地同一于 x。① 同一性不是一种可以偶然地存在于对象之间的关系。②

如果疼痛真的同一于 C 神经纤维的激活，那么，由于同一关系的两边都是严格指示词，因此它就是一个必然的真理。但是，我们完全可以设想，某种物种可能拥有与我们类似的大脑状态但感觉不到疼痛，某种物种能感觉到疼痛但不具有与我们相同的大脑状态。

第四，T. 内格尔的蝙蝠论证表明，心脑同一论没有解决现象意识问题。在关于现象意识的问题上，同一论者提醒我们不要混淆经验对象的性质和经验本身的性质，也不要混淆经验的性质和二阶经验的性质，更不要以这两种混淆为基础来否定有意识的经验同一于大脑的神经生理状态。但是，同一论者始终没有直接证明，现象意识如何"是"大脑的神经生理状态。神经生理学的发现只能表明前者在某种程度上依赖于或随附于后者。在 T. 内格尔看来，在经验的主观性或现象意识如何是神经生理状态的问题上，物理主义缺乏相应的概念资源，关于"蝙蝠"的思想实验可以证明这一点。③

蝙蝠是哺乳动物，大多数蝙蝠是通过回声定位来感知外部世界的。它们主动发出声音并从反射回来的声音中提取信息，从而能够精确地分辨出距离、大小、形状等特征。蝙蝠的声呐系统显然也是一种知觉形式。它的声呐系统和人类的知觉形式有着几乎完全相同的作用。但是，发挥作用的方式几乎完全不同。我们没有理由假定它们的主观经验和我们的主观经验是一样的。我们也不能根据我们自己的经验去想象蝙蝠的内在经验。因为我们自己的经验为我们的想象提供了基本材料，而想象的范围也因此受到我们自己的经验的限制。

既然蝙蝠有经验，而人类既不能知道这些经验也不能想象自己成为一只蝙蝠会是什么样，那么，成为一只蝙蝠是什么样从根本上讲就是一种主观现象，就是一种只能从一个单一的观点（即从蝙蝠的观点）来理解的现象。然而，物理主义只能采取客观的观点，就不能把握成为一只蝙蝠是什么样的主观性。再加上关于成为一只蝙蝠是什么样的主观性是关于成为一只蝙蝠的本质事实，我们就可以由此推出，物理主义不能把握经验的本质事实。

---

① 具体论证过程参见：克里普克. 同一性与必然性 // 涂纪亮. 语言哲学名著选辑（英美部分）. 北京：生活·读书·新知三联书店，1988：361-362.

② 克里普克. 命名与必然性. 梅文译. 上海：上海译文出版社，2005：140.

③ 大多数哲学家假定，如果"蝙蝠论证"是有效论证，物理主义就是错的。但是，T. 内格尔本人只是谨慎地宣称，我们目前没有表明物理主义何以是正确的概念资源。

心脑同一论虽然问题重重，但它强化了物理主义的基本信念。自此之后，几乎很少人回到笛卡儿主义或其他形式的二元论。即使心脑同一论的坚决反对者也倾向物理主义的世界观。人们前进的方向始终是在物理主义的世界中为心灵找到其应有的位置。

第三节　功能主义

心脑同一论或类型还原论在心灵哲学中曾占据主导地位。它的衰落不是源于二元论的反击，而是源于功能主义的质疑。功能主义提出的可多样实现性将心脑同一论赶下了心灵哲学的舞台，使其成为一种缺乏生命力、供后人追溯和回味的理论。

功能主义可以说是当代心灵哲学中有深刻影响的理论形态。根据对心理状态的范畴定位不同，可以把功能主义分为两种类别：一是机器功能主义，以普特南和福多为代表，代表作是前者的《心理谓词》、后者的《思维语言》。他们以心理实在为研究对象，将人视作图灵机或计算机，并以此来分析心理状态的本质。在他们看来，心理状态就是物理状态的功能状态，是一种二阶状态。二是分析功能主义，以阿姆斯特朗（Armstrong）和刘易斯（Lewis）为代表，代表作是前者的《唯物主义的心灵理论》，后者的《同一论的一个论证》《疯子的疼和火星人的疼》。他们以心理语言为对象，以逻辑分析为手段，通过"因果作用"概念来揭示心理语词的意义。他们在此基础上主张，心理语词指称的是能够实现特定功能的物理状态，是一种一阶状态。

无论是机器功能主义还是分析功能主义，都承认与心理状态相关的三个方面的因果关系：一是环境输入与心理状态之间的因果关系；二是心理状态与其他心理状态之间的因果关系；三是心理状态与其他行为之间的因果关系。

一、"功能"与"实现"

"功能"是功能主义的核心概念。要了解功能主义，首先要了解功能概念。

（一）功能

功能的本源意义是（因果）作用。如果世界是普遍联系的，而联系就是事物之间相互影响、相互制约和相互作用的关系，那么，任何事物都具有某种功能属性。对于功能属性而言，关键在于它的因果作用。至于这种因果作用由谁承担或执行并不重要。因此，我们要将功能属性以及功能属性的实现者（本身也是一种属性）区别开来。功能属性的实现者之所以具有功能属性，是因为它具有实现功能属性的基础属性。对于任何一个功能属性而言，它的实现者非常多，以至于人们关注功能属性本身，而较少关注功能属性的实现者。

（二）实现

功能属性是由实现者实现的。在了解了功能概念之后，我们还要进一步了解实现概念。

实现（realize）的含义是"使……成事实"。在日常生活中，人们一般使用它的横向意义，比如，某人实现了他的计划、愿望或目标。也就是，某人使他的意向客体成为真实的事物。在心灵哲学中，哲学家一般使用它的纵向意义，如疼痛是由某种神经生理状态实现的。

实现作为一种形而上学范畴具有更广泛的意义。它不仅存在于功能属性与它的实现者之间，还存在于很多其他属性之间。根据舒梅克的分类，实现可以分为以下三种类型：同一主体的属性实现、主体间的属性实现和微观实现。[①]

1. 同一主体的属性实现

同一主体的属性实现即一个主体的属性的例示由该主体的另一个不同的属性的例示来实现。在这种属性实现中，实现者和被实现者属于同一个主体所有。例如，一个猩红色的物体也是一个红色的物体。换句话说，一个物体是红色的是由它是猩红色所实现的。猩红色与红色之间的关系，在雅布罗（Yablo）看来，属于可确定物与确定物之间的逻辑关系，前者是后者的子集。[②]

2. 主体间的属性实现

主体间的属性实现即一个主体的属性的例示由与该主体重合的另一个主体的属性的例示来实现。这里所说的重合，即两个对象在某一时间段内占据了相同的空间。例如，泥像和构成泥像的那整块泥巴在一段时间内占据了相同的空间。它们虽然是重合的，但从数目上讲是不同的。如果泥像被拍瘪了，泥像是不存在的，但那块泥巴还存在。如果泥像需要修补，修补的泥像还是那尊泥像，但原先的那整块泥巴不存在了。在这种性质实现中，实现者和被实现者为

---

① 舒梅克先将实现分为两种类型：属性实现、微观实现。后来他又将属性实现分为同一主体的属性实现和主体间的属性实现。

② 舒梅克. 物理实现. 王佳，管清风译. 北京：商务印书馆，2015：17.

不同的主体所有。在泥像和泥巴的各种性质中，泥像的外形是由泥巴的形状实现的。[①]

3. 微观实现

微观实现即一个主体的属性的例示由该主体的微观事态来实现。一个微观事态的存在取决于三个要素：一是微观成分的存在；二是它们所具有的各种性质；三是它们处于特定的相互关系之中。在舒梅克看来，一个人的疼痛状态就是由他的微观的神经生理状态实现的。[②]

实现作为一个重要的心灵哲学范畴，不同于同一范畴，与随附性范畴有千丝万缕的联系。实现关系从表面上看是随附关系存在的基础。随附属性与基础属性之间之所以存在随附关系，似乎是因为随附属性是由基础属性实现的。但是，实际上两种范畴之间的区别还是挺大的。

（1）对于同一主体的属性实现而言，被实现的属性强随附于实现属性。在同一主体中，一个属性的例示是另一个属性得以例示的充分条件，则后者强随附于前者。例如，一个物体是红色的，是由它是深红色的实现的，则红色强随附于深红色。强随附性是一种法则学关系。随附属性虽然在不同的可能世界中都随附于基础属性，但由于不同的可能世界有不同的法则学关系，因此随附的方式不一样。同一主体的属性实现是一种概念关系或逻辑关系。它要求在不同的可能世界中被实现的属性随附于基础属性的方式是一样的。

（2）对于主体间的属性实现而言，被实现的属性在一定意义上弱随附于实现它的属性。主体间的属性实现关系与弱随附关系有一个非常重要的不同，弱随附性和强随附性一样，要求基础属性和高层次属性属于同一个主体，而在主体间的属性实现中，被实现的属性和实现它的属性属于两个不同主体。

（3）对于微观实现而言，被实现的属性与实现它的属性之间的随附性，介于部分学随附性与全体随附性之间。

部分学是关于整体与部分之间的关系的学说。在金在权看来，整体的（即以微观部分为基础的）属性部分学地随附于诸部分的属性及其相互关系。不过，在舒梅克看来，一个对象的性质的实现基础，不仅包括这个对象中的某些（而不是所有的）性质和关系，还可能包括这个对象之外的某些对象的微观性质和关系。[③] 由此来看，微观实现关系与心理内容的外在主义相容。

全体随附性的随附基础指的是主体及其所处世界的整个微观事态，而微观

---

① 舒梅克.物理实现.王佳，管清风译.北京：商务印书馆，2015：17.
② 舒梅克.物理实现.王佳，管清风译.北京：商务印书馆，2015：9-17.
③ 舒梅克.物理实现.王佳，管清风译.北京：商务印书馆，2015：52.

事态只涉及主体和所处世界的部分性质和关系，因此，微观实现所体现的随附性介于部分学随附性与全体随附性之间。

二、机器功能主义

"机器功能主义"中的"机器"原指图灵机，后来也指计算机。普特南以图灵机为模型来理解心理状态的本质，创立了机器功能主义。在此基础上，福多将机器功能主义发展为"关于心灵的表征理论"和"关于心灵的计算理论"。我们在这里只分析普特南的机器功能主义。

（一）机器功能主义的兴起

功能主义的兴起必须具备两个条件：一是"破"，揭露同一论存在的问题；二是"立"，找到理解心理状态本质的方法。普特南《心理谓词》中为功能主义的兴起提供了这两个条件。普特南一方面提出了心理属性的"可多样实现性"概念，从而揭示了同一论的错误；另一方面还提出了以图灵机为模型来理解心理状态本质的方法，直接催生了机器功能主义。普特南从三个方面给心灵哲学带来了变化。第一，迅速导致了类型物理主义尤其是心理神经同一理论的衰落。第二，迎来了功能主义。自此在关于心灵的本质问题上，功能主义居于支配地位。第三，有助于反还原论成为关于心理属性的本质的正统。①

心理状态的可多样实现性打破了同一论的迷梦，否定了心理状态同一于大脑的神经生理状态的可能性。除此之外，心理状态的可多样实现性还表明了，我们要将心理状态与实现它的各种物理状态区分开来。

机器功能主义的产生与"计算机隐喻"也有直接的关系。心理状态与实现它的各种物理状态之间的关系，类似于算法与执行它的图灵机之间的关系。这为以图灵机为模型来理解心理状态的本质提供了方法论基础。同一个计算机程序既可由集成电路计算机执行，也可以由晶体管计算机来执行，还可以由更早的真空管计算机来执行。如果我们把心理过程看作计算过程，那么，心理过程由哪些物理过程或机制来实现就不再重要。

（二）心灵无异于程序

在普特南看来，心理状态的本质在于它所实现的功能。一种心理状态的本质就在于和其他心理状态一起将感觉输入转化成行为输出。这一点类似于图灵

---

① Kim J. Philosophy of Mind. Boulder: Westview Press, 2011: 130.

机所做的事情。① 由于心理状态和图灵机具有内在的一致性，因此，要想了解心
理状态如何发挥作用，就要了解图灵机的工作原理。

图灵机是由数学家图灵提出的一种抽象计算模型。它由存储带和控制器两个
部分构成。其中存储带是一条无限长的纸带，上面分成了一个个的小方格。控制
器又由三个部分构成：读写头、当前状态和机器表。图 3.1 是一个空白的图灵机
模型。最上面带有格子的长条图形表示存储带；箭头表示读写头；写有"当前状
态："的长方形方框表示当前状态；内有虚线的长方形方框表示机器表。

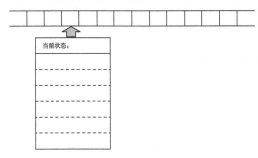

图 3.1　空白的图灵机模型

图灵机在运行前需要做一些准备工作，包括以下四个方面。

（1）在存储带上放入一些符号。存储带上只有两种符号 1 和 b。在适当的位
置放入 1，其他的位置保持空白，用 b 表示。

（2）设置好控制器的当前状态。控制器的状态是有限的，假设只有三种状
态 q_1、q_2、q_3。控制器当前的状态是 q_1。

（3）将读写头置于起始位置。起始位置位于存储带上第一个字符下面。

（4）准备好工作程序。现已准备了如图 3.2 所示的 6 条程序语句作为工作程序。

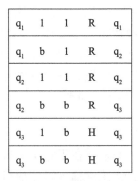

q_1	1	1	R	q_1
q_1	b	1	R	q_2
q_2	1	1	R	q_2
q_2	b	b	R	q_3
q_3	1	b	H	q_3
q_3	b	b	H	q_3

图 3.2　图灵机的工作程序

① 　Putnam H. Representation and Reality. Cambridge: The MIT Press, 2001: 73.

上面 6 条程序语句都包含 5 个符号，分别表示不同的含义。

第 1 个符号表示当前的机器状态。

第 2 个符号表示当前读入的符号。

第 3 个符号表示当前应写入的符号。

第 4 个符号表示读写头的动作。

第 5 个符号表示机器状态应转入的状态。

图灵机的运作过程是：首先读写头读出存储带上当前方格中的字符；再根据自身当前状态和所读到的字符，找到相应的程序语句；最后根据相应的程序语句，执行后面三个字符所代表的动作。

现在我们将人与图灵机之间做一个类比说明。

（1）感觉输入相当于读写头读取当前符号，即程序语句中的第 2 个符号。

（2）内在心理状态有两种：一是当前的心理状态，相当于控制器的当前状态，即程序语句中的第 1 个符号；二是其他心理状态，相当于控制器的其他状态，即程序语句中的第 5 个符号。两种心理状态之间存在引起与被引起的因果关系。

（3）行为输出相当于读写头写入字符并移动，即程序语句中的第 3 个和第 4 个符号。

心理状态的作用就是将感觉输入转换成行为输出。在感觉输入和行为输出之间有心理状态起中介作用，就使得感觉输入和行为输出之间不具有行为主义所说的那种——对应的关系。一方面，不同的输入有相同的输出；另一方面，相同的输入有不同的输出。心灵与大脑之间的关系类似于计算机的软件与硬件之间的关系。正如同一个软件具有可多样实现性，可以由不同的硬件来执行，同一种心理状态也具有可多样实现性，可由不同的物理状态来实现。因此，功能主义不同于同一论。[①]

机器功能主义从本质上讲与戴维森的异常一元论是一样的，是一种个例同一论。作为功能状态的心理状态，虽然不同一于实现它的物理状态，但是由它的物理状态实现。从这个意义上说，一个实在之所以具有作为功能状态的心理状态，是因为它同时具有一种实现心理状态的物理状态。也就是，心理状态的所有者就是实现它的物理状态的所有者。这就意味着，机器功能主义坚持，心理状态与物理状态是个例同一的。由于心理状态是可多样实现的，它不同于物理状态，只是后者的二阶属性或高层次属性。这就意味着，机器功能主义否定类型同一论。

---

① Putnam H. Representation and Reality. Cambridge: The MIT Press, 2001: xii.

三、分析功能主义

分析功能主义又叫因果理论功能主义、常识功能主义。分析功能主义扬弃了分析行为主义。它在环境输入和行为输出之间增加一个中介环节,即心理状态。

(一)分析功能主义的兴起

刘易斯在《疯子的疼和火星人的疼》中提出了心灵理论是否可信的检验标准,需要为疯子疼和火星人疼双双留有一席之地。① 现有的唯物主义理论,如已有的心脑同一论和机器功能主义,似乎很难通过这个双重检验。

"疯子"指的是地球上的一个怪人。他感到疼痛时,他的疼痛所发挥的因果作用异于常人。正常人的疼痛总是让人难以集中精力,但疯子的疼痛不仅不会让他呻吟、满地打滚儿,反倒会让他跷着二郎腿打响指。他一点儿也不想避免或者摆脱疼痛,反而很享受。②

"火星人"指的是火星上的一个人。他感到疼痛时,他的疼痛状态的实现基础异于地球人。地球人的疼痛是由大脑中的神经生理状态来实现的。火星人的疼痛是由大腿中的充水状态来实现的。

功能主义和同一论都没有通过疯子的疼痛和火星人的疼痛的双重检验。一方面,疯子和正常人的疼痛,有相同的物理实现方式,但有不同的因果作用。疯子的疼痛告诉我们,疼痛和它的因果作用之间的关联只是偶然的。另一方面,火星人和地球人的疼痛,有相同的因果作用,但有不同的物理实现方式。火星人的疼痛则表明,疼痛和它的物理实现方式之间的关联只是偶然的。

在刘易斯看来,一个关于心灵的可信的理论需要批判地继承功能主义和同一论。他和阿姆斯特朗提出的分析功能主义能够通过疯子的疼痛和火星人的疼痛的双重检验,这种关于心灵的唯物主义理论,把关于心理类型同一于物理类型的断定与关于疼痛等心理类型的行为主义或功能主义的刻画结合了起来。③

(二)拉姆齐-刘易斯的功能分析法

分析功能主义除所讨论的心理状态及其相关的感觉输入和行为输出之外,还涉及其他心理状态。其中的"其他心理状态"又需要根据新的感觉输入、新的行为输出和新的"其他心理状态"进行分析。这样就会出现一个无限后退的

---

① 刘易斯.疯子的疼和火星人的疼 // 程广云.多元:2010分析哲学卷.上海:上海三联书店,2010:55.

② 刘易斯.疯子的疼和火星人的疼 // 程广云.多元:2010分析哲学卷.上海:上海三联书店,2010:54.

③ 刘易斯.疯子的疼和火星人的疼 // 程广云.多元:2010分析哲学卷.上海:上海三联书店,2010:56.阿姆斯特朗在《唯物主义的心灵理论》中提出了这一观点。

问题。① 分析功能主义如何解决无限后退的问题？现以"关于疼痛的理论"为例来说明。

（T）对于任何一个 x 而言，如果 x 遭受组织损伤且有正常的警觉，x 就处于疼痛之中；如果 x 是醒着的，x 就有正常的警觉；如果 x 处于疼痛之中，x 就会畏缩、呻吟，进而处于难受之中；如果 x 没有正常的警觉或者 x 处于难受之中，x 就倾向于打出更多的错字。②

这个似规律的陈述句描述了一条因果链条。为了"分析掉"心理概念，且防止陷入无限后退，刘易斯以拉姆齐语句分析为工具，给出了心理概念的功能分析。这套分析方法有两个步骤。

先将 T 改写成拉姆齐语句，即对出现于 T 中的心理谓词进行存在量化，从而得到如下拉姆齐语句。

（T_R）存在 M_1、M_2 和 M_3 三种状态，对于任何一个 x 而言，如果 x 遭受组织损伤并且有 M_1，x 就处于 M_2；如果 x 是醒着的，x 就有 M_1；如果 x 处于 M_2，x 就会畏缩、呻吟，进而处于 M_3；如果 x 没有 M_1 或处于 M_3，x 就倾向于打出更多的错字。③

将 T 语句改写成拉姆齐语句 T_R 的目的，就是去掉 T 语句中所包含的心理谓词，这为以因果作用概念"分析掉"心理概念，且防止无限后退提供了基础。

在此基础上，我们再给出关于"疼痛"的功能定义。如果存在某些状态 M_1、M_2、M_3，且环境输入、这三种状态和行为输出之间存在 T_R 所描述的因果关系，而此时他处于 M_2 之中，那么他就处于疼痛之中。

从以上的分析可以看出，拉姆齐 - 刘易斯的功能分析法并未对哪一个特定的或个别的心理状态进行分析，而是先根据环境输入、行为输出和心理状态之间的因果关系对心理状态总体进行定位，再根据个别的心理状态在心理状态总体之中的位置对个别的心理状态进行定位。

（三）心理语词指的是功能的实现者

刘易斯以拉姆齐语句解决了分析功能主义无限后退的问题，为分析功能主义的理论自洽性提供了方法论基础。现在我们再看一下分析功能主义是如何为疯子的疼痛和火星人的疼痛留有一席之地的。

刘易斯将谓词和属性严格地区分开来。谓词和属性之间并不是一一对应的

① 刘易斯. 疯子的疼和火星人的疼 // 程广云. 多元：2010 分析哲学卷. 上海：上海三联书店，2010：56.
② Kim J. Philosophy of Mind. Boulder: Westview Press, 2011: 170.
③ Kim J. Philosophy of Mind. Boulder: Westview Press, 2011: 171.

关系：

（1）有的谓词不指示任何属性。比如，"是一个方的圆"没有指称任何真实的属性。

（2）有的属性没有谓词来指称。人们可使用的谓词毕竟是有限的，但是属性却是无限的，新的属性会不断进入人们的视野。

（3）有的属性有多个谓词来指称。比如，"是晨星"和"是暮星"都指称是金星这一属性。

（4）有的谓词指称多个属性。严格指示词在不同的情况下或在不同的可能世界中指称的是同一个属性。非严格指示词在不同的情况下或在不同的可能世界中指称不同的属性。

根据刘易斯的观点，心理谓词属于上述情况（4），是非严格指示词。心理谓词没有固定的指称。它指称什么随着情况和可能世界的变化而变化。[①]

分析功能主义也承认可多样实现性。假设存在心理属性，根据可多样实现性，心理属性在不同的物种上有不同的实现基础。它们之间是一对多的关系。因此，心理属性不可能同一于实现它的物理基础。如何解决这一矛盾呢？分析功能主义的做法是，否认心理属性是一个自然种类。也就是说，在分析功能主义看来，心理属性没有共同的本质。心理语词是非严格指示词，在不同的物种中，它指称不同的物理状态。分析功能主义实际上否认了心理属性是"一"，主张心理语词的指称是"多"。由此可以推出，心理语词指的就是发挥某种因果作用的物理状态。如同"毒药"指的是所有能毒害生命的药物，即使它们有完全不同的化学式。心理概念指的是具有独特的因果作用的物理状态，即使这些物理状态有完全不同的本质。与之相反，机器功能主义主张，心理概念指的是物理状态所具有的因果作用，类似于毒药的毒性，而不是具有毒性的毒药。

四、"功能主义的麻烦"

在功能主义看来，心理状态是由功能状态决定的。两个实体如果有相同的功能，那么它们的心理状态也一样，反之亦然。反功能主义者对此进行了质疑。两个实体即使有相同的功能，也可能有不同的心理状态。比如，其中一个能理解思想的意义，而另一个则不能理解思想的意义；其中一个能体验到特定的感觉，而另一个则不能体验到特定的感觉。意义或意向性问题和感受性问题是功能主义最大的两个麻烦。

---

① 刘易斯.疯子的疼和火星人的疼 // 程广云.多元：2010 分析哲学卷.上海：上海三联书店，2010：56.

（一）意向性及其中文屋论证

功能主义将人的大脑比作计算机。反功能主义者认为人脑与计算机之间有着根本性的区别。人脑是语义机，而计算机是句法机。人脑是根据句子的语义来处理句子的，而计算机是根据句子的句法来处理句子的。即使计算机能做人脑做的所有事情，它也不能理解句子的意义。塞尔的中文屋思想实验表明了，机器功能主义遗漏了心灵的语义性或意向性。

假设塞尔本人被关在一个没有窗户的屋子里。屋内的墙上写满了汉字，但是塞尔不认识中文，尽管如此，他还是能根据这些汉字的形状分辨它们，将它们彼此区别开来。屋子外面的人通过墙上的一个缝隙，递给了塞尔一张纸条。纸条上写着特定序列的汉字。塞尔不懂它们的意义，但是塞尔有一本用他的母语（英语）写的指南。这本指南告诉他，汉字的形状和英文单词的形状之间的对应关系。当他收到特定汉字序列时，他可以根据指南从墙上找到相应的汉字序列递出去。

塞尔已熟练地掌握了操作要领。当有一个汉字序列输入的时候，他能输出指南所要求的那个序列。再假设递进去的中文纸条是一个中国科学家提出的一个问题，塞尔递出来的中文纸条是对这个中文问题的正确回答。塞尔正确地回答了中国科学家提出的问题。在中国科学家看来，塞尔好像是懂中文的，但事实上，塞尔压根儿就不懂中文。

从结果上看，不懂中文的塞尔和懂中文的人给出的结果相同。但是，塞尔是根据汉字的形状来处理输入的中文句子的，而没有根据汉字的意义来处理中文句子。塞尔没有理解形状各异的汉字的意义。中文屋里发生的任何事情都只与汉字符号的形状相关，与它们的意义无关。

中文屋如同一台计算机，塞尔如同中央处理器，墙上的汉字如同数据库，指南如同计算机执行的程序。中文屋和计算机虽然都能正确地处理符号，但它们只关心符号的形式，而不关心符号的意义。即使计算机和人有完全相同的功能，但是，计算机不能"理解"符号的意义，而人的心灵的本质在于能够理解意义，能够处理意义。因此，功能主义遗漏了心灵最本质的东西。

（二）感受性与怪人论证、中国人口论证

功能主义将心理状态等同于功能状态。一个人处于疼痛之中，就是他遭受了组织损伤并与其他心理状态一起引起了一系列典型的疼痛反应。但是，对于他的疼痛而言，这并不是全部。当他经验疼痛时，他的经验有某种独特的"感觉"。这就是感受性。感受性指的是经验本身向经验者直接呈现出来的主观的质

的特征。当你处于疼痛时，或看泰山日出时，或品尝芥末时，所体验的那种独特的感觉就是感受性。

查默斯在《有意识的心灵》中提出怪人论证。怪人是一种奇特的生物。它们与我们在物理上完全相同，但没有我们所具有的有意识的经验。怪人世界在逻辑上是可能的。假设孪生查默斯就生活在这个怪人世界中。他是查默斯的分子对分子的复制品。由于怪人世界和现实世界在物理上完全相同，因此，孪生查默斯和查默斯生活的物理环境是完全相同的。查默斯凝望窗外的绿树时，心中涌现出一种赏心悦目的感觉。孪生查默斯凝望窗外的绿树时，他以一种与查默斯相同的方式对输入做出反应，输出了相同的行为。也就是说，在面对相同的输入时，两人的行为表现在物理上完全相同。但是，很明显，孪生查默斯没有有意识的经验，心中不会涌现出赏心悦目的感觉。

怪人论证表明，两个人在功能方面是相同的，但在感受性上存在巨大差异，其中一个人的经验有感受性，另一个人的经验没有感受性。如果说查默斯的怪人论证涉及跨世界，不好"设想"，那么，我们可以只考察现实世界，考察布洛克（Block）的中国人口论证。

中国人口论证将14亿中国人当作一个"实体"，并和人的大脑进行比较。人脑有很多神经元，假设也有14亿个（实际上比这数字要大得多）。如果大脑执行了特定的功能主义步骤，全体中国人也执行相同的步骤。这完全是可能的。但是，即使如此，人脑能体会到特定的感觉，而全体中国人作为一个集体则不会有相同的感觉。

在反功能主义者看来，感受性是心灵的本质特征。行为表现完全相同的两个人有不同的感觉，就有不同的心理状态。功能主义遗漏了有意识经验的感受性，因而是错误的。

第四节　解　释　主　义

解释主义被称为心灵哲学中的"哥白尼式革命"，20世纪下半叶开始产生深远而广泛的影响。以前的心灵哲学理论如行为主义、同一论和功能主义等属于心灵实在论。在这些理论看来，心理语词所描述的心理属性，与电子、石头和河流一样，都是这个世界的真实特征。与心灵实在论不同，解释主义主张心理语词所表达的心理属性，同地球的经纬线一样，是解释者为了理解和预测的需要强加给这个世界的。它们是归属的属性，不是真实的属性。根据丹尼特（Dennett）的划分，解释主义有两种形式。一是投射主义的解释主义：一个人将他认为他自己处在一个生物所处的环境中会有的命题态度归属给这个生物，代表人物是戴维森。二是规范主义的解释主义：一个人将某个生物在其所处的环境中"应当具有"的命题态度归属给这个生物，代表人物就是丹尼特本人。两种类型的解释主义之间最大的区别就在于用以归属的命题态度来源不同：投射主义强加给被解释者的命题态度系统是解释者个人所有的，而规范主义强加的命题态度系统是一种客观存在的模式。[①]

一、归属属性

解释主义与心灵实在论最大的不同在于，将对象的心灵从客体转到自身之中。客体有心灵，不是客体自身固有的真实属性，而是主体将心灵归属给客体的归属属性。在了解解释主义之前，我们首先来了解一下什么是归属属性。

我们一般将属性分为性质和关系两类。性质是其持有者不以他物为前提而独自具有的属性。关系是持有者以他物为条件而具有的属性，如某人是一个丈夫、是一个父亲。除此之外，我们还可以根据属性的来源，将属性分为真实属性和归属属性两种。真实属性是事物本身固有的客观的属性。归属属性是主体归属给客体的属性。比如，一个事物是好的，"是好的"这一属性就是一个评价主体归属给对象的一种属性。归属属性不是事物本身固有的属性，人们对它们的归属须以主体为中心向客体投射，对它们的归属具有主体性，会因人而异。

二、戴维森的投射性解释主义

英美哲学中的解释主义虽然与欧陆哲学中的解释主义有着相同的总问题，即"理解或解释如何可能"，却有着不同的对象。英美哲学中的解释主义的对象是人的行为，尤其是人的言语行为。戴维森就是从"彻底的解释如何可能"这一问题出发，得出了对对象的心理解释具有不确定性的，从而以此为根据说明心灵是解释者投射给对象的归属属性。

（一）彻底的解释

在人际交流中，每一个人既是听者又是说者，既是解释者又是被解释者。

---

① 丹尼特. 意向立场. 刘占峰，陈丽译. 北京：商务印书馆，2015：465.

所谓彻底的解释，就是从零开始的解释，就是在对说者的话语语义和说话时的心理状态一无所知的情况下对说者所作的解释。彻底的解释不仅发生在跨语言共同体中，也发生在同一种语言共同体中。在一词多义的情况下，在解释者和说者对某个词的使用方式不同的情况下，彻底的解释也可能发生。

（二）彻底解释的条件

解释者在对说者的语种完全不懂的情况下对说者的话进行彻底的解释，必须具备如下条件。

第一，理解句子的成真条件：解释的目标。理解了说者所说的话语的成真条件，就理解了它的意义。说者说出某句话，是想表达他所认识到的事实。例如，一个美国人说"It is raining"，是因为他知道了一种事实，即天正在下雨。这是戴维森关于意义的真值条件理论，语言的意义在于它的成真条件。解释理论的目标是要理解说者所说的话的成真条件。

第二，认为说者说的是真话：解释的出发点。解释者以说者认为说者自己所说的话是真的这一原始态度为出发点。解释者要理解说者所说的话（或要说但没有说出口的话），必须有办法把说者的话语与成真条件或意义关联起来。要做到这一点，他必须有办法破译说者的命题态度（如信念和愿望）。然而，说者说出某个句子总是带有一定的意向。戴维森给出的办法是，解释活动的起点是，说者对他自己所说的话采取"认为是真的"的原始态度，即说者认为他自己说的话是真的，认为说者是"心口如一"的。①

第三，遵守宽容原则：解释的原则。"宽容原则"即解释者相信说者的信念之网中绝大多数的信念都是真实的。解释者实际上预设了说者和他一样都是一个理性的人。解释者和说者在相同的环境下，会基于相同的理由，采取相同的行动。基于此，如果解释者知道说者所处的环境和采取的行动，就会"设身处地"地推出说者的意向状态。

第四，承认心理因果性：解释的形而上学基础。即使解释者先天地假定说者所说的叽里呱啦的话语是真话，又如何理解它的意义呢？唯一的办法就是设法了解他说这句话背后的意向状态。解释者理解说者的意向不能求助于说者有声或无声的语言，只能求助于说者的行为及其倾向。原因在于，一个人的信念、愿望（理由）与他的话语、行动之间是一因多果的关系。基于同一个理由，说者不仅说出了他想说的话，还做出了或可能做出某种行为。话语和行动都是心理状态的结果。所谓的"言行一致"，其根据也就在于它们的原因是同一个心理

---

① 海尔.当代心灵哲学导论.高新民，殷筱，徐弢译.北京：中国人民大学出版社，2005：141.

状态。也就是说，如果有办法洞悉行动的原因，就有办法找到话语的原因。

在戴维森看来，人的意向状态与行动之间存在因果关系。[1]既然意向状态与人的行动之间有因果作用，人的行动又是可以根据经验观察到的，那么，解释者可以通过行动来理解话语背后的意向状态。

第五，运用决策理论：解释的技术。行动与意向状态之间有因果关系，但不是一因对一果的对应关系。尤其是，不同的意向状态可能对应同一种行为。对于说者的同一种行动，解释者可以设想多种意向状态与其对应。到底哪一种意向状态才是说者行动的真实原因呢？戴维森指出运用决策理论来解决这一问题。

决策理论是一种研究决策者在不同处境下该如何选择才最为理性的学说。决策理论研究的对象是人的行动，尤其是抉择行动。根据决策理论，一个人选择某种行动而不是选择别的行动取决于两个方面：一是利益，二是概率。在戴维森看来，决策理论中的概率相当于人的信念（概率大的，就相信；概率小的，就不相信），而利益相当于人的愿望（愿望就是想实现的东西）。

回到解释理论中来，对于解释者而言，说者的行动（决策理论中的选择）可通过经验观察到，而说者的行动给其带来的利益（解释理论中的愿望）可被客观地评估，因此根据说者的行动和行动结果产生的利益就可以得出行动的概率，从而得出行动者的意向状态。

第六，解释的资源：常识心理学。说者作为一个理性的人，他的行动是根据他的"决策理论"做出的。但决策理论是关于人们如何从一些可供选择的方案中选出一个特定行动方案的"科学"理论。对于这种理论，说者或行动者不一定系统地学习过，那么，他的"决策理论"是什么呢？一种回答是他所具有的常识心理学。常识心理学是隐藏在每一个人心灵深处、体现在人的行为中的概念图式或能力结构，是一种有特定含义的"理论"。[2]每个正常人在理解、解释、预言自己和他人的行为时都会用到它。

（三）解释的不确定性与心灵的本质

对同一种行为，不同的人有可能作出不同甚至完全相反的解释。到底其中哪一个是正确的解释，似乎没有客观的标准。这就是戴维森所说的解释的不确定性。既然解释具有戴维森所说的"解释的不确定性"，那么，心理属性就是解释者投射给说者的归属属性，而不是说者本身固有的属性。

① 戴维森.心理事件//戴维森.真理、意义与方法：戴维森哲学文选.牟博选编.北京：商务印书馆，2008：435.

② 高新民，刘占峰，等.心灵的解构：心灵哲学本体论变革研究.北京：中国社会科学出版社，2005：13.

常识心理学的解释实践类似于测量活动。人们把命题态度归属给他人，就像把经纬度归属给物体一样，它取决于我们解释他人言语行为的需要。我们将信念和愿望归属给他人时都是以我们自己为标准的，即我们设身处地地将自己放到他人的位置上，将信念和愿望归属给他人。每个人所拥有的解释资源或"解释理论"不同，因此就导致了对同一种行为作出不同的心理解释。这种解释的不确定性一方面说明了心理学解释不能还原为物理学解释，另一方面也说明了常识心理学预设的信念和愿望等不是真实存在的。^①

（四）关于投射性解释主义的思考

戴维森的投射性解释主义存在两个方面的问题：一是无限后退的问题；二是相对主义的问题。在戴维森看来，每个人的心灵都依赖于他人心灵的投射。甲有心灵是由于乙将自己的心灵投射给甲，乙有心灵是由于丙将自己的心灵投射给乙……这样一来，便陷入了无限后退。另外，每个人之外的他人有很多，一个人的心灵状态是因他人而异的。这不可避免地导致了相对主义，消解了心理状态的客观性。

关于无限后退的问题，戴维森提出了归属者的共同体概念。人们在归属心理状态的过程中是相互归属的。甲有心灵是由于乙将自己的心灵投射给甲，乙有心灵不是由于某个第三个心灵源泉（丙）将自己的心灵投射给乙，而是甲将自己的心灵投射给乙。相互投射虽然从表面上看似乎可以破解心灵归属的无限后退问题，但实质上又可能落入循环论证的窠臼。要想破除循环论证，唯一的办法就是找到一个共同的归属者，即甲的心灵和乙的心灵的共同来源。如果这个来源是一种客观的存在，它还可以避免陷入相对主义的困境。为了达到这一目的，戴维森又提出了一个新的概念，即"无所不知的解释者"。

这个无所不知的解释者，对每个人及其所处的环境无所不知，并具有所有证据。如果每个人的心灵都来自这个无所不知的解释者，那么，每个人的心灵在最大限度上就是真实的和客观的。这个无所不知的解释者是谁呢？在戴维森看来，无所不知的解释者是信念的原因，即客观世界。信念的内容即信念所关于的对象部分地是由它的原因引起的。

戴维森没有提到人们能否自我归属的问题。如果每个人能进行自我归属，那么，不仅可以规避解释的无限后退问题，也可以解决相对主义的问题。但是，如果自我归属是可能的，自我解释是可能的，自己对自己信念的解释就具有第一人称权威性，那么，解释的不确定性就不成立。

---

① 戴维森. 行动、理性和真理 // 欧阳康. 当代英美著名哲学家学术自述. 北京：人民出版社，2005：80.

三、丹尼特的规范性解释主义

在解释主义这条道路上，丹尼特比戴维森走得更远。他认为，只要我们愿意，我们还可以用常识心理学来理解和预测人之外的所有生物的行为。在丹尼特看来，对任何一个对象的行为，我们可以采取三种不同的立场：意向立场、设计立场和物理立场。

（一）三种立场

（1）意向立场是解释者把对象看成是一个具有信念、愿望等心理过程的理性自主体，根据它应该具有的信念和愿望来理解和预测它的行为。[1] 只要解释者采取意向立场，所有的生物都可以被看作有心灵的意向系统。

（2）设计立场就是以对象有特定的设计为基础，根据它的设计和功能，对它在不同环境下的行为作出解释和预测。设计立场尤其适用于人造物，如温度计、计算机。人造物是人们为了实现特定的功能而创造出来的东西。它的功能和行为都是被设计好了的。因此，对人造物的行为，诉诸设计者的设计就能很好地解释清楚。一个对象不太复杂，人们对它的行为的理解和解释就可以从意向立场下降到设计立场。但是，如果设计的对象出现了功能失常，那么，我们就不能再对其采取设计立场，而要采取物理立场。

（3）物理立场是根据对象内在的物理结构和外在的物理环境对其行为进行解释和预测。自然科学对各种自然现象的解释和预测基本上都采取了这种立场。丹尼特坚持物理立场，表明他在本体论上还是一个物理主义者。每一个心理事件都是某种物理的、功能的或其他类型的事件。解释主义与唯心主义、二元论有着原则上的区别。[2]

（二）人心的本质及其在世界中的地位

在丹尼特看来，说非人系统能"想"、能"相信"、能"思考"并不是一种拟人的说法。这些命题态度动词是在本源的意义上适用于人和非人系统的。人有心灵，物也有心灵。

不过，丹尼特肯定了人和物的心灵之间存在等级差异。心灵的种类总共有四种，从低到高依次是达尔文式心灵、斯金纳式心灵、波普尔式心灵、格雷戈里式心灵。具有达尔文式心灵的生物与环境之间的作用与反作用是完全被设计

---

[1] 丹尼特. 意向立场. 刘占峰，陈丽译. 北京：商务印书馆，2015：25.

[2] Dennett D. Brainstorms: Philosophical Essays on Mind and Psychology. Cambridge: The MIT Press, 1981: xviii.

好了的，无法自主地改变。具有斯金纳式心灵的生物有学习能力，它们能根据环境的变化来调节自己的行为，不断重新塑造自己，从而适应环境。具有波普尔式心灵的生物用不着"以身涉险"，它们"在头脑中"进行"猜想和反驳"以验证不同行动过程的可能后果。格雷戈里式心灵居于心灵等级的塔尖。具有格雷戈里式心灵的生物像具有波普尔式心灵的生物一样能在头脑中检验假说，而且它能进行有意识的表征。只有人是格雷戈里式生物。

"有意识的表征"是什么意思呢？和其他认知科学家一样，丹尼特也认为，人和非人生物都能加工信息，并内在地处理它们关于环境的表征。人不仅能表征环境，而且能表征自己的表征，还能表征他人的表征。"有意识的表征"就是能反观自己的表征，对自己采取意向立场。

婴儿和年幼的小孩可能没有真正思维所不可缺少的那种反思能力。在丹尼特看来，非人类生物以及婴儿、年幼的小孩的心灵与普通人的心灵之间，不仅存在程度上的差别，还存在类别上的不同。虽然常识心理学具有解释有效性，但是，我们并不能因此就认为心理状态是行为的真实的内部原因。[①]

（三）"温和的实在论"

丹尼特称自己的心灵哲学为温和的实在论或小写的实在论。意向系统理论所揭示的合理性关系是一种客观的模式。

温和的实在论或小写的实在论，是相对于大写的实在论和非实在论而言的。大写的实在论如同一论和功能主义等，将信念、愿望等命题态度看作存在于人脑内部的一种实在。戴维森的解释主义和取消主义都是非实在论，前者宣称，说者的意向状态因解释者而异，后者宣称，常识心理学是无用的和虚假的，应予以取消。温和的实在论与它们不同：一方面承认常识心理学中信念、欲望等意向性术语的有用性，承认它们有存在的理由与价值；而另一方面又否认意向心理状态是真实存在的内部状态，否认上述术语、概念能够指称、描述任何实在、过程、状态和属性。[②]

丹尼特引用了诺齐克（Nozick）火星人的例子来论证意向系统理论所揭示的意向关系的客观性。假设火星上具有高级智慧的生物来到地球上。人类对于这些火星人而言，是非常简单的。这些火星人解释和预测我们的行为，既不需要采取意向立场，也不需要采取设计立场，因为他们能在微观物理层次上预测我们行为的每一个细节。现在的问题是：如果从火星人的观点或角度来看，我

---

① 莱肯．心身问题//斯蒂克，沃菲尔德．心灵哲学．高新民，刘占峰，陈丽，等译．北京：中国人民大学出版社，2013：69-70.

② 王姝彦，王姝慧．丹尼尔·丹尼特的意向战略及其理论意义．自然辩证法研究，2008，(8)：22-26.

们是不是真正的信念的具有者呢？如果回答是否定的，那么，人们在意向的立场上描述的意向关系就没有客观性。丹尼特回答说，我们可以想象，火星人也许能够预测人类的未来。但是，如果他们不将人看作意向系统，他们就不能捕捉到人的行为的某些真实的模式。正是在这个意义上，丹尼特称他自己的理论为"温和的实在论"。

（四）关于规范性解释主义的思考

与戴维森的解释主义相比，丹尼特的解释主义似乎既不存在无限后退的问题，也不会陷入相对主义。因为在丹尼特看来，解释者归属给说者的信念和愿望不是来自解释者个人的常识心理学，而是来自所有解释者共有的一种客观的常识心理学。这种客观的常识心理学与个人的常识心理学之间是什么关系，就是丹尼特的规范性解释主义面临的一个难题。

客观的常识心理学与个人的常识心理学是相同的吗？个人的常识心理学具有差异性，同一个人在不同时期具有的常识心理学也是不相同的。客观的常识心理学不能同一于彼此互不相同的个人的常识心理学。

客观的常识心理学是每个人的常识心理学中共同的东西吗？每个人的常识心理学中，既有合理的方面，又有不合理的方面。如果客观的常识心理学只是每个人的常识心理学中合理方面的"最小公约数"，则它可能就是婴幼儿的常识心理学中的合理方面，那么它的有效性太低了。

即使客观的常识心理学是一种人类理性的最大化，但个人又如何把握这种理想化的状态呢？斯蒂奇（Stich）也认为，在进行心理归属的过程中，信念和愿望的归属是以解释者自己的个人心理学为标准的。[①]也就是说，解释者换位思考、设身处地地将自己放到他人的位置上，将信念和愿望归属给他人。丹尼特所说的那种客观的常识心理学模式对于解释者而言实际上是遥不可及的东西。

第五节　取　消　主　义

取消主义又称取消式的唯物主义或消除式的唯物论。它是解释主义的进一步延伸。解释主义否定了心灵在本体论上的实在性，但肯定了常识心理学在解

---

① Stich S. From Folk Psychology to Cognitive Science: The Case Against Belief. Cambridge: The MIT Press, 1983: 136.

释上的有效性。取消主义在否认常识心理学有效性的基础上，主张取消关于心灵的一切，并以神经科学代替常识心理学。取消主义兴起于 20 世纪 80 年代，主要代表人物有丘奇兰德夫妇和斯蒂奇。

一、取消主义的基本观点和主要论证

在取消主义看来，我们关于心理现象的常识心理学理论是一种完全错误的理论。取消主义的基本观点主要有：解释心 / 脑如何工作以及它如何引起可观察行为的成熟科学将不提及常识意向状态和过程；信念、愿望等不是成熟的科学心理学之本体论的组成部分；常识心理学的意向状态并不存在。[①]

常识心理学理论具有如此根本性的缺陷，以致它的概念、原则和本体都最终要被完备的神经科学取代，而不是被顺利地还原为后者。从科学发展的角度看，一种旧的理论被一种新的理论取代时，可能会出现两种可能的情况，一是旧的理论被还原为新的理论，或作为新的理论的一种特例；二是旧的理论被新的理论完全抛弃。在心身问题上也存在着新旧两种理论，即常识心理学和新的科学理论。但在新理论是什么的问题上，丘奇兰德夫妇和斯蒂奇有不同的主张，前者认为是神经科学，后者认为是认知科学。

常识心理学相对于神经科学或认知科学而言是一种旧的前科学的理论，主要因为如下三点。首先，常识心理学适用范围有限，解释力不足。对于很多心理现象，常识心理学都无法解释。其次，常识心理学发展缓慢。最后，常识心理学的概念无法还原为自然科学概念。

既然常识心理学是一种关于心身学说的旧理论，它有可能还原为神经科学或认知科学吗？这实际上涉及理论还原的问题。理论还原（或科学还原）是两个理论之间的关系，其标准模型是 E. 内格尔（E. Nagel）在《科学的结构》中构建的 E. 内格尔式还原。一个理论能够还原为另一个理论的必要条件是，待还原定律能够从还原定律中推导出来，而实现这种推导的前提条件是桥梁律。桥梁律要求，待还原理论中的语词（自然类型词）和还原理论中的语词（自然类型词）在法则学上共外延。也就是说，旧概念所指的东西就是新概念所指的东西。据此看来，常识心理学能不能还原为神经科学或认知科学，关键在于心理语词（如"信念"和"愿望"等）能否还原为神经科学或认知科学的语词。

答案是否定的。一方面，普特南的心理状态的可多样实现性表明，一种类型的心理状态可由不同类型的神经生理状态来实现。这就意味着，心理状态与

---

① Stich S. Deconstructing the Mind. Oxford: Oxford University Press, 1996: 116.

神经生理状态是一对多的关系，心理语词不可能和神经生理状态语词必然地共外延。另一方面，戴维森基于心理状态的外在性、整体性和规范性，断定常识心理学和神经科学之间的桥梁律（即心物规律）是不存在的。

既然如此，常识心理学只能被神经科学或认知科学取消。一种理论被另一种理论取消的根据是，面对同一问题，后一种理论作出了完全不同却更加合理的解释。[①]

二、对取消主义的批评

取消主义与心脑同一论相比走向了另一个极端。它们都遵循着相同的逻辑。心理状态如有本体论地位，就只能同一于神经生理状态；如果不同一于神经生理状态就没有本体论地位。前者是心脑同一论的观点，后者是取消主义的观点。取消主义作为一种激进的本体论变革，也存在以下三个方面的问题。

第一，取消主义陷入了自我否定。取消主义者的主张是，相信和希望等命题态度是不存在的。我们知道，一个人主张一种观点，是因为他相信他所主张的观点。现在试问一下取消主义者是否相信他自己主张的观点。如果他相信他的观点，即如果他相信"相信和希望等命题态度是不存在的"，这就陷入了自我否定之中。

第二，取消主义的结论与我们的直觉经验相悖。我们的各种内省经验直接证实了各种心理现象的存在。我们对意识经验的确信胜过我们对世界上的任何事物的确信，我们对意识的了解比我们对世界上任何事物的了解更加直接。[②]

第三，取消主义会导致人类的"理智灾难"。我们在与人交往时如果不使用"我""相信""认为""希望"等心理语词，就无法正常地交流。[③]

---

① Churchland P. Matter and Consciousness. Cambridge: The MIT Press, 1992.
② 塞尔. 心灵的再发现. 王巍译. 北京：中国人民大学出版社，2005.
③ 海尔. 当代心灵哲学导论. 高新民，殷筱，徐弢译. 北京：中国人民大学出版社，2005：171.

第四章

因果关系的形而上学

对于心理因果性的总问题而言，第二个前提性的问题是：因果关系本身是什么？只有先解决了这一形而上学问题，我们才有可能说明心灵与人的行为、与外部世界之间是否具有因果关系，以及因果关系是如何可能的问题。在因果关系的形而上学问题上，与心理因果性相关的有五种理论，分别是规则论的因果理论、反事实条件论的因果理论、过程论的因果理论、自主体因果理论和干预主义的因果理论。本章的主要任务就是从形而上学的角度着重分析各种理论对"两个对象之间具有因果关系需要满足什么条件"这一问题的不同回答。

第一节　规则论的因果理论

在心灵哲学中，心理因果性问题受到人们的普遍关注，源于 20 世纪 70 年代人们对戴维森的异常一元论进行的广泛思考。一般认为，戴维森所提出的因果关系的法则学标准太严格了，不是关于因果关系的适当标准。后来在很长一段时间内，人们为解决心理因果性问题，提出了各种因果关系标准，要么对因果关系的法则学标准进行适当的放宽，要么提出其他可替代的标准。因果关系的法则学标准是关于因果关系的适当标准吗？要对因果关系的法则学理论有一个公正的评价，我们需要对这一理论有一个客观的认识。因果关系的法则学理论从属于因果关系的规则性理论。我们首先从形而上学的角度分析因果关系的规则性理论。

一、规则论的因果理论的缘起

在心灵哲学中，坚持规则论的因果理论的哲学家有很多，如戴维森、金在权、阿姆斯特朗。规则论的因果理论源于休谟对常识因果观的批判，尤其是对其中的必然性观念的批判。

因果关系的常识观念，又叫常识因果观。它是每个正常人内心共有的习以为常的关于因果关系的观念。在休谟看来，因果关系的常识观念由以下三个要素构成：①原因和结果在空间上的相邻性。②原因和结果在时间上的继起性。原因与结果在时间上是先行后续的时序关系。先有原因，后有结果。③原因和结果之间的"必然性"。原因和结果之间的关系是必然的。这种必然性是客观的，是不以人的意志为转移的。

休谟作为一名彻底的经验主义者，主张经验是知识的边界，是"知识之根"，我们一切的知识都来自经验。人们关于因果关系的常识观念只有在经验中找到根据才能站得住脚。

在休谟看来，知识就是具有内容的心理状态。他将所有有内容的心理状态统称为"知觉"，并把知觉分为两种不同的类型：印象和观念。一个印象就是一个直接的感觉经验，一种非常"强烈"的心理状态，如一个人看到一个红苹果时的感觉印象。一个观念是一种"强烈"程度稍低的心理状态，如一个人仅仅想到苹果而非看到它时的观念。

休谟将知觉分为印象和观念两类，赋予它们不同的地位。观念从根本上说也来源于印象。观念也有两种不同的类型：简单观念和复杂观念。人们的简单观念是印象的"精确的"摹本，直接来源于感觉经验，在某种程度上与感觉经验对应。复杂观念是简单观念的组合，它们也来源于感觉经验。由于复杂观念间接地产生于感觉经验，故而不一定能与感觉经验相对应。据此，观念有两种相应的来源：模仿和组合。前者是简单观念的基础，而后者是复杂观念的基础。

在休谟看来，一个观念只有在它能被追溯到直接的感觉印象时，在认识论上才是合法的。休谟据此形成了他的哲学方法论，即对于任何被给予的哲学观念，都要追问它来自哪些印象，从而将这一观念本身还原为相应的印象。我们可以把这种哲学方法称为"休谟式还原"。休谟实际上是在提醒我们，关于因果关系的常识观念同其他观念一样，只有接受经验的考证，才有其合法地位。[1]

对于因果关系的常识观念中的三个要素，休谟都进行了反思和批判。他对其中的必然性观念的批判影响最大，对形而上学、伦理学和科学哲学也产生了

---

[1] 休谟．人性论．关文运译．北京：商务印书馆，1980：91．

重大影响。对于"必然性"观念的内容可能来自哪里这一问题，休谟检验了三个主要的可能选项：逻辑关联、能力（power）和恒常结合。但是，这三者都不能为因果必然性观念提供经验根据。在休谟看来，因果关系的必然性只不过是由关于相似事件的结合的重复例示的经验所产生的心灵的投射。也就是说，如果说因果关系具有必然性，那它也只具有主观的必然性，而没有客观的必然性。

二、因果关系的简单规则论

在关于因果关系的问题上，休谟有破也有立。他一方面解构了关于因果关系的常识观念，另一方面建构了新的因果理论。他将因果关系还原为规则性的依赖关系：结果有规则地依赖于原因。我们称这种理论为因果关系的简单规则论。

根据因果关系的简单规则论，因果关系由三个非因果的构成要素构成，分别是空间上的相邻性、时间上的继起性和规则性（恒常结合性）。这三个构成要素都能从经验中找到根据。自然界中不存在必然性是规则性理论的形而上学信条。

休谟的简单规则论遭到了哲学家里德（Reid）的批评：因果关系的简单规则论太简单了，不能将因果关系与其他有规则的非因果现象区别开来。例如，昼夜更替现象呈现出一定的规则性，白天和黑夜恒常结合，但是昼夜更替不是因果现象。规则性不是因果性的充分条件，有规则性的现象并不一定就是因果现象。[①] 在里德看来，因果关系的本质不是原因和结果的恒常结合，而是原因具有对结果发挥作用的行动能力（active power）。正是由于这种行动能力，原因事件才能引起结果事件并呈现出某种规则性。[②] 在里德的思想里，行动能力是原初解释项[③]。人们不能直接地认识它，但可以从它的作用中推出它的存在。在这一点上，行动能力类似于康德的物自体概念。

布朗（Brown）对里德的能力因果观作出了反驳：能力是抽象物，而一个因果序列是一个具体的事件序列。自然界中有规则，这一点具有一定程度的不可思议性，能力不能解释规则，诉诸能力也不会减少这种不可思议性。布朗主张，因果关系的标志是不变的序列。一个事件序列只有是不变的，才有可能被认为是因果序列。在此基础上，布朗努力化解里德提出的反例。严格地讲，白

① 里德. 论人的行动能力. 丁三东译. 杭州：浙江大学出版社，2011：282.
② 里德. 论人的行动能力. 丁三东译. 杭州：浙江大学出版社，2011：1-10.
③ "原初解释项"中的"原初"义即原始的、最初的、终极的或第一的。原初解释项就是人们可以用它来解释别的东西，但人们无法对它做进一步解释。

天和黑夜都不是事件。它们甚至不是单一的现象，而是根据某种相似性和不同点（如亮度）组合在一起的现象系列。如果我们将白天和黑夜描述为地球自转时相对于太阳的位置，那么，两种现象之间的确存在因果关系，地球的运动改变了地球随后接受太阳光的位置。[①]

布朗对里德的批判，只能证明里德关于因果关系的能力说明，相对于关于因果关系的规则说明，没有优势。也就是说，在布朗看来，里德关于因果关系的能力说明，无法有效地将昼夜更替现象排除在因果现象之外。布朗的理论成就是有限的，他只是对因果关系的简单规则论进行了辩护，而没有推动它的发展。

三、因果关系的法则学理论

为了应对里德提出的反例，密尔主张必须发展因果关系的规则理论。他承认，有规则的恒常结合（或不变的继起）对于因果关系来说并不是充分的。要想确保因果关系，必须在不变的继起关系中增加"无条件性"。规律的法则学必然性能够确保这种"无条件性"。

密尔回应里德：白天跟随黑夜不是无条件的，昼和夜以及二者的循环更替是由一个共同的原因产生的。如果两个事件是同一个原因的两个结果，其中的一个会跟随另一个的出现而出现，但是，这种跟随是有条件的，即它们的共因必须出现。如果它们的共因不出现，它们之间就没有跟随关系。

密尔与布朗不同，没有彻底抛弃自然界中的必然性。在他看来，无条件性就是某种意义上的必然性。一个事件的序列如果被一条自然规律涵盖就是无条件的。密尔实际上是以法则学的必然性取代形而上学的必然性。密尔将因果关系的规则论发展为因果关系的法则学理论。

关于什么是规律，不同的哲学家有不同的观点。一般认为，较有发展前景的是"规律之网"的观点。它在密尔的著作中已初现端倪，由拉姆齐正式提出，后来为刘易斯所发展。根据这种观点，一个规律是一个自然规律，当且仅当它在获得了简单性和强度的最佳结合的真正的演绎系统内作为一个定理或公理出现时。[②]其中的简单性要求禁止无关的要素出现在规律系统中；有效性要求关于规律的演绎系统尽可能是有用的。任何规则只要不出现在这样的演绎系统中就是偶然的，就不是一个真正的自然规律。任何被孤立考虑的规则都不会被认为是一条规律。显然，密尔－拉姆齐－刘易斯的规律观是一种整体论的观点。

---

① Brown T. Inquiry into the Relation of Cause and Effect. Andover: Mark Newman, 1822.
② 伯德.科学哲学.贾玉树，荣小雪译.北京：中国人民大学出版社，2008：41.

四、规则论的因果理论的问题

规则论的因果理论存在很多问题。除了前面论述的昼夜更替这样的时序性问题之外，还有两个非常突出的问题，一个问题与一因多果现象有关，另一个问题与单一因果关系有关。

规则论的因果理论无法解决共因问题。由一因导致的两个结果之间总是呈现出某种规则性，但它们不是因果关系。针对因果关系的规则论，罗素提出了一个反例。在曼彻斯特的汽笛声一响与伦敦的工人就开始下班之间并不存在因果关系。两地不相邻，伦敦的工人不能听到曼彻斯特的汽笛声，因而曼彻斯特的汽笛声不是伦敦工人下班的原因。对于曼彻斯特的汽笛声与伦敦工人下班之间这种有规则的恒常结合，一种自然的解释是，它们可能都是由一个共同原因引起的，比如英国法定的下班时间到了。[①] 就规则论的因果理论而言，它也无法直截了当地解决一因多果问题，同一个原因的两个不同结果之间没有直接的因果过程。

规则论的因果理论无法解决单一因果关系问题。单一因果关系表明规则不是因果关系的必要条件。因果关系的规则观表明，任何一个单一的事件序列是不是因果序列，不取决于它们自身的内在性质，而取决于这个序列是否例示了一个规则，即取决于它是不是相似序列中的一员。即因果关系不是一种内在关系，而是一种外在关系。因果关系是一个单一的关系。即使自然界中不存在重复，只要自然界中存在变化，因果关系就存在。自然界中可能存在因果规律，因果规律是对因果事实的概括，而不是像规则论者所说的那样是因果事实的构成要件。

第二节　反事实条件论的因果理论

休谟的因果理论中不仅包括了规则论的因果理论，还隐含了另外一种性质迥异的因果理论，即反事实条件论的因果理论。休谟只是不经意地提到了这种反事实条件论的因果理论，并没有充分阐述这种理论。[②] 反事实条件论的因果理

---

① 罗素提出这个反例是为了将因果关系的规则论发展为因果关系的法则学理论，并认为这个例子并不是因果关系的法则学理论的反例，因为在曼彻斯特的汽笛声响起与伦敦工人开始下班之间不存在一条自然规律。

② 休谟.人类理解研究.关文运译.北京：商务印书馆，2011.

论的真正创始人是逻辑学家和哲学家刘易斯。他在《因果关系》中建议我们应该完全放弃传统的规则说明，转而采取一种新的说明。这种新的说明将因果关系还原为一种反事实依赖关系，即 c 引起 e，当且仅当：c 和 e 是现实的事件，且如果 c 没有发生，e 也不会发生。当"如果 c 没有发生，e 也不会发生"这一反事实条件句为真时，c 是 e 的原因。

一、反事实条件论的因果理论的兴起

反事实条件论的因果理论的兴起有以下三个方面的原因：一是符合人们的直觉；二是能够处理规则论的因果理论所不能处理的共因问题；三是能够解决过程理论所不能解决的不作为问题。

所谓的不作为问题涉及的是负因果关系问题。例如，丽丽昨天晚上忘记设定闹钟导致她今天早上没有去上班。这个例子是常见的因果关系的实例，但是因果过程理论会将它纳入非因果关系的范畴中。根据因果过程理论，在这个例子中，原因事件和结果事件之间没有能量转移，属于因果过程理论所说的虚假因果关系情况。反事实条件论的因果理论能解决这一问题。

二、反事实条件句与可能世界语义学

反事实条件论的因果理论将因果关系还原为反事实依赖关系。如果两个事实之间存在反事实依赖关系，则它们之间就具有因果关系。因此，理解反事实条件句和评估其真值就是反事实条件论的因果理论的核心问题。

（一）反事实条件句

反事实条件句是一种特殊的条件句。在自然语言中，条件句的形式一般是"如果 p，那么 q"。条件句的逻辑表达是 $p \rightarrow q$，其中 p 称为前件，q 称为后件。

根据条件句中前件性质的不同，条件句可以分为事实条件句和反事实条件句。如果前件假设的情况有可能发生，则条件句是事实条件句。例如，如果我有那本书，我就会借给你。如果前件假设的情况不存在或不大可能发生，则条件句为反事实条件句。例如，如果我是你，我就会给父母买一辆车。两种不同性质的条件句在前件性质上的不同，决定了它们陈述语气的不同。在反事实条件句中，前后件的谓语动词使用虚拟语气，因而反事实条件句又叫虚拟条件句。我们把虚拟语气看作逻辑结构中连接前后件的连接词（算子）的一部分，而不是看作前件和后件（变项）的组成部分。[①]

（二）可能世界语义学

如何确定反事实条件句的真值呢？目前主流的方案是诉诸可能世界语义学。诉诸可能世界来分析反事实条件句的这种方法，由斯托内克尔（Stalnaker）提出，后来刘易斯发展了这一思想。

> "A □→ B"在现实世界是真的，当且仅当，或者（i）不存在"A"为真的可能世界，或者（ii）"A"和"B"在其中都为真的可能世界，要比"A"在其中是真的而"B"在其中是假的可能世界，更接近于现实世界。[②]

其中（i）"不存在'A'为真的可能世界"的意思是"A"必然为假。由于假命题蕴含任何命题，因此，如果（i）被满足，"'A □→ B'在现实世界就是真的"。但是这种真是空真。因此我们应该重点关注（ii）。现在的关键问题是：如何确定哪个可能世界与现实世界最接近？使反事实条件句中的前件为真的诸可能世界必然与现实世界之间存在不同。在刘易斯看来，在这些可能世界中，哪个可能世界允许与现实世界的不同最小，也就是，哪个可能世界的自然规律、物质的时空分布与现实世界的最相似，哪个可能世界就与现实世界最相似或最接近。虽然自然规律是更重要的比较手段，但是，如果物质的时空分布具有足够大的相似性，有时会胜过自然规律的相似性。

刘易斯给出了四条判定标准：①避免重大地、广泛地且形式多样地违反定律；②尽可能使完全吻合具体事实的时空区域最大化；③避免轻微地、有限地且简单地违反定律；④保持个体事实的近似，即便是那些与我们非常相关的事件。在四条标准中，违反第四条标准的可能世界与我们最近，违背第一条标准的可能世界与我们最远。[③]

三、反事实条件论的因果理论的问题

反事实条件论的因果理论有两个难以解决的问题。一个是先占问题，另一个是过度决定问题。它们都能使结果并不是反事实地依赖于它的原因。

---

① 张文琴. 反事实条件句和大卫·刘易斯的逻辑哲学. 华东师范大学博士学位论文，2012：14.

② Lewis D. Counterfactuals. Oxford: Blackwell, 1973: 48-49.

③ Lewis D. Counterfactual dependence and time's arrow. Noûs, 1979, 13(4): 455-476.

（一）先占问题

有时，在某个特定的时间段内，能引起某个特定结果的事件可能有多个。如果其中一个事件已经抢先引起了这个结果事件，那么，其他事件就再没有机会成为它的原因，它们的原因地位就被这个事件抢走了或先占了。先占分为早先占和晚先占两种情况。它们似乎都是反事实条件论的因果理论的反例。

早先占指的是，在结果事件发生之前，被先占的事件就已停止发生或已发生改变。例如，张三和李四准备用石头砸瓶子。张三比李四先出手，且砸碎了瓶子。李四原本也是要把手中的石头扔出去的，但是，看到张三先出手把瓶子砸碎了，他就不再把石头扔向瓶子。在这个例子中，张三扔石头显然是瓶子破碎的原因。但是，根据反事实条件论的因果理论，张三扔石头不是瓶子破碎的原因。因为瓶子破碎并不是反事实地依赖于张三扔石头。如果张三不扔石头，李四就会扔石头，瓶子还是有可能破碎。例如，张三和李四在早先占情况中，先占原因实际上发挥了两种原因作用：一是促使既定结果产生；二是阻止被先占事件的发生。对于早先占问题，因果关系的反事实条件论根据因果关系的传递性来解决。任何原因事件 c 引起它的结果事件 e 都有一个过程。c 引起 e_1，e_1 引起 e_2，…，e_n 引起 e。根据这种发展了的反事实条件论的因果理论，虽然 e 不是直接地依赖于 c，但是，e 通过反事实依赖链条间接地依赖于 c，因此 c 是 e 的原因。这一理论得以成立有两个前提：一是因果关系的传递性，二是反事实依赖关系的传递性。夸特（Kvart）对因果关系和反事实依赖关系的传递性进行了质疑。[①] 思考一下他所举的一个例子。一个人的手指在事故中被切断了；他冲进医院之后，外科医生实施了复位手术；这名外科医生技术高超，一年以后，被切断的手指活动自如。在这里有一系列的因果关系：从事故到手术，从手术到手指复位，从手指复位到活动自如。如果因果关系具有传递性，则手指在事故中被切断就是手指一年后活动自如的原因。但是，这种说法显然是荒谬的。反事实依赖关系似乎也不具有传递性。

与早先占相对，晚先占晚就晚在直到结果事件发生时被先占的事件才停止发生。在张三和李四砸瓶子的例子中，因为张三的石头先将瓶子砸碎，所以李四的石头指向的目标不存在了。在早先占情况中，李四扔石头这件事被提前中止了，它与瓶子的破碎之间没有形成一个完整的反事实依赖链，缺少必要的反事实依赖环节。但在晚先占情况中，李四扔石头这件事没有被提前中止，直到瓶子破碎时，它依然沿着既定的轨迹在运动。也就是说，如果张三没有把石头

---

① Kvart I. Transitivity and preemption of causal relevance. Philosophical Studies, 1991, 64(2): 125-160.

扔出去或没有砸碎瓶子，李四扔石头与瓶子破碎之间也会形成一个完整的反事实依赖链。有人根据反事实情况下和事实情况下结果发生的时间不同，来反驳晚先占对反事实条件论的因果理论的质疑。在反事实情况下，李四砸碎瓶子的时间要晚于在事实情况下张三砸碎瓶子的时间。又由于事件对时间比较敏感，在对事件进行个体化时，时间是一个非常重要的因素。如果两个事件发生的时间不同，则它们就是不同的事件。由此可以得出，瓶子于 t_1 时破碎和瓶子于 t_2（$t_1 < t_2$）时破碎是两个完全不同的事件。瓶子被张三砸碎与瓶子被李四砸碎这两个结果在时间上是不同的，它们是不同的结果。

实际上，还有一种胜出（trumping）先占情况。在这种情况中，结果出现的时间并不重要。在这种先占情况中，先占原因在事实情况中导致结果出现的时间与被先占的原因在可能情况中导致结果出现的时间是相同的。胜出先占情况对反事实条件论的因果理论的质疑是合理的。刘易斯在 21 世纪初提出的反事实理论就是为了处理胜出先占情况，但也被认为是不可行的。这个理论的核心是：用来定义因果关系的依赖观念要从"是否—是否"依赖性延伸到"时间和方式"的依赖性。前一种依赖性说的是，"一个事件是否发生依赖于另一个事件是否发生"。后一种依赖性说的是，"一个事件发生的时间和方式依赖于另一个事件发生的时间和方式"。刘易斯将这种更为复杂的依赖观念称为因果影响。①

（二）过度决定问题

过度决定关系涉及多个真实的因果过程。张三和李四都将手中的石头砸向瓶子，两块石头在同一时间砸中瓶子，瓶子破碎了。他们二人的力度都很大，其中任何一人都可以独自把瓶子砸碎。对于同一个结果事件 e，有两个独立的充分原因 c 和 a。根据反事实条件论的因果理论，一个事件是另一个事件的原因，是因为后一事件反事实地依赖于前一事件。但是，在过度决定关系中，结果并不反事实地依赖于任何一个原因。过度决定（因果）关系是反事实条件论的因果理论的反例。

过度决定关系与先占关系是不同的。这种不同主要表现在以下三个方面。第一，真实因果过程的数量不同。在过度决定关系中，真实的因果过程有多个，不涉及可能的因果过程。在先占关系中，真实的因果过程只有一个，反事实的或可能的因果过程有多个。第二，原因发挥作用的时间不同。在过度决定关系

---

① Lewis D. Causation as influence//Collins J, Hall N, Paul L A. Causation and Counterfactuals. Cambridge: The MIT Press, 2004: 91.

中，诸原因作用于结果的时间是相同的，无先后之分。在先占关系中，事实原因和反事实原因作用于结果的时间是不同的，有先后之别。第三，涉及反事实的情况是不同的。过度决定关系涉及真实的因果过程至少有两个，因而需要考虑的反事实情况就有两种：一是 e 是否反事实地依赖于 c；二是 e 是否反事实地依赖于 a。先占关系涉及的真实的因果过程只有一个，因而需要考虑的反事实依赖情况只有一种，即 e 是否反事实地依赖于 c。

反事实条件因果关系的辩护者，对过度决定关系的真实性进行了质疑。真正的过度决定关系有两个关键，即"两个"原因 c 和 a，"一个"结果 e。在张三和李四都向瓶子扔石头的例子中，两块石头对瓶子的冲击力和一块石头对瓶子的冲击力是不同的。瓶子在前一种情况下破碎比在后一种情况下破碎要猛烈一些。由此我们可以得出，两块石头砸碎瓶子 e 和一块石头砸碎瓶子 e′ 是两个不同的结果事件。在反事实条件因果关系的辩护者看来，过度决定关系是不存在的，所谓的过度决定关系实际上都是联合的因果关系。联合的因果关系是指对于一个结果 e，c 与 a 相互合作构成了一个单一的充分原因。在这种联合的因果关系中，原因之中缺少任何一个成分都不能充分地引起 e。

一个真正的过度决定关系的实例必须满足以下三个方面的条件。一是被过度决定的结果只要达到激活阈值就会出现。二是对于被过度决定的结果而言，它的各个原因都"以完全相同的方式"和"在完全相同的时间"使得这个结果出现。三是不同的原因之间既不相互先占，也不构成联合的因果关系。尽管这种过度决定关系在物理上是不可能的，但在形而上学上是可能的。

第三节　过程论的因果理论

无论是规则论的因果理论，还是反事实条件论的因果理论，都是先确定两个事物之间有没有因果关系，再来考虑它们之间的因果过程是如何实现的。过程论的因果理论与它们都不同。它先考虑一个过程是因果过程还是虚假过程，再来考虑这个因果过程中存在的因果关系。这一理论的主要倡导者是萨蒙（Salmon）和菲尔·道（Phil Dowe）。前者提出了标记传递理论，以标记传递来判别和理解因果过程和因果相互作用。后者提出了守恒量理论，以守恒量的传递来理解因果过程和因果相互作用。

一、标记传递理论

如何将"真正的因果关系"与"虚假的因果关系"区别开来，是过程论的因果理论关注的核心问题。

在萨蒙看来，因果过程与虚假过程的区别在于，前者能够传递标记，后者不能传递标记。所谓的"标记"是一个过程通过局部改变所具有的新特征。萨蒙所说的"传递标记"就是一个过程将新特征从一个时空点上传递到另外一个时空点上。萨蒙举了一个例子以示因果过程与虚假过程之间的区别。假设有一个非常大的圆形会场。在这个圆形会场的正中间，吊有一盏聚光灯。每当聚光灯亮起时，光就会以脉冲的形式向建筑物的内壁传播光线，并在内壁上留下光斑。如果我们让聚光灯保持水平绕吊杆旋转一圈，光斑也会跟着绕个圈。在这个例子中提及的过程有两个：一是光从聚光灯射到墙内壁的过程，其轨迹是一条线段，起点是聚光灯，终点是墙内壁，长度是聚光灯和墙内壁之间的距离。二是光斑在墙内壁移动的过程，其轨迹是一个圆，长度是圆周长，圆心是聚光灯所在的位置，半径是聚光灯到墙内壁的距离。它们虽然都是过程，但有着不同的本质。前者是"因果过程"的范型，后者是"虚假过程"的范例。

在光从聚光灯射向墙内壁这个过程中，在其中的任何阶段中所作的改变，都会传递到后面的阶段中。例如，如果将红色的玻璃插入光线传播的轨迹中，那么，光就会从那个阶段开始变成红色，而且这种改变一直会传递到墙内壁。由此可以得出，光从聚光灯射向墙内壁的过程是一个真实的因果过程。但是，在光斑在墙内壁移动的过程中，将红色的玻璃插入它运动的圆形轨迹中，光斑的颜色在整个运动过程中都不会发生任何改变。或者通过扭曲墙内壁某个部位的形状来改变光斑的形状，但在光斑此后的运动过程中，光斑的形状依然不变。因此，光斑的运动过程是一个虚假的因果过程。

因果相互作用是两个因果过程之间的相互作用。这两个因果过程之间不是平行的关系，而是交叉的关系。它们一旦交叉就会相互改变，各自都会形成新的标记。标记传递理论在其阐述的过程中似乎存在两个问题：一是它依赖于反事实条件论，二是对标记本身的界定并不明朗。如果标记传递理论依赖于反事实条件论，或者说以反事实条件论为基础，那么，它就不可能成为一种独特的因果理论。萨蒙本人也没有对新特征本身作出限制，这就使得有些新特征能够在虚假过程中传递。

二、守恒量理论

守恒量理论的主要倡导者是菲尔·道和后期的萨蒙。守恒量理论是对标记传递理论基本思想的继承，但在很多关键方面又有发展。守恒量是在一个动力系统中所有随着时间的演进保持不变的物理量，它们是受守恒律支配的量。守恒量理论对传递的"特征"做了两方面的限定。一方面，这些特征不是反事实特征，而是真实的特征，这就解决了标记传递理论中依赖于反事实条件论的问题；另一方面，这些特征只能被所有因果过程共同具有，而不能被虚假过程具有。

菲尔·道和萨蒙从世界线理论①中得到了启发，都认可将"因果相互作用"定义为"涉及守恒量交换的两条世界线的交叉"。但是，他们对"因果过程"的理解却不相同。在菲尔·道看来，一个因果过程就是一个对象的一条因果线，其中的这个对象在其历史的每一个时刻（即在其轨迹的每一个时间点上）都传递了一个数值不为零的守恒量。②萨蒙则认为，一个过程只有在 A 点和 B 点（A ≠ B）以及这两点之间的每一个阶段都具有一个（数值确定的）守恒量，在开区间（A，B）内都没有发生任何需要交换那个特定守恒量的相互作用，也就是说，此过程在 A 和 B 之间就传递了一个守恒量，它才是一个因果过程。③

菲尔·道和萨蒙对"因果相互作用"的定义具有不同的侧重点。萨蒙强调的是守恒量的传递以及传递的条件。就光从聚光灯射向墙内壁这个过程而言，在其轨迹中任意找到两个不同的点 A 和 B，我们发现，光的能量从 A 点传向 B 点，在这两点以及两点之间的任何阶段，能量值没有发生任何变化，而且没有与其他的过程发生能量交换。但在光斑在墙内壁移动的过程中，光斑不具有能量。因此，光斑不仅不能传递能量，而且，光斑在其移动的过程中，要与光源照射过程不断地发生相互作用。菲尔·道注重的是对象的同一性和守恒量传递的方向性。在光射向墙内壁的过程中，光自始至终保持自己的同一性，能量传递的方向是沿着光线照射的方向。但是，光斑在移动过程中，实际上没有保持自身的同一性，它实际是菲尔·道所说的"时间上的不断变换者"，光斑的主体是墙内壁上被照亮的不同部位。

① "世界线"是爱因斯坦在《论动体的电动力学》中提出的概念，指粒子在四维时空中的运动轨迹。
② Dowe P. Causality and conserved quantities: a reply to Salmon. Philosophy of Science, 1995, 62(2): 321-333. 守恒量的传递和守恒量的交换之间的关系是：守恒量的传递是守恒量的全部交换，守恒量的交换是守恒量的部分传递。
③ Salmon W. Causality and explanation: a reply to two critiques. Philosophy of Science, 1997, 64(3): 461-477.

三、因果过程理论的问题

因果过程理论关注的是现实的因果关系，因此它的最大难题就是负因果关系问题。如果有理由宣布负因果关系不是一种真正的因果关系，则因果过程理论就能规避这一难题。刘易斯等认为它们是因果关系的实例。他认为负因果关系是真正的因果关系，并建设反事实条件论来说明负因果关系。另外一些论者如菲尔·道则认为它们不是真正的因果关系。不过，在菲尔·道看来，尽管它们不是真正的因果关系，但是，它们是因果关系的近亲，是准因果关系或因果关系。准因果关系有因果关系之名，是因为它在解释、做决策和推理中发挥了与因果关系相似的作用，但是，准因果关系无因果关系之实，是因为它不能完全用过程理论来解释，只能部分地解释。

菲尔·道将因果关系的过程论和反事实条件论结合起来，原本是想利用反事实条件论的因果理论的优点来补充过程论的因果理论。但是这种做法一方面破坏了因果过程理论的独立性，另一方面也"继承"了反事实条件论的因果理论的问题，受到先占和过度决定问题的困扰。

第四节　自主体因果理论和干预主义的因果理论

与规则论的因果理论、反事实条件论的因果理论和过程论的因果理论相比，自主体因果理论和干预主义的因果理论有着非常大的不同。前三种因果理论都致力于对因果关系进行还原，以非因果的语词来说明因果关系。自主体因果理论和干预主义的因果理论从实用主义的角度，以一种确定的因果关系来说明存疑的因果关系。自主体因果理论的倡导者有赖特（Wright）、孟席斯（Menzies）等。干预主义的因果理论的倡导者有珀尔（Pearl）、伍德沃德（Woodward）、希契科克（Hitchcock）等。

一、理论背景

自主体因果理论和干预主义的因果理论是操作主义因果理论的新发展。在操作主义因果理论看来，因果关系和操作密不可分。一方面，人们设法理解事件间的因果关系是为了操控事件；另一方面，人们只有通过对事件进行适当的操控才能判别它们之间是否存在真正的因果关系。操作主义因果理论所要解决的总问题是，如何将因果关系和非因果的相关关系区别开来。相关关系和因果关系是包含关系。因果关系是一种相关关系，相关关系不一定是因果关系。

自主体因果理论将操作限于人类自主体的操作。这种操作是通过人类自主体有意识的行动实现的。自主体因果理论确定因果关系的基础是自主体的行动。干预主义的因果理论将人类自主体的行动扩展为"一切"主体（包括人类和大自然）所有"可能的"行动。干预主义将这种特定含义的行动命名为干预。在干预主义的因果理论看来，确定因果关系的基础是干预。

二、自主体因果理论

赖特《解释与理解》阐述了自主体因果理论，认为诉诸人类自主体有意向的行动是理解因果关系的唯一途径。后来，孟席斯等在 20 世纪 90 年代发展了赖特的自主体因果理论。他们明确地提出：一个事件 A 是另一个不同事件 B 的原因，当且仅当，一个自由的自主体使事件 A 发生是使事件 B 发生的一个最有效的途径。

（一）自主体的行动与因果关系

在自主体因果理论看来，理解因果关系的基础是自主体的行动。所谓的自主体就是人类。人类是有意识的自由的主体。与其他非人类主体不同，人类能自由地选择自己的行动，是自己行动的第一因，且在行动时，能够意识或亲知自己的行动及其后果。孟席斯等似乎接受了皮亚杰的建构主义原则，主张因果观念不是天赋的，而是人类从很小的时候起通过自己的行动和不断试错而逐渐建构起来的。[①] 也就是说，自主体的行动是理解因果关系的基础，而不是相反。

根据自主体因果理论，确定一个因果关系的唯一方法是，自主体通过自己的行动对其中的一个变量进行操作，如果另一个变量会发生相应的变化，那么，它们之间就是因果关系。

（二）自主体因果理论的问题

自主体因果理论以自主体的能动性来理解因果关系无疑带有人类中心主义色彩和主观主义色彩。它自身存在的问题表现在以下三个方面。

首先，存在许多人类无法操作的原因，自主体因果理论适用范围非常有限。

① Menzies P, Price H. Causation as a secondary quality. The British Journal for the Philosophy of Science, 1993, 44(2): 187-203.

其次，存在大量无需自主体的操作就能确定的原因。最后，自主体的行动受到制约，因此自主体因果理论的有效性有限。在"自主体"的内涵中，有一个维度就是"能自由地选择行动"。但是，在自主体因果理论中，自主体不能随意地选择自己的操作行为。

三、干预主义的因果理论

自主体因果理论将自主体概念作为理解因果关系的核心概念，因而不可避免地陷入人类中心主义和主观主义。21世纪初，操作主义因果理论将自主体因果理论发展为干预主义的因果理论。与自主体因果理论不同，干预主义的因果理论理解因果关系的核心概念是干预。干预主义的因果理论继承了自主体因果理论的基本思想，只是没有对干预的主体进行特别的限制，干预主体既可以是人类自主体，也可以是非人类的自然主体。[①]

（一）干预与因果关系

珀尔较早对干预进行分析。假设我们已经知道两个变量之间具有相关关系，现在的任务就是判别它们是不是因果关系。采取的方式是对其中一个变量进行干预，观察另一个变量是否有相应的变化。但是，如果我们不对干预进行限制，就有可能把非因果的相关关系误判为因果关系。

我们现在以手指被熏黄和患肺癌的概率增大之间的相关关系为例来说明对干预进行限制的必要性。手指被熏黄和患肺癌之间的关系有三个特点：一是相关关系，手指被尼古丁熏黄的人患肺癌的概率大；二是共因关系，它们是由抽烟导致的两个不同的结果，抽烟既可以使手指被尼古丁熏黄，又增加了抽烟的人患肺癌的概率；三是非因果关系，一个人的手指被熏黄与他患肺癌之间没有因果关系。对一个人的手指进行干预使其变黄的方式有很多种，其中的一种就是诱导或胁迫他抽烟。如果以这种方式对一个人的手指进行干预，他的手指会被尼古丁熏黄，他患肺癌的概率也会增大。如果干预主义不对干预进行限制，就会将手指被熏黄和患肺癌的概率增大之间的相关关系误判断为因果关系。

珀尔提出，干预应该是"外科手术的"(surgical)，即精准打破或者移除被操控变量所具有的其他因果关系。也就是说适当的干预需要满足两点要求：一

---

① Woodward J. Making Things Happen: A Theory of Causal Explanation. Oxford: Oxford University Press, 2003: 18.

是建构干预与被操作的变量之间的因果关系，使得被操作的变量受干预的影响；二是解构被操作变量原来具有的因果关系，使得被操作的变量不受其他变量的影响。设手指被尼古丁熏黄为 X，患肺癌的概率增大为 Y，吸烟为 Z。Z、X、Y 之间的共因关系如图 4.1 所示。

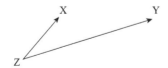

图 4.1　Z、X、Y 之间的共因关系

根据珀尔的要求，对变量 X 进行的干预，如图 4.2 所示，一定要"打破"或移除除 I 之外的所有指向 X 的箭头，以此来确定：X 和 Y 之间是不是因果关系。

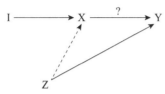

图 4.2　用 I 干预 X

我们现在对一个抽烟的人手指被熏黄进行干预。假设我们让抽烟的人戴手套。他抽烟时戴手套，可以有效地防止他的手指被尼古丁熏黄，但他抽烟时戴手套不会影响他因抽烟而患肺癌的概率。由此我们可以得出，对于一个抽烟的人而言，他的手指被不被尼古丁熏黄与他患肺癌的概率改不改变之间没有发生协变，构不成因果关系。

珀尔对干预提出的要求较为简单，有很多需要排除的情况没有考虑到。伍德沃德在珀尔的基础上对干预进行了更为详细的说明。他对判别因果关系的干预提出了如下四点要求。

I1. I 引起了 X。

I2. I 充当了控制引起 X 的所有其他变量的一个开关。也就是说，I 有这样的一些特定的值，当 I 达到这些值时，X 就不再依赖于能够引起它的其他变量的值，只依赖于 I 所取的这些值。

I3. 任何从 I 到 Y 的路径都要通过 X。也就是说，I 既不是直接地引起 Y，也不是 Y 的任何与 X 不同的其他原因的原因，当然，除非 Y 的其他原因是 I-X-Y 关联本身的构成部分；也就是说，除非（a）Y

的任何原因都是 X 所引起的结果（即都是存在于 X 和 Y 之间的因果变量），且（b）Y 的任何原因都存在 I 和 X 之间且不会独立于 X 而引起 Y。

I4. I(从统计学上讲) 不依赖于任何引起 Y 的其他变量 Z，其中的 Z 位于不经过 X 直接通向 Y 的路径上。①

伍德沃德提出的要求（I1）和（I2）是对珀尔思想的继承。要求（I1）是构建 I 和 X 之间的因果关系。要求（I2）是解构 X 和 Z 之间的因果关系。要求（I1）和（I2）的目的在于确保，X 的值只会因 I 的值的变化而变化，不会受到其他变量的影响。

要求（I3）的目的在于防止 I、X、Y 三者形成一个新的共因关系，如图 4.3 所示，其中的一个因果关系是 I 到 X 的因果关系，另一个因果关系是 I[到 Z（Z ≠ X）] 到 Y。在这种共因结构中，即使 X 和 Y 没有因果关系，也会因 I 的干预而发生协变。

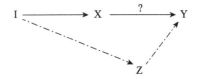

图 4.3 防止 I、X、Y 形成新的共因关系

要求（I4）的目的在于防止 Z、（I → X）、Y 三者形成一个新的共因关系，如图 4.4 所示，其中的一个因果关系是 Z 到 I 再到 X 的因果关系，另一个因果关系是 Z 到 Y 的因果关系。在这种共因结构中，即使 X 和 Y 没有因果关系，也会因 I 是由 Z 而来的干预而发生协变。

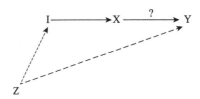

图 4.4 防止 Z、（I → X）、Y 形成新的共因关系

要求（I3）和要求（I4）的目的在于确保 Y 的值只会因 X 的变化而变化。要求（I1）到要求（I4）用以保证从 I 到 X 再到 Y 是一条直接的因果链。这条直接的因果链不受其他变量的影响。现在假设我们拿点燃的烟直接熏一个人的

---

① Woodward J. Making Things Happen: A Theory of Causal Explanation. Oxford: Oxford University Press, 2003: 98.

手指，并且为了防止在这一过程中他不小心吸进了烟而让他戴上呼吸面罩。我们很容易想象，他的手指会被尼古丁熏黄，但他患肺癌的概率没有增大。因此，我们可以断定，一个人的手指被尼古丁熏黄与他患肺癌的概率之间没有因果关系。

（二）干预主义的因果理论的问题

第一，干预主义的因果理论陷入了循环定义。循环定义是定义项直接或间接地包含了被定义项。在这里，被定义项是因果关系，定义项是干预。干预本身就是一个因果概念，因此，干预主义的因果理论陷入了循环定义。在许多经验主义者看来，要给予因果关系一个明确的定义，且避免循环定义，那么定义项必须是非因果的，如规则性、时空邻近性等等。也就是说，一个可接受的（因果）理论必须是一个还原理论。对于这种质疑，干预主义的因果理论者不以为然。在干预主义的因果理论者看来，不是任何理论概念都可以通过还原得到解释。此外，尽管干预主义的因果理论对干预本身的解释利用了因果信息，但是这些信息不是关于两个变量（X 和 Y）之间有没有因果关系的信息，对干预的阐释并没有以两个变量之间的因果关系为基础。因此，在干预主义的因果理论者看来，即使干预主义的因果理论存在循环定义的问题，这种循环也不是坏的循环，而是好的循环。

第二，干预主义的因果理论面临干预的可能性问题。为了避免自主体因果理论所陷入的人类中心主义问题，干预主义的因果理论并没有将干预限制在人类当前的现实或技术能力的范围内，而是将干预推广到任何可能的干预之上。但是，这种可能性的意义并不是很明确。看似可能的干预实际上是不可能的。这种可能的干预不仅包括人类目前的现实能力无法实施的干预，还包括那些在物理上或法则上不可能的干预。

第三，干预主义的因果理论面临适用范围有限的问题。干预主义的因果理论似乎不能运用于针对整个宇宙的因果判断。干预主义的因果理论要求在被干预对象"之外"有一个干预者。但是，对于整个宇宙而言，它是至大无外的，没有什么东西能够处于宇宙之外并对宇宙本身进行干预。[①]

---

① Beebee H, Hitchcock C, Menzies P. The Oxford Handbook of Causation. Oxford: Oxford University Press, 2009.

第五章

心理异常性难题的化解

　　心理异常性是戴维森提出的异常一元论的一个重要原则。心理异常性否定了心理事物与物理事物之间存在严格的规律。因此，异常一元论的质疑者担忧，心理事物的异常性会剥夺心理事物的因果有效性。心理异常性否定了严格的心物规律的存在，从而也就否定了心理事物具有因果有效性的可能性。解决这一矛盾的方法有两种：一是推翻异常一元论。二是在承认异常一元论具有合理性的前提条件下，对其中的因果关系的法则学特征原则进行适当的修正。

第一节　解构异常一元论的逻辑

　　解决心理异常性难题的一个思路，就是寻找异常一元论的逻辑漏洞，彻底推翻异常一元论。

一、异常一元论及其论证过程

　　异常一元论是由三个前提和一个结论构成的。为了更好地在逻辑上审视戴维森的异常一元论，在这里，我们将其论证过程补充完整。

　　P1 心理事件的因果有效性原则：心理事件与物理事件因果相关。

　　P2 因果关系的法则学特征原则：单个的心理事件与单个的物理事件之间的因果关系都能得到严格的规律支持。

　　P3 心理事件的异常性原则：不存在严格的心理－物理规律。

C 心理事件同一于物理事件。

对于戴维森而言，这三个前提都是真的，因此，必须要做的事情便是作出解释以消除这种矛盾的外表。[①]戴维森的做法就是证明心理事件同一于物理事件。

具体的论证过程如下：

P1 心理事件与物理事件因果相关。

P2 因果相关的两个事件例示了一条严格的规律。

C1 心理事件一定例示了一条严格的规律。（根据 P1 和 P2）

P3 不存在严格的心理－物理规律，只存在严格的物理－物理规律。

C2 心理事件一定例示了一条严格的物理规律。（根据 C1 和 P3）

D1 严格的规律都是用物理语词来描述的。（根据"严格的规律"的定义）

C3 心理事件一定有物理的描述。（根据 C2 和 D1）

D2 如果一个事件可用纯物理的语词来描述，它便是物理的。（根据对"物理事件"的定义）

C 心理事件是物理事件。

戴维森对异常一元论的论证，除了众所周知的三个前提性原则之外，还涉及另外两点。一是关于严格的规律的界定。在戴维森看来，有且只有物理规律才是严格的规律。二是关于事件的语言学区分。心理事件和物理事件没有本体论的不同，只有语言学、描述方式上的不同。戴维森的异常一元论实质上是本体论上的一元论和概念上的二元论。

二、正面驳斥：异常一元论存在逻辑矛盾

在异常一元论的质疑者看来，戴维森"消除这种矛盾的外表"的努力是不成功的。异常一元论存在两种逻辑矛盾：一是异常一元论的三个前提不相容，其中的任意两个前提的合取都否定了剩下的那个前提；二是心理异常性原则与心物随附性原则存在矛盾。

在阐述异常一元论时，戴维森的确利用了随附性概念。但是，他不是为了论证，而是为了帮助人们理解其论证的观点。从对异常一元论和心物随附性的论述中，我们可以看出，两者是相互独立的。[②]金在权提出了相反的观点，认为

---

① 戴维森.心理事件//戴维森.真理、意义与方法：戴维森哲学文选.牟博选编.北京：商务印书馆，2008：436.

② Davidson D. Thinking causes//Heil J, Mele A. Mental Causation. Oxford: Oxford University Press, 1993.

心物随附性原则与心理异常性原则存在矛盾。心物随附性原则表明了一种非对称的依赖关系。尽管物理事物不依赖于心理事物，但心理事物依赖于物理事物。因为一旦我们开始谈论特定的心物属性之间的关联和依赖关系，我们实际上谈论的是心物规律，这些规律唤醒了令人讨厌的物理主义还原论的幽灵，只要有心物规律，就存在心物还原的威胁或承诺。[①] 非对称的依赖关系虽然否定了心物双向规律的存在，但肯定了从物理事物到心理事物的单向规律的存在。

三、戴维森对正面驳斥的回应

戴维森在《心理事件》《思维原因》中论证了异常一元论的三个前提之间的一致性，以及异常一元论和心物随附性之间的一致性。

（一）对异常一元论内在一致性的辩护

戴维森对异常一元论的辩护以他独特的关于事件和因果关系的形而上学为基础。

事件和因果关系都属于本体论范畴。事件是具体的殊相，是有特定时空边界的实在；因果关系是事件之间的外延关系。与之相对的是，属性和法则学关系属于语言学范畴。属性是抽象的共相，没有具体的时空边界；而法则学关系是一种内涵关系。它们都与描述有关。戴维森的《心理事件》指出，如果一个事件能够用心理语词描述，那么，它就是心理事件，就具有心理属性；如果一个事件能够用物理语词描述，那么，它就是物理事件，就具有物理属性。戴维森的《行动、理由与原因》指出，一个单一的因果关系的实例是否例示一条因果规律取决于人们对原因事件和结果事件的描述。

从上面的分析中我们可以看出，事件不同于事件的描述，因果关系不同于因果关系的描述。同一个事件可以有多种描述方式，同一个单一的因果关系也有多种描述方式。一个事件可以有多种描述方式，不仅可以用物理语言来描述，也可以用心理语言来描述，还可以新创一门语言来描述。不管人们以何种方式来描述这一事件，都不会改变它的因果效力。

尽管事件的因果效力不会因描述的不同而改变，但是，一个单一的因果关系是否例示了一条规律则取决于原因事件和结果事件的描述方式。与规律相适用的只有物理语词，它们具有可投射性。如果能够明白戴维森反复强调的三

---

① Kim J. The nonreductivist's troubles with mental caustion//Kim J. Supervenience and Mind: Selected Philosophical Essays. Cambridge; New York: Cambridge University Press, 1993: 278-279.

点——事件和因果关系属于本体论范畴，事件的描述和法则学关系属于语言学范畴，一个单一的因果关系的实例是否例示因果规律取决于对原因事件和结果事件的描述，那么，我们就可以理解异常一元论的三个前提之间是如何取得一致的。异常一元论实际上是本体论上的一元论和概念上的二元论。[①]

在我们看来，反对者混淆了因果关系的法则学（或规则）理论与因果关系的法则学特征原则。根据因果关系的法则学理论，两个事件具有因果关系，是由于它们的某些属性具有法则学上的关联。因此，因果关系离不开规律。因果关系的法则学理论可以用下面的条件句表示：

（Ⅰ）如果两个事件的某些属性具有法则学联系，那么，它们之间就具有因果关系。

因果关系的法则学特征原则说的是，因果相关的两个事件例示了一条严格的规律。这一原则可以用下面一个条件句来表示：

（Ⅱ）如果两个事件具有因果关系，那么，它们的某些属性就具有法则学联系。

（Ⅰ）和（Ⅱ）是不同的。（Ⅰ）强调的是，两个事件的某些属性具有法则学联系是这两个事件具有因果关系的充分条件；（Ⅱ）强调的是，两个事件的某些属性具有法则学联系是这两个事件具有因果关系的必要条件。

此外，因果关系的法则学理论作为一种关于因果关系的形而上学理论，其本身也存在难以克服的共因问题。例如，由同一个原因引起的两个不同结果之间也会存在法则学联系，但很明显二者之间不具有因果关系。

（二）对异常一元论与随附性的一致性的辩护

在金在权看来，戴维森的心物随附性承认了，改变一个事件的心理属性同样会改变这个事件的物理属性。这就表明心物随附性暗含了心物规律的存在。金在权因此得出结论：心物随附性与心理异常性矛盾。

戴维森对随附性的理解与金在权不同。随附性并没有蕴含心物规律的存在，没有蕴含有什么样的心理变化就有什么样的物理变化之意。可能存在这样的情况：心理属性的变化可由不同的物理属性的变化来实现，即心理属性的变化并不总是伴随着相同的物理属性的变化。[②]

戴维森从来没有否认心物规律的存在。只不过，这种心物规律不是因果关系的法则学特征原则所要求的严格的决定论规律，而是一种非严格的规律。心

① Davidson D. Thinking causes//Heil J, Mele A. Mental Causation. Oxford: Oxford University Press, 1993: 3.

② Davidson D. Thinking causes//Heil J, Mele A. Mental Causation. Oxford: Oxford University Press, 1993: 7.

理异常性理论只是否定了存在严格的心物规律，没有否定非严格的心物规律的存在。①

四、归谬反证：异常一元论蕴含属性副现象论

在关于心理异常性的争论中，我们要区分两个问题：一是心理事件的因果有效性问题；二是心理属性的因果有效性或因果相关性问题。戴维森的质疑者事实上都肯定了异常一元论已很好地说明了心理事件的因果有效性，他们质疑的是第二个问题，即异常一元论是否会剥夺心理属性的因果有效性或因果相关性。

一个原因事件有很多属性，但不是其中的每一种属性都与结果的相关属性因果相关。根据异常一元论，心理事件和物理事件是对同一事件的不同表达方式。一个事件可以用心理语词来表达，表明这个事件具有心理属性，同理这个事件也具有物理属性。异常一元论无法确保心理属性的因果相关性。

第一，根据杭德里克提出的因果相关属性的法则学特征原则，一种属性与结果属性因果相关，仅当这两种属性能够被一条规律所涵盖。但是，戴维森的心理异常性理论否定了心理-物理规律的存在。心理属性不符合因果相关属性的法则学特征原则，因而是因果无关的副现象。

第二，根据索莎和德雷斯基提出的因果无关属性的反事实特征原则，一个原因事件在不具有某种属性的情况下仍能导致原有结果的发生，则这种属性与它的结果就是不相关的。心理属性即使不存在，也不会影响结果的发生，因而是无因果相关性的副现象。

第三，根据金在权的随附性/排除论证，物理因果闭合性原则表明，一个事件的因果力完全由其基础属性充分决定，随附属性的因果力被基础属性的因果力先占或排除。根据戴维森的心物随附性原则，心理属性随附于物理属性，前者是随附属性，后者是基础属性。金在权说，根据戴维森对随附性的理解，将所有心理属性从这个世界移除，不会对因果关系产生任何影响。因此，心理属性对于具有它的事件的因果关系而言是无用的。

五、戴维森对归谬反证的回应

在戴维森看来，判断一种属性是否具有因果有效性或因果相关性，主要看这种属性是否对事件个例之间的因果关系有影响。

① Davidson D. Thinking causes//Heil J, Mele A. Mental Causation. Oxford: Oxford University Press, 1993: 9.

戴维森指出心理属性对心物因果关系有非常大的影响。一方面，心理属性影响原因事件和结果事件的个体化，从而影响整个因果关系。在戴维森看来，在两个事件中，一个事件有心理属性，另一个事件没有心理属性，那么，它们就不可能是同一个事件，因为人们可以根据心理属性将它们区别开来。另一方面，原因事件的心理属性对结果也有影响。这一点可以从心物随附性原则中推出来。戴维森提出的随附性，蕴含了如果两个事件有不同的心理属性，就一定有不同的物理属性。如果两个事件的物理属性不同，发挥的原因作用也就不同。如果发挥的原因作用不同，那么导致的物理结果自然也就不同。

戴维森指出索莎和德雷斯基的反事实条件句是无法理解的。一支装上了消声器的枪和一支没有装上消声器的枪，无论是从外形、重量上看，还是从效果上看，都明显是两支不同的枪。由两件不同的凶器导致的死亡也是不同的死亡事件。但是，索莎的反事实条件句显然假定了枪装没装消声器都是一样的，由不同的凶器导致的死亡也是相同的。德雷斯基的反事实假设实际上犯了相同的错误。

关于金在权的随附性／排除论证，戴维森指明金在权事实上犯了双重错误。金在权犯的第一重错误与索莎、德雷斯基相同，即没有正确地对待事件的同一性。一个有心理属性的事件和一个没有心理属性的事件明显是两个不同的事件。金在权犯的第二重错误是没有正确对待心物随附性思想。心物随附性思想的一个重点在于，允许相同的心理属性有不同的物理实现基础，但禁止相同的物理属性实现不同的心理属性。有心理属性的事件和没有心理属性的事件在物理属性上肯定是不同的。不存在一个事件在不改变其物理属性的情况下丧失其心理属性。[①]

六、对戴维森回应的再批判

戴维森对心理属性的因果相关性的辩护，并不能令他的批评者们满意。他们从多个方面进行反驳。

（一）因果关系不是单纯的外延关系

在阐述异常一元论以及为其辩护时，戴维森反复强调因果关系与法则学关系（和解释关系）不同，前者是事件个例之间的外延关系，与描述无关；后者是事件类型之间的关系，取决于事件的描述。麦克劳克林则不这样认为，在他看来，因果关系不是单纯的外延关系。

戴维森在说明因果关系是一种外延关系时，用轻于关系作类比进行说明。

---

① Davidson D. Thinking causes//Heil J, Mele A. Mental Causation. Oxford: Oxford University Press, 1993.

在他看来，轻于关系也是一种外延关系。物体 a 轻于物体 b。轻于关系是 a 和 b 本身就存在的关系，与描述无关，与 a 和 b 从属的类型无关。因果关系也是如此。事件个例 c 引起事件个例 e，是 c 和 e 本身就客观存在的关系，不需要任何理由。说事件 c 引起 e 是由于它们例示了一条规律，和说 a 轻于 b 是由于它们从属于某一类型 s 一样，是毫无意义的。

麦克劳克林则针锋相对地用轻于关系来说明因果关系也是一种内涵关系。说物体 a 轻于物体 b，是因为 a 物体有"重量"W_1，b 物体有"重量"W_2，且 W_1 小于 W_2。同理，如果说事件个例 c 与事件个例 e 之间存在因果关系，一定是由于 c 属于某个类型 X，e 属于某个类型 Y，X 和 Y 之间存在适当的关系，基于这种关系 c 和 e 之间才存在因果关系。[①]

戴维森和麦克劳克林的分歧在于，在前者看来，因果关系作为一种外延关系，是一种原初的关系。它的存在既不需要解释，也不需要证明，但在后者看来，因果关系不是一种原初的关系，是需要证明的。两者在因果关系上的观点不同，就导致了他们对异常一元论中的心理因果有效性原则的态度不同。戴维森将心理事件和物理事件之间的因果关系当作一种不需要证明的前提，用来证明他的异常一元论。麦克劳克林则认为说明心理事件和物理事件之间的因果关系才是更为根本的事情。

（二）随附的心理属性的因果有效性太弱

在为心理属性的因果有效性进行辩护时，戴维森采取的方式是，论证心理属性对原因事件的个体化有重要影响。有心理属性的原因事件和没有心理属性的原因事件是两个不同的原因事件。索莎循着戴维森的逻辑说，开枪时，如果枪柄上落了一粒灰尘也会完全改变事情的性质。枪柄上有灰尘的枪和没有灰尘的枪不是同一支枪。在索莎看来，如果通过心理属性对原因事件的个体化有重要影响来说明它的因果有效性，就会弱化心理属性的因果有效性。

（三）心物随附性蕴含了从物理到心理的单向规律

在金在权看来，即使戴维森说的是对的，也只是否认了没有从心理属性到物理属性的规律，但是，心物随附性肯定了从物理属性到心理属性的规律的存在。

（四）不能诉诸非严格的规律来解决心理属性的因果有效性问题

在金在权看来，即使戴维森诉诸心理规律，也不能解决心理属性的因果相关性问题。其理由有以下三点。

---

① Davidson D. Thinking causes//Heil J, Mele A. Mental Causation. Oxford: Oxford University Press, 1993: 6.

其一，非严格的规律是严格的规律的存在量化。哪里有非严格的规律在起作用，哪里就有一个严格的规律在执行非严格的规律。只要有非严格的心物规律，那么就一定存在一条有待发现的严格的心物规律。

其二，因果解释排除问题出现。如果既承认非严格的心物规律，又承认严格的物理规律，那么，对于同一个行为事件，就可以依据两个不同的规律作出不同的解释。根据非严格的心物规律，这个原因事件的心理属性也具有因果有效性。根据严格的物理规律，这个原因事件的物理属性也具有因果有效性。但是，根据心理异常性理论，心理属性与物理属性之间不存在严格的规律，因此不能将心理属性还原为物理属性。物理属性具有因果有效性是确定无疑的。心理属性的因果有效性似乎被物理属性的因果有效性先占了。

其三，非严格的规律可以导致还原。戴维森反对心物还原论的一个主要依据是，心物之间不存在用来还原的严格的规律。金在权则反问道：还原为什么一定要用严格的规律？从科学的发展来看，成功还原的范例所用到的桥梁律是异质概括，是非严格的。如果说用来还原的桥梁律可以是非严格的规律，且又存在非严格的心物规律，那么，心物之间的还原就是可能的，心理异常性理论就是错的。[①]

第二节 反事实条件论的心理因果性理论

莱波雷（LePore）和勒韦尔（Loewer）是异常一元论的支持者。他们坚决反对杭德里克的因果相关属性的法则学特征原则和索莎－德雷斯基的因果无关属性的反事实特征原则。在他们看来，这些原则缩小了因果相关属性的范围，把一些原本具有因果相关性的属性纳入副现象的范围了。根据二人的分析，戴维森的批评者错误地认为异常一元论蕴含了副现象论的原因在于：他们将两种不同类型的因果相关性混淆了。莱波雷和勒韦尔在澄清它们之间的区别的基础上，提出检验因果相关属性的反事实标准。

一、正面反驳心理属性副现象论

在莱波雷和勒韦尔看来，规律有两种不同的类型，即严格的规律和非严格

---

① Kim J. Can supervenience and "non-strict laws" save anomalous monism?//Heil J, Mele A. Mental Causation. Oxford: Oxford University Press, 1993.

的规律。他们进而指出，如果副现象论者把话说得更清楚明白些，指明因果相关属性的法则学特征原则中的"法则学"指的是哪一种规律，他们的问题就会暴露出来。

如果"法则学"仅指严格的规律，那么，因果相关属性的法则学特征就会剥夺常识和科学中很多事物的因果有效性。如果"法则学"还指非严格的规律，那么，副现象论就不能成立。虽然不存在严格的心物规律，但存在非严格的心物规律。非严格的心物规律能够将心理事物与物理事物关联起来，从而赋予心理事物以因果有效性或相关性。因此，副现象论就是错误的。

索莎和德雷斯基在批判异常一元论的过程中，实际上提出了一种检验因果无关属性的反事实标准，而这种标准同样会剥夺神经生理活动的因果相关性。根据心理属性的可多样实现性，同一个愿望状态可由多种神经生理状态来实现。

二、因果相关属性的反事实标准

莱波雷和勒韦尔指出，虽然杭德里克的因果相关属性的法则学特征原则与索莎、德雷斯基提出的因果无关属性的反事实特征原则不同，前者以法则学为基础，后者以反事实条件论为基础，但是，他们没有将关于事件因果关系的判定标准和关于属性因果相关性的判定标准区别开来，从而出现了怪异的结论。莱波雷和勒韦尔在扬弃这两种不同主张的基础上，提出新的因果相关性标准。

（一）两种不同类型的因果相关性

第一种因果相关性是因果相关性 1。两个事件 e_1 和 e_2 之间是否具有因果关系是需要证明的。莱波雷和勒韦尔指出，如果事件 e_1 和事件 e_2 分别有属性 F 和属性 G，且存在一条严格的规律能够推衍出 F 引起 G，就可以证明 e_1 和 e_2 之间存在因果关系。从这一意义上说，事件 e_1 具有的属性 F 与事件 e_2 具有的属性 G 之间具有因果相关性 1。

第二种因果相关性是因果相关性 2。因果相关性 2 的关系项有四个：①原因事件 c；②原因事件的某种属性 F；③结果事件 e；④结果事件的某种属性 G。莱波雷和勒韦尔指出，如果 c 是 F 引起了 e 是 G，那么，F 和 G 之间就具有因果相关性 2。

因果相关性 2 与因果相关性 1 最大的不同在于，因果相关性 2 将两个事件之间的因果关系当作既定的事实，而因果相关性 1 要对这个既定的事实进行证明。

异常一元论否认存在严格的心理－物理规律，因而无法证明心理事件与物理事件之间存在因果关系。从这个意义上讲，异常一元论的确推衍了心理属性不具有因果相关性 1。由此可以看出，此二人完全接受了戴维森的因果关系的法则学特征原则，坚持了物理主义一元论。

需要再次强调的是，人们关注的不是心理事件是否有因果有效性，而是心理事件的心理属性与行为事件的行为属性之间是否因果相关，即心理属性与行为属性之间是否具有因果相关性 2。①

（二）心理属性的因果相关性 2

莱波雷和勒韦尔在索莎和德雷斯基的基础上，提出了因果相关性₂的反事实判定标准。

（ⅰ）心理事件 c 引起行为事件 e。心理事件作为行为事件的原因具有因果相关性₁。因为心理事件的物理属性与行为事件的物理属性之间具有严格的法则学关联。

（ⅱ）心理事件 c 具有心理属性 F，行为事件 e 具有物理属性 G。

（ⅲ）如果心理事件 c 不具有心理属性 F，行为事件 e 也就不具有物理属性 G。

（ⅳ）原因事件的心理属性和结果事件的行动属性之间在逻辑上和形而上学上是独立的。我们无法在逻辑上或形而上学上从心理属性中推导出行动属性。两者之间没有逻辑上或形而上学的必然性。②

由于心理属性和行为属性之间的关系能够满足上述四个条件，所以说，心理属性具有因果相关性 2。

（三）反事实条件句的真值确定

莱波雷和勒韦尔以非严格的规律来确定反事实条件句的真值。在心理属性的因果相关性问题上，可以用反事实条件句来判断心理属性的因果相关性 2。他们二人主张，可以诉诸非严格的心物规律和心理规律。虽然这些非严格的规律可以用来判别和支持反事实条件句，但反事实条件句不能还原为规律，因为关于反事实的独立性是本质性的。

莱波雷和勒韦尔的理论像戴维森的异常一元论一样，都坚持了物理主义。在他们看来，所有的反事实条件句都随附于基础的物理事实和严格的规律。但是，他们二人对戴维森的异常一元论进行了改进，以反事实条件句理论来赋予心理属性以因果相关性的地位。他们将因果相关性 1 和因果相关性 2 区别开来，

① LePore E, Loewer B. Mind matters. The Journal of Philosophy, 1987, 84(11): 630-642.

② LePore E, Loewer B. Mind matters. The Journal of Philosophy, 1987, 84(11): 630-642.

宣称二者之间没有蕴含关系。在他们二人看来，心理属性只具有因果相关性 2，不具有因果相关性 1。这种观点遭到了一些人如麦克劳克林的质疑。麦克劳克林认为，这实际上是一种隐晦的副现象论观点，他们二人事实上承诺了因果关系的法则学特征原则和心理异常性原则蕴含了类型副现象论，即心理属性是副现象。[①]

第三节　法则学充分性理论的心理因果性理论

福多是心理因果有效性的坚决捍卫者。他表明副现象论如果是正确的话，将会是人类的灾难。在心理因果性问题上，福多做了两方面的工作：一是证明副现象论是错的；二是说明心理属性具有因果相关性。对于第一方面的工作，他采取了归谬论证，使副现象论的推论明显地违背常识和科学，从而证伪副现象论。对于第二方面的工作，他以因果关系的法则学充分性原则来说明心理属性的因果相关性。

一、心理属性副现象论的逻辑归谬

在福多看来，尽管副现象论的论证有很多种，但它们都有一个共同的模式，如下。

因果力的随附性：一个事件的因果力完全由其物理属性决定。两个事物的物理属性是相同的，即使其他非基础属性是不同的，它们的因果力也是相同的。

属性二元论：非基础属性随附于基础物理属性，但非基础属性不同于基础物理属性。

公设：一种属性是因果责任属性，当且仅当它影响了具有它的事物的因果力；不是因果责任属性的属性是副现象。

结论：非基础属性是副现象。[②]

副现象论的这个论证具有非常广泛的适用性，不仅包括意向心理学，还包

① McLaughlin B. Type epiphenomenalism, type dualism, and the causal priority of the physical. Philosophical Perspectives, 1989, 3: 109-135.

② Fodor J. Making mind matter more//Fodor J. A Theory of Content and Other Essays. Cambridge: The MIT Press, 1992: 140.

括地质学、空气动力学等。福多的论证从总体上看是一种归谬论证。相对于基础物理学而言，意向心理学、地质学以及空气动力学都是特殊科学，它们的属性有相同的因果地位。如果地质学的属性和空气动力学的属性有因果有效性，则意向心理属性就具有因果有效性，反之，则没有。因此，心理属性副现象论肯定是错误的。

二、因果关系的法则学充分性标准

因果关系的法则学特征原则几乎剥夺了基础物理学之外所有科学的属性的因果相关性，因为非基础科学提及的属性都不会出现在严格的规律之中。出现这一尴尬局面的原因在于，因果关系的法则学特征原则太苛刻了，要进行适当的放松，从而赋予非基础科学所提及的属性以因果相关性。

一个事件只有具有因果有效性，它的属性才会具有因果相关性。因此，判定一种属性是否具有因果相关性，必须首先判定具有这种属性的事件是否具有因果有效性，即与另一个事件是否处于因果关系中。不过，在福多看来，因果关系的法则学特征原则，无论是作为因果关系的标准，还是作为因果相关性的标准，都不太适合。他提出一种新的标准，即关于因果关系的"涵盖原则"，即事件 e_1 和事件 e_2 如果同时满足下述条件，它们之间就存在因果关系：

（1）e_1 例示了属性 F。

（2）e_2 例示了属性 G。

（3）"属性 F 的所有例示对于属性 G 的所有例示而言是充分的"是一条因果律。[①]

涵盖原则有两个要点：一是法则学上的充分性原则。一个规律如果其前件满足了，后件也会满足，那么它就具有法则学上的充分性。二是因果性原则。例示这个规律的前件事件和后件事件之间具有因果关系。

因果关系的涵盖原则与因果关系的法则学标准强调的重点不同。因果关系的涵盖原则强调的是规律的充分性，对于规律是严格的还是非严格的没有要求。严格的规律能够确保充分性，非严格的规律"在其他条件都相同的情况下"，也能确保法则学的充分性。因果关系的法则学标准强调的是规律的严格性。这一标准中的"法则学"只包括严格的规律，而不包括非严格的规律。因果关系的涵盖原则比因果关系的法则学标准要弱得多。

① Fodor J. Making mind matter more//Fodor J. A Theory of Content and Other Essays. Cambridge: The MIT Press, 1992: 142.

三、心理属性的因果责任

福多在给出因果关系的法则学充分性标准的基础上，又给出了一种属性是不是因果责任属性的判定标准：属性 P 如果是个体据以被因果律涵摄的属性就是因果责任属性。[①] 如果这条判定标准是正确的，那么，如果意向心理学中有意向心理规律，意向属性就是因果责任属性。

无论是异常一元论的支持者还是副现象论者，实际上都承认了意向因果律的存在，只不过是作为一种非严格的规律的存在。要使意向心理属性成为因果责任属性，就必须设法使得：心理学规律是非严格的规律这一事实与心理属性 M 对于行为属性 B 而言在法则学上是充分的这一思想相一致。[②]

福多放弃了戴维森的因果关系的法则学特征原则，所以他不能像戴维森一样，用这一原则来捍卫物理主义。因此，他必须另辟蹊径，主张意向因果规律的基础是物理规律，意向因果规律的执行机制是物理机制。基于意向因果规律依赖于物理规律，福多像戴维森一样捍卫了物理主义。

第四节　跨世界的相关相似性理论的心理因果性理论

在异常一元论的支持者中，霍根的心理因果性理论可谓独树一帜。他反对属性副现象论者对异常一元论的攻击，也反对以"非严格的规律"为基础的心理因果性理论。在批判这些对立的理论之后，霍根提出了一种相对复杂的理论，即跨世界的相关相似性理论的心理因果性理论。这种理论要为常识进行辩护，不仅要论证心理事件是因果有效的，还要论证心理属性在解释上是因果相关的。

一、对基于非严格的规律的心理因果性理论的批判

非严格的规律与严格的规律不同。它们有一个根本的区别：非严格的规律

---

① Fodor J. Making mind matter more//Fodor J. A Theory of Content and Other Essays. Cambridge: The MIT Press, 1992: 143.

② Fodor J. Making mind matter more//Fodor J. A Theory of Content and Other Essays. Cambridge: The MIT Press, 1992: 152.

是异质概括，而严格的规律是同质概括。同质概括连接的语词属于同一个学科，异质概括连接的语词属于不同的学科，如心理学概括将心理语词和物理语词连接起来。非严格的规律的异质性，使得它是一种松散的有例外情况的概括。为了排除这种例外情况，非严格的规律就不可避免地用到"在其他条件都相同的情况下"这种从句和因果倾向概念。

如果以异质概括来理解属性之间的因果相关性，那么，一个事件的属性和另一个事件的属性之间如果例示了一条非严格的规律，两者之间就具有因果相关性。但是，在霍根看来，根据异质概括来理解因果相关性是不能令人满意的，他提出了以下三点质疑。第一，异质概括不是因果相关性的充分条件。也就是说，两种属性之间可能存在异质概括将它们关联起来，但它们之间不存在因果关系。第二，异质概括不是因果相关性的必要条件。也就是说，两种属性之间存在事实上的因果相关性，但它们之间不存在一条异质概括，或者说，将这两种因果相关属性连接起来的异质概括可能是假的。第三，异质概括无法说明因果相关性的必然性。异质概括不是理解因果相关性的终极标准。以心理原因与行动之间的因果关系为例，相同的心理原因不能必然地导致相同的行为。[①]

二、跨世界的相关相似性心理因果性理论

霍根在分析心理属性的因果解释相关性时采取了两步走战略。第一步是分析相关的两个事件之间是否具有因果解释相关性。第二步是分析具有因果解释相关性的两个事件的属性是否也具有因果解释相关性。在进行第一步时，霍根借鉴了索莎和德雷斯基的例子和分析方法。在进行第二步时，他完全采取了自己的方法，即在跨世界中讨论属性的因果解释相关性。在他看来，因果相关属性就是在跨世界的相关相似的因果关系中均出现的属性。

（一）因果相关属性的必要条件

在霍根看来，德雷斯基和索莎在质疑异常一元论时，提出了属性具有因果相关性的必要条件。这个必要条件是：

（N）如果具有属性 F 的事件 e_1 没有发生，那么具有属性 G 的事件 e_2 也不会发生。

① Horgan T. Mental quausation. Philosophical Perspectives, 1989, 3: 47-76.

只有这个反事实条件句是（非空）真（即只有这个反事实条件句的前件为真，后件也为真），e_1 和 e_2 才具有因果解释相关性。只有 e_1 和 e_2 具有因果解释相关性，e_1 的属性 F 和 e_2 的属性 G 在解释上才有可能相关于这两个事件之间的因果交互作用过程。但是，即使反事实条件句（N）是真的，e_1 的属性 F 和 e_2 的属性 G 也只是满足了因果解释相关性的必要条件。

（二）因果相关属性的充分条件

现在的问题是要找到因果相关性的充分条件。有人提出下述强化条件：

（N′）如果事件 c 没有例示属性 F，那么具有属性 G 的事件就不会发生。（其中，事件 c 是现实世界中的原因，或这个原因事件在可能世界中的复本）①

在霍根看来，这样表述因果相关性的充分条件是有问题的。F 有可能是 c 的本质属性，c 不可能不具有 F，或者说一个事件不具有 F 就不可能是原来的 c 了。霍根认为，要正面说明属性的因果相关性，一方面要尽量在跨世界中个体化事件这一争论不休的问题上保持中立，另一方面则要重点考虑下述问题，即一个既例示了 F 又与现实的原因事件 c 相关相似的事件如果发生了或没有发生，将会出现什么情况。

霍根建议在阐述相关性的标准时，最好用可能世界的术语。假设事件 c 引起了事件 e，在诸相关相似的世界（pertinently similar world，PSW）中，与这一因果交互作用过程相关的是一个集合 P[c, e]。在每一个 PSW 中都有一种独特的情景，它们与 c 在现实世界 W 中引起 e 时所处的情景稍有不同，但与后者是相关相似的。不仅如此，任何一个 PSW 恰好都包含一个事件 c*，事件 c* 与现实世界 W 中的事件 c 相关相似，但是，PSW 可能包含也可能不包含一个与 W 中的事件 e 相关相似的事件 e*。PSW 中一个事件相关地相似于 W 中的 c（或 e）的条件有：

（1）这个事件在相关的内在方面与 W 中的 c（或 e）相似。

（2）这个事件在 PSW 中发生时所处的相关环境要与 c 和 e 之间的因果交互作用在 W 中发生的相关环境相似。

如果 PSW 中的 c* 是同一于 W 中的 c（或 c 在其他可能世界中的复本）的最佳候选项，那么，c* 与 c 之间就是相关相似关系。换言之，跨世界的相关相

---

① （N）与（N′）的区别在于，前者的前件是具有相关属性的事件没有发生；后者的前件是虽然事件发生了，但它不具有相关属性。

似关系是一种比跨世界的同一（或复本）关系弱的关系。

原因事件 c 所例示的属性 F 和结果事件 e 所例示的属性 G[①] 在解释上相关于 c 引起 e，当且仅当它们能够满足下述相关性条件：

（R）对于任何一个处于 P[c，e] 中的世界 PSW，如果 c⋆ 是 PSW 中的一个与 W 中的 c 相关相似的事件，那么：

（i）如果 c⋆ 在 PSW 中例示了 F，那么，c⋆（在 PSW 中）引起了一个事件 e⋆，e⋆ 既在 PSW 中例示了 G，又与 W 中的事件 e 相关相似。

（ii）如果 c⋆ 在 PSW 中没有例示 F，那么，c⋆（在 PSW 中）就不会引起一个与 W 中的事件 e 相关相似的事件。[②]

（三）心理属性的跨世界因果相关相似性

如果一个心理事件 c 引起了另一个（行动或心理）事件 e，随附的相关性 SR 原则就适用于 c 的某种属性 F 和 e 的某种属性 G（F 和 G 在逻辑上和形而上学上是相互独立的）。[③]SR 原则表达了属性 F 和属性 G 之间的随附相关性。

霍根在解决属性之间的相关性时用到了许多相关相似概念，如"相关相似的世界"、"相关相似的环境"和"相关相似的事件"等，有一个概念不是相关相似的，而是在跨世界中同一的，即事件的属性。要保持心理属性在跨世界中的同一性，我们就要对那些影响心理属性同一性的因素进行限制。霍根采取的方式是：在原因的环境中那些决定内容的特征具有背景条件的地位，因此这些特征在跨 PSW 中是固定不变的。[④]对于霍根而言，用新本质主义的观点讲，心理属性是心理事件的本质属性。

从上面的分析中可以看出，在心理事件作为原因所进入的因果交互作用过程中，心理事件的属性在解释上的确是因果相关的。虽然人类的行为和内在状态在原则上都可以根据物理学规律来解释，但是，我们作为生物所具有的心理状态具有因果有效性。

在我们看来，霍根的相关相似性因果理论也有其自身难以克服的问题。它的问题体现在以下两个方面：一是它没有系统地说明在一个因果相互作用既定的情况下，PSW 的类别由什么来决定；二是它没有系统地说明在跨世界中，判

---

① c 和 e 之间的因果交互作用不涉及先占、过度决定。F 和 G 在逻辑上和形而上学上是独立的。

② Horgan T. Mental quausation. Philosophical Perspectives, 1989, 3: 47-76.

③ Horgan T. Mental quausation. Philosophical Perspectives, 1989, 3: 47-76.

④ Horgan T. Mental quausation. Philosophical Perspectives, 1989, 3: 47-76.

别相关相似关系的标准是什么。也就是说，在两个不同的可能世界中，两种属性是否相关相似由什么来判定？对于相关相似的判定标准问题，他的回答是诉诸前理论的直觉。①霍根的相关相似性理论事实上是想为非还原的物理主义辩护，目的虽然简单明了，但是依据的理论和辩护的过程却极其复杂，最为重要的是，辩护的最后根据是直觉，这容易导致直觉主义或神秘主义。

第五节　生物学功能解释的心理因果性理论

麦克唐纳是戴维森异常一元论的坚决拥护者。在心理事件的因果有效性问题上，她以心理属性与物理属性共例示来说明心理事件的因果有效性，发展了物理主义一元论。在心理属性的异常性问题上，她坚持了心物随附性原则，并以心物随附性来说明心物属性何以共例示的理由，坚持了心理异常性理论。在心理属性的因果解释相关性问题上，她以心理属性属于生物学上的功能属性来说明心理属性的因果解释相关性，反击了属性副现象论，维护了心理属性的因果相关性。

一、心物属性共例示原则与心理事件的因果有效性

在说明心理事件的因果有效性问题上，麦克唐纳与戴维森采取的策略不同。戴维森采取了个例同一论。心理事件由于同一于物理事件而具有因果有效性。麦克唐纳采取了共例示论。心理属性由于与物理属性共例示，因而心理属性的例示即心理事件具有因果有效性。

（一）心理属性与物理属性共例示

在关于事件的形而上学问题上，麦克唐纳赞同关于事件的属性例示说明。根据这种说明，事件是属性的例示，而属性则是贯穿或体现在一系列事件中的共同性质。一个事件发生了，就是某种属性被它例示了。属性与事件之间的关系非常复杂，不是一对一的关系，而是多对多的关系。一种属性可以在不同的事件上例示。更为重要的是，一个事件可以例示不同的属性。从反面讲，就是不同的属性可以共例示。这就是共例示原则。

① Horgan T. Mental quausation. Philosophical Perspectives, 1989, 3: 47-76.

两种属性为什么可以在同一个个例事件上例示呢？过去的看法是，这两种属性是同一的。麦克唐纳显然不同意这种观点，因为这种观点会陷入传统的类型同一论，而类型同一论与心理属性的可多样实现性不相容。在这一问题上，麦克唐纳继承了戴维森的观点，即心理属性随附于物理属性。随附性从本质上讲是一种非对称的依赖关系。心理属性非对称地依赖于物理属性。[①]

（二）心理事件的因果有效性

麦克唐纳论证心理事件具有因果有效性的总体思路是：如果说心理属性与物理属性共例示，那么，只要物理属性具有因果有效性，心理属性就具有因果有效性。麦克唐纳的根本目的是为非还原的物理主义辩护。[②]她利用共例示原则来维护物理主义，因为心理属性的例示就是物理属性的例示，从而坚持了物理主义的基本观点。她又用随附性原则来为心理属性的非还原性作辩护。

戴维森以心理事件同一于物理事件来说明心理事件的因果有效性。麦克唐纳以心理属性与物理属性共例示来说明心理属性的例示即心理事件的因果有效性。从表面上看，麦克唐纳只是根据心物属性的共例示原则对心物事件的同一性作出了不同解释。但是，我们认为，共例示原则比同一性原则更有韧性。两个事件同一是必然的，而两种属性共例示可能是偶然的。

二、功能解释模型与心理属性的"解释"有效性

由于心理属性的例示与大脑物理属性的例示是同一个例示，因此心理事件具有相对于行为事件的因果有效性。但是，论证心理事件具有因果有效性是一回事，说明心理事件的心理属性具有相对于行为属性的解释有效性是另外一回事。事件的因果有效性不能推衍属性的因果相关性。

如果说满足法则学关系是一种属性具有对另外一种属性的解释有效性的唯一条件，那么，心理属性显然不具有解释行为属性的资格。但是，法则学关系不是解释有效性唯一的充分条件。麦克唐纳在生物学中找到了另外一种解释模型，即生物学功能解释。生物学功能解释与法则学解释有一个最大的不同，就是生物学功能解释提供的是结果产生的必要条件，而法则学解释提供的是结果产生的充分条件。在生物学功能解释中，能使卵子成为受精卵的只有精子，且

---

① 麦克唐纳.行动的心理原因与解释//高新民，储昭华.心灵哲学.北京：商务印书馆，2002：988-989.

② Macdonald C, Macdonald G. How to be psychologically relevant//Macdonald C, Macdonald G. Philosophy of Psychology. Oxford: Blackwell, 1995: 65.

大多数精子没有使卵子受精的机会。在法则学解释中，只要前因存在，后果就一定会存在。

在麦克唐纳看来，心理学解释不是法则学解释，而是生物学功能解释。心理属性是人或人脑在进化过程中获得的一种生物学功能。诉诸大脑内事件的心理属性对行为事件的行为属性进行的解释是生物学功能解释。这种功能解释也是一种因果解释。即使解释的对象相同，物理解释也不可能取代心理解释。对于同一个行为的产生，物理解释诉诸大脑内事件的物理属性来解释，而心理解释诉诸这一事件的心理属性来解释。物理解释取代不了心理解释，心理解释不是多余的，理由至少有两个方面。一方面，对解释的对象给出物理解释在很多时候不符合解释需要，基本上没有解释价值；另一方面，人们不能在认识论上，从实现心理属性的物理属性中推出心理属性的相关知识。[①]

---

① 麦克唐纳.行动的心理原因与解释 // 高新民，储昭华.心灵哲学.北京：商务印书馆，2002：993.

第六章

随附性 / 排除难题的消解

在笛卡儿的心身实体二元论和还原的唯物主义（或还原的物理主义）逐渐退出心灵哲学的历史舞台之后，以异常一元论和功能主义为代表的非还原的物理主义成为人们青睐的对象。非还原的物理主义一方面坚持了唯物主义，消弭了二元论覆盖在心灵之上的神秘性，另一方面又维护了心灵的某种独特性，维护了人作为万物之灵的尊严。但是，金在权设计了随附性 / 排除论证，向非还原的物理主义提出了随附性 / 排除难题：在物理主义的框架内，心灵的非还原性和因果有效性是不相容的，要想保留心灵的非还原性，就必须选择副现象论；要想保留心灵的因果有效性，就必须选择还原论。随附性 / 排除论证论证了非还原的物理主义是一种站不住脚的理论。自金在权提出随附性 / 排除论证以来，直至今日，哲学界从来都没有停止过对它的分析和讨论。心灵哲学界有几种应对态度。一是从逻辑上解构这一论证，从而解除它对非还原的物理主义的威胁。二是承认随附性 / 排除论证的逻辑有效性，被迫选择副现象论或同一论。金在权本人就坚持运用一种有条件的功能还原论来解决这一难题。不过，由于心理因果有效性的重要性，在当代心灵哲学界，少有人主动地选择副现象论来解决这一难题。三是在心灵哲学外部寻找新的范畴构建新的非还原的物理主义理论，如基于特普（trope）的特普同一论和基于"构成"的构成物理主义，这两种理论对随附性 / 排除论证都能"免疫"。

第一节　对随附性 / 排除难题的逻辑解构

随附性 / 排除难题就是随附性 / 排除论证给非还原的物理主义带来的难题。

这一难题是，在物理主义的范围内，要想使心理属性具有因果有效性，必须将心理属性还原为物理属性，放弃心理属性的独特性。驳倒对方论点的方法是驳倒其证明论点的论证。批驳对方论证一般有两种方法：一是从正面批驳对方论证的前提、论据或论证方式；二是从反面对对方论证进行归谬。

一、从正面批判随附性／排除论证的前提

随附性／排除论证本身就有五个前提，再加上暗含在这一论证中的另外两个前提，一共就是七个前提。我们现在就对其中的某些前提进行反思。

（一）对心身随附性原则的批判

金在权的心身随附性原则和戴维森的心物随附性原则有很大不同。金在权从戴维森的"随附性"概念中引申出三种不同的"随附性"概念：弱随附性、强随附性、全体随附性。戴维森的随附性仅相当于金在权所说的弱随附性，而在随附性／排除论证中，金在权使用的是强随附性概念。

从金在权的强随附性定义中，我们可以看出，金在权一会儿将物理属性作为心理属性的基础，一会儿又将生物学属性作为心理属性的基础。物理属性和生物学属性的外延是不同的。前者外延大，后者外延小。我们猜测，可能在金在权的心目中，心理属性强随附于生物学属性，由于生物学属性属于物理属性，所以心理属性才强随附于物理属性。[①]这就意味着，在心理事件的个体化问题上，金在权同福多一样坚持的是内在主义，即心理事件局域地随附于构成它的身体事件。

然而，在心理事物的个体化问题上，一种主流的观点是外在主义。普特南的孪生地球思想实验和伯奇的关节炎思想实验表明，即使两个人内在的神经生理状态完全一样，只要他们的物理环境和社会环境不同，他们就有不同的心理状态。从外在主义的两个思想实验中，我们能比较轻松地得出一个结论：个人的生物学属性不能在法则学上充分地决定他的心理属性。心理属性并不强随附于生物学属性，而是随附于生物学属性和环境属性之间的关系。总之，心身之间的强随附性原则是一个有问题的原则。

我们指出心身强随附性原则的问题并不能一劳永逸地解构随附性／排除论证。金在权完全可以用心物强随附性来取代心身强随附性，将心理属性的随附基础从生物学属性扩大为生物学属性和环境属性之间的关系，来维护随附性／排除论证的有效性。不过，再怎么说，金在权的随附性／排除论证是有缺陷的。

---

① Kim J. Physicalism, or Something Near Enough. Princeton: Princeton University Press, 2005.

（二）对因果排除原则的批判

因果排除原则是随附性 / 排除论证的核心，也是金在权独创的原则，其他的几个原则都有前人明确地提到过。学界对因果排除原则的口诛笔伐非常之多。可见，因果排除原则对于随附性 / 排除论证的重要性。

从因果排除原则的定义中，我们可以分析出因果排除原则的适用条件。不同的论者从不同的角度进行分析，结论是，其中的每一个条件似乎都是有问题的。

1. "充分原因"概念不明

戴维森对金在权因果排除原则中的"充分原因"概念提出了质疑。一个结果事件的充分原因应该包括所有对它有影响的因素。一个结果的充分原因应该包括它的其他原因。充分原因和其他原因之间是"包含"关系，而不是"排除"关系。根据心身随附性原则，心理属性和基础物理属性都参与了行为的产生过程，因而，心理属性和基础物理属性是行为的充分原因的"真部分"。

2. 非还原的物理主义是个例同一论

在随附性 / 排除论证的最后一步中，根据因果排除原则，心理原因 M 被物理原因 P 排除。金在权在这一步中，明显地改变了因果排除原则的适用对象。根据因果排除原则的定义，因果排除原则适用的对象是事件，而不是属性。P、M 两者都是属性。

在随附性 / 排除论证的第一步，金在权就已提醒我们注意，属性本身是不能进入因果相互作用的过程中的。当说到"M 引起 M*"时，实际上说的是，"M 的一个例示引起了 M* 的例示"或"M 的例示致使 M* 在那个时刻得以例示"。[①]

但是，不要忘了，随附性 / 排除论证所要批判的对象是以异常一元论和功能主义为代表的非还原的物理主义。非还原的物理主义在本体论上就是个例同一论。在非还原的物理主义看来，物理属性 P 和心理属性 M 是共例示的。如果金在权批评的对象是个例同一论，那么，他就不用大费周章地设计随附性 / 排除论证，只用诉诸他的精细的事件观即可。根据精细的事件观，一个事件就是一个对象在某一时间对某种属性的例示。事件是一种有着特殊内在结构的实在。它包含三个要素，即对象、属性和时间。这就意味着，两个事件只有在它们的三个要素完全相同的情况下，才是同一的。根据不可还原性原则，物理属性 P 和心理属性 M 是不同的。因此，物理属性 P 所例示的事件和心理属性 M 所例示的

---

① Kim J. Physicalism, or Something Near Enough. Princeton: Princeton University Press, 2005: 39.

事件就是两个不同的原因事件。从上面的分析中，我们似乎可以看见，随附性 / 排除论证是以非还原的物理主义并未承认的事实来反对非还原的物理主义的，属于逻辑上所说的稻草人谬误。

（三）对非过度决定关系原则的批判

在随附性 / 排除论证中，要将因果排除原则运用到心理因果关系上，还必须满足一个豁免条件，即心理因果关系不是一个典型的过度决定关系的实例。然而，在许多哲学家看来，金在权否定心理因果关系是一种过度决定关系的理由不成立，或者心理因果关系本身就是一种过度决定关系。

1. 金在权否定心理因果过度决定关系的理由

金在权不仅宣称，P* 的例示不可能由两个充分原因 P 和 M 过度决定[①]，还论述了心身过度决定关系是如何违反物理因果闭合性原则的。[②] 他事实上是要我们思考如下反事实条件句：

（C）如果心理属性 M 的例示发生而基础物理属性 P 的例示没有发生，那么，物理属性 P* 的例示也会发生。

如果说心理因果关系是一个过度决定关系，那么，在一个与现实世界相似的可能世界中，这个反事实条件句就是真的。P* 例示的原因不是 P 的例示，而是 M 的例示，这明显违反了现实世界的物理因果闭合性原则。

2. 心理因果过度决定关系不违反物理因果闭合性原则

金在权的反对者认为，心理因果过度决定关系不违反物理因果闭合性原则。持此观点者包括克里斯普（Crisp）与沃菲尔德（Warfield）、雷蒙特（Raymont）、布洛克等。

假设存在一个与现实世界极其相似的可能世界，这个可能世界与现实世界所有方面都相似，只有一个地方不同：这个可能世界中的自然规律和现实世界中的自然规律有一个细小的区别。这就导致了，在可能世界中，心理属性 M 的随附基础是 P′（P′ ≠ P）。反事实条件句（C）在可能世界中的成立并不违反可能世界中的物理因果闭合性原则。

3. 心理因果过度决定关系是依赖型的过度决定关系

在贝内特（Bennett）等看来，因果排除原则只能适用于独立型的过度决定

---

① 金在权 . 物理世界中的心灵 . 刘明海译 . 北京：商务印书馆，2015：56-57.
② 金在权 . 物理世界中的心灵 . 刘明海译 . 北京：商务印书馆，2015：57.

关系，而不能应用于依赖型的过度决定关系。根据随附性原则，物理属性 P 必然化心理属性 M。如果物理原因 P 存在，心理原因 M 就一定存在。这违反了独立型的过度决定关系的一个关键性要求，即一个原因在另一个原因不存在的情况下依然存在。心身过度决定关系是依赖型的过度决定关系。因果排除原则对心身过度决定关系是无效的。

4. 心身过度决定关系的可理解性

金在权否认心身过度决定关系的第一个理由就是，心理因果关系的每一个实例都是一个过度决定关系的实例，不具有可理解性。在心理因果关系上，过度决定关系以一种广泛而系统的方式出现是难以理解的。黄益民诉诸进化论来解释过度决定关系的可理解性问题。

诉诸进化论解释过度决定关系就是诉诸大自然的设计来解释过度决定关系。过度决定关系从本质上讲就是一种"双保险机制"。在我们的日常生活中，很多对人身安全构成威胁的装置都有双保险机制或多保险机制，如电梯。在人的身上有大量的双保险机制，如很多器官是双份的。如此相同，心理因果过度决定关系也是亿万年自然进化给人演化出的一种因果过度决定的生存机制和机能。①

（四）对因果实现原则的批判

在随附性／排除论证的整个过程中，步骤（3）用到了因果实现原则中的下向因果关系原则。在克里斯普与沃菲尔德看来，金在权给出下向因果关系的理由是有问题的。

金在权利用下向因果关系来解决 M 和 P* 之间的竞争关系，即 M 通过引起 P* 来引起 M*。但是，横向的因果解释与纵向的决定解释之间不是因果排除原则所针对的竞争关系。

二、从反面对随附性／排除论证进行归谬

（一）归谬论证：推广化论证和因果力流失论证

在对随附性／排除论证进行归谬时，有两个著名的方法：一个是推广化论证，另一个是因果力流失论证。推广化论证表明，如果随附性／排除论证是正确的，那么，这一论证就可以推广到心理学以外的其他特殊科学之上。如果是

---

① 黄益民. 因果过度决定与心灵因果排除. 世界哲学，2018，(6)：87-97.

这样，其他特殊的科学就像心理学一样，要么接受副现象论，要么接受还原论。因果力流失论证表明，如果随附性／排除论证是正确的，那么，包括心理学在内的其他高层次科学就会被基础科学的属性的因果力先占，因果力就会从高层次科学的属性向基础科学的属性渗漏，直至整个世界的最底层。如果这个世界没有底层，那么，因果力就会流到无底洞去，物理世界中没有任何地方有任何因果效力。推广化论证的结论和因果力流失论证的结论都是荒谬的，因而在逻辑上引出这两个论证的随附性／排除论证就是错误的。

（二）金在权反归谬

金在权宣称，心理属性与物理属性之间的关系，同其他特殊科学的属性与物理属性之间的关系不一样：心理属性强随附于作为其基础的物理属性，这两种属性有着相同的主体，属于同一个层次；其他特殊科学的属性和作为其基础的物理属性有着不同的主体，因而属于不同层次的属性。随附性／排除论证只适用于层次内部，而不适用于跨层。因果力只能在层次内部渗漏，而不会跨层渗漏。

（三）反对者的再反驳：有微观基础的属性的因果力被其随附基础排除

针对金在权对推广化论证和因果力流失论证的回应，很多哲学家表示很不满意。他们给出了以下几点反对意见。

第一，"层次"概念含混不清。根据随附性来划分层次比根据属性的所有者来划分层次更加合理。

第二，因果排除原则不限于同一对象的不同属性之间，也适用于不同对象及其属性之间。

第三，跨层同样适用因果排除原则。在金在权看来，能阻止因果力流失的是有微观基础的属性。但在布洛克、邦特利（Bontly）和努德霍夫（Noordhof）看来，有微观基础的属性的因果力会被它的随附基础即"微观基础的特定部分学结构"所排除。①

（四）金在权的再回应：有微观基础的属性同一于其随附基础

面对众多反对者的批评，金在权逐渐认识到，有微观基础的属性既不能阻止因果力的流失，也不能阻止随附性／排除论证的推广。

---

① Block N. Do causal powers drain away? Philosophy and Phenomenological Research, 2003, 67(1): 133-150.

金在权提到了一种解决有微观基础的属性与微观基础的特定部分学结构之间竞争因果力的方法：将有微观基础的属性同一于它的微观基础的特定部分学结构。① 金在权阻止随附性／排除论证的推广和因果力流失的同一论方案，否定了他此前倡导的关于世界的层次模型。在《层次模型：形而上学思考》中，金在权明确表示，关于世界的层次模型是一个错误的模型。② 在这种观点之下，世界不再是立体的，而是扁平的。

（五）反对者的再反驳：有微观基础的属性具有可多样实现性

为了阻止随附性／排除论证的推广和因果力的流失，金在权选择了同一论，将有微观基础的属性同一于微观基础的特定部分学结构。在邦特利、布洛克和沃尔特（Walter）等人看来，有微观基础的属性具有可多样实现性，它与微观基础的特定部分学结构之间的同一不成立。

回顾历史，心脑同一论退出心灵哲学的舞台，是因为普特南等人发现了心理属性具有可多样实现性，从而使得同一论失去了理论基础。心理属性可由不同的神经生理属性实现，使得心物之间的同一成为一种错误的观点。同样地，如果有微观基础的属性也具有可多样实现性，则有微观基础的属性与微观基础的特定部分学结构之间的同一也就不成立。

第二节　功能还原论的心理因果性理论

金在权利用其随附性／排除论证向心灵哲学界表明，非还原的物理主义只是一个神话，它的前途要么是副现象论，要么是还原论。金在权本着"两害相权取其轻"的原则选取了后者，对心理属性进行了功能还原，认为心理语词只不过是描述因果功能的另一种方式。将心理属性还原为物理属性，首先要解决心理属性的可多样实现性问题。由此就不得不审问：在心理属性具有可多样实现性的前提下，心理属性可以还原为物理属性吗？如果能，就要说明：可多样实现性为什么不能阻止还原？将心理属性还原为物理属性的条件是什么？还原的方法又是什么？

---

① 金在权. 物理世界中的心灵. 刘明海译. 北京：商务印书馆，2015：143.

② Kim J. The layered model: metaphysical considerations. Philosophical Explorations, 2002, 5(1): 2-20.

一、功能还原的条件：从 E. 内格尔的经典还原到金在权的局部还原

还原即化归，就是说一个人们不太确定的东西本质上"只不过是"另外一个人们已经非常确定的东西。根据不同的标准，人们可对还原进行不同的分类。根据还原的对象来分，有本体论还原、语义还原、理论还原。本体论还原说的是一个东西实际上就是另外一个东西。语义还原说的是一个语词表达的意义就是另一个语词表达的意义。理论还原说的是将一个理论还原为另外一个理论。还原最重要的问题是条件问题，即将一个东西还原为另一个东西需要哪些条件。

（一）E. 内格尔的经典还原模型

提到还原不能不提 E. 内格尔。E. 内格尔在《科学的结构》中阐述了理论还原。理论还原的目的就是简化理论。说一个理论能还原为另一个理论，就是说，被还原理论可以根据还原理论以及连接两种理论的桥梁律推导出来。因此，理论还原有两个条件。

第一个条件是可连接性条件。被还原理论和还原理论属于不同的理论，使用不同的语言；要想将前者还原为后者，必须通过桥梁律将两个不同理论的谓词连接起来。具体说来就是，对于被还原理论中的每一个谓词 A 而言，在还原理论中都存在一个谓词 B，它与 A 之间有法则学的联系，使得 $(x)[A(x) \longleftrightarrow B(x)]$。这个双条件句被称为桥梁律。A 和 B 具有法则学的联系，确保了 A 和 B 共外延，有一个相同的指称。

第二个条件是可推导性条件。由于有了连接两个理论谓词的桥梁律，所以，被还原理论就可以根据还原理论和桥梁律推导出来。据此，我们可以完全用还原理论来改写被还原理论，从而达到简化理论种类的目的。

桥梁律是可连接性条件的关键，而可连接性条件是可推导性条件的前件。理论间能否还原，主要看存不存在以及能不能找到连接两个理论的桥梁律。从上述两个条件的不同要求中我们可以看出，桥梁律是整个理论还原的核心。

E. 内格尔的经典还原模型针对的是理论，是要把一个理论还原为另一个理论；而金在权为了解决随附性 / 排除难题要把一个实在（心理属性）还原为另一个实在（物理属性）。E. 内格尔的经典还原模型虽然关注的是理论之间的还原，但理论之间的还原要以桥梁律为基础，而桥梁律要求实在与实在之间能够还原。金在权要将心理属性还原为物理属性，实质上也是理论还原的工作。因为心理属性是心理学的研究对象，而物理属性是物理学的研究对象，将心理属性还原

为物理属性,从理论结果上讲,必然会导致心理学还原为物理学。

(二)经典还原模型的局限性

在金在权看来,经典还原模型具有以下三个方面的局限性,因而不能据以将心理属性还原为物理属性。

第一,心物桥梁律的可获得性问题。桥梁律是 E. 内格尔的经典还原模型的关键。但是,根据心理属性的可多样实现性和异常性,以双向条件句表达的桥梁律在心理类型(或属性)和物理类型(或属性)之间根本就不存在。双向法则学的联系要求心理属性和物理属性是一一对应的关系,而心理属性的可多样实现性则表明两者之间是一对多的关系。描述心理属性的谓词和描述物理属性的谓词之间不存在法则学上的共外延的关系。戴维森提出的"心理异常性"直接否定了心物之间存在严格的法则学规律。他给出的理由是,因为心理事物具有外在性、整体性和规范性,所以,心理事物游离于严格的决定论规律之外。戴维森心理属性具有异常性从本体论层面讲源于心理属性具有可多样实现性。

第二,心物桥梁律的解释问题。在 E. 内格尔的经典还原模型中,桥梁律的合理性似乎是一个不证自明的问题。如何解释桥梁律的合理性是核心问题的核心。在心物还原的问题上,假设还原论是正确的,那么,心物之间的桥梁律正是我们要解释的问题。

第三,心物桥梁律的反简化问题。还原意味着简化。人们想通过还原得到更简单的概念系统、更简单的实在系统和更简单的理论系统。形如心理属性 $M \longleftrightarrow$ 物理属性 P 的桥梁律的出现,不仅没有达到简化的目的,反而比以前的各种系统更加复杂。从理论层面看,E. 内格尔的经典还原模型需要将心物桥梁律当作辅助性前提纳入还原理论之中,扩大了还原理论作为基础理论的基础。[①]

(三)金在权的局部还原

心理属性的可多样实现性直接否定了心理属性与物理属性之间的不分物种的普遍性关联。但在金在权看来,心理属性的可多样实现性并没有完全堵死还原之路。在心理属性和物理属性之间,即使不存在不分物种的关联,但也可能存在以物种为基础的关联。心理属性的可多样实现性否定了 E. 内格尔式的整体还原,但也暗含了一种局部还原的可能性。

普特南和福多在阐释心理属性的可多样实现性的过程中,明确提出了如下

---

① 金在权 . 物理世界中的心灵 . 刘明海译 . 北京:商务印书馆,2015:115-119.

观点：心理属性（疼痛）的神经关联物与特定的物种相关。在限定物种的前提下，心理属性与物理属性之间似乎就存在法则学的联系。以人类为例，如果疼痛在人类身上是由 P_1 神经纤维的激活实现的，那么，在人类 H 身上就存在这样的双条件句，即 $H \rightarrow (M \longleftrightarrow P_1)$。这实际上是将"人类的"心理学还原为"人类的"神经生理学。

金在权提出的这种以特定物种为基础的局部还原也遭到人们的质疑。从直觉上看，可多样实现性不仅适用于不同的物种，还适用于同一物种的不同个体或不同时间的同一个体。

在金在权看来，一个偶然而幸运的事实是：人类的心理结构足够一致，从而使对它的科学研究成为可能，并且具有实际的价值。寻找每一个人在他存在的每一时刻的心理状态的神经实现者，将变得不再有趣，也不再有价值。因此，在金在权看来，把可多样实现性推向极致并没有动摇局部还原。①

二、功能还原的方法

通过提出基于物种的局部还原概念，金在权为还原论扫清了心理属性的可多样实现性所设置的障碍。为了将心理属性还原为物理属性从而使其具有因果有效性，金在权提出了功能还原模型。功能还原模型或还原的功能模型有三个步骤。

第一步：对被还原属性进行功能化。在对被还原属性从功能上进行重新定义时，涉及三个属性：被还原属性 M、还原属性 P 和功能（因果）作用 C。对属性 M 进行还原，就是根据还原属性 P 所实现的功能作用 C 采取如下方式进行重新定义：具有 M，就是具有某个能执行因果作用 C 的属性 P。

从 E. 内格尔的 $M \longleftrightarrow P$ 到金在权的 $H \rightarrow (M=P)$ 能够规避经典还原模型中存在的"解释问题"和"反简化问题"。将 M 同一于 P，表明 M 只是 P 的另一种描述方式，或者表明 M 和 P 描述的就是同一个东西。因此，M 的存在没有在本体论上给整个世界增添任何东西。由于不存在桥梁律，也没有给还原理论增添任何额外的定律而扩大其理论基础。但是，即使将 M=P，也无法简化概念。②

第二步：根据功能确定被还原属性的实现者。由于 M 和 P 实现了完全相同的因果作用，因此，人们就可以根据 M 的因果作用来确定 P。

第三步：解释实现者如何执行因果作用。由于已经找到了 M 的实现者 P，

---

① 金在权.物理世界中的心灵.刘明海译.北京：商务印书馆，2015：116.
② 金在权.物理世界中的心灵.刘明海译.北京：商务印书馆，2015：129.

因此，接下来的任务就是要从机制上解释 P 是如何执行因果任务 C 的。

金在权首先通过环境输入 I 和行为输出 O 来确定 M 所实现的因果作用 C，再通过因果作用 C 找到 P，最后解释 P 是如何实现 C 的。通过这三步，就对 M 作出了还原解释。它们之间的关系如图 6.1 所示。

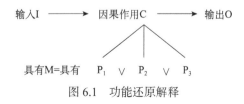

图 6.1　功能还原解释

金在权的功能还原模型从本质上讲是阿姆斯特朗和刘易斯的概念分析功能主义。[①]他对心理概念所做的功能分析与后两者如出一辙。和后两者一样，金在权也不把心理属性 M 当作属性看待，而只是把它当作语词看待。这种语词不是严格指示词，在不同的可能世界中，有不同的指称。因此，M=P 不具有逻辑上的必然性，只具有法则学的必然性。在自然规律相同的诸世界中，M 同一于同一个物理属性 P，在自然规律不相同的诸世界中，M 同一于不同的物理属性。

三、功能还原论的局限性

正如金在权所言，"还原"一词在整个哲学界已成为一个贬义词。他的功能还原模型"逆历史潮流而动"，这种标新立异的做法引起了哲学界的广泛兴趣和激烈讨论。许多学者指出了功能还原模型可能存在的问题。

第一，功能还原模型依然需要心物桥梁律。马拉斯（Marras）论证道，功能还原模型以 M=P 替代 E. 内格尔模型的 M ⟷ P，并不能免除对心物桥梁律的需要。[②]郁锋指出，马拉斯错误地理解了金在权的实现观；根据金在权的观点，在某系统中 P 实现了 M，要求 P 至少与相应的属性 M 共享相同的因果或律则性关系。[③]我们认为，马拉斯的质疑是合理的。马拉斯的质疑重点不是 M 与 P 是否共享因果关系或律则关系，而是如何证明它们无论何时何地都共享因果关系，或者说，如何证明它们共享因果关系具有法则学的必然性。金在权的功能还原是以物种为基础的。但是，即使是同一个人，在不同的时间实现疼痛的物理基础也可能不相同。如果是这样，M 与 P 共享因果关系完全是偶然的，而不具有

① 金在权 . 物理世界中的心灵 . 刘明海译 . 北京：商务印书馆，2015.

② Marras A. Consciousness and reduction. The British Journal for the Philosophy of Science, 2005, 56(2): 335-361.

③ 郁锋 . 金在权的功能还原模型：一种基于实现关系的心身还原 . 自然辩证法研究，2018，34(10): 15-21.

法则学的必然性，这就必然会导致克里普克所说的那两种情况：M 能在 P 不出现的情况下出现，P 也可能在 M 不出现的情况下出现。

第二，功能定义不是一种真正的定义。冉奎基于苏佩斯（Suppes）的逻辑学理论主张，只要是定义，就必须满足可消除性和非创造性这两个条件，但是，功能定义没有满足可消除性条件。所谓可消除性条件指凡是被定义项出现的地方都可用定义项来替代。在冉奎看来，由于心理属性（如疼痛）可实现的因果功能在类型上是无法穷尽的，或者说是无限的，因而，在一个包含心理语词的语句中，当心理语词描述的心理属性发挥了一种新的因果作用时，人们就没有适当的物理语词来替代句中的心理语词。① 对于如何对心理语词进行概念分析，拉姆齐－刘易斯的功能分析法提供了一种经典的方法。根据这种方法，人们完全可以不借用心理语词来说明心理语词所要表达的东西，可以用非心理语词替代心理语词。但是，冉奎的重点不在此，而在于当心理属性发挥人们不曾见过的因果作用时，功能分析或功能定义就失效了。但是，对于金在权的功能还原，我们有不同的理解。关于金在权的功能还原方法，人们需要注意两点：一是心理属性同一的是物理属性，而不是物理属性所发挥的因果作用；二是这种分析是经验的，而不是先验的。当一个人不论是现在还是未来处于疼痛之中时，人们可以以疼痛为中心锁定因果链，确定疼痛的前因和后果，再根据这种前因和后果来锁定大脑的神经生理状态。如果一种特定的神经生理状态是由这个前因引起的并导致了这个后果，那么，它就是疼痛。即使疼痛每次发挥的因果作用完全不一样，即使它发挥的功能在类型上是不确定的，在每一次疼痛出现的具体情况中，人们也可以根据疼痛锁定前因后果，进而锁定相应的神经生理状态。

第三，功能分析的"好消息"并不好，"坏消息"也不坏。根据金在权的看法，功能分析的好消息是，一个心理属性只要发挥了因果作用，就能被还原；坏消息是，在心理属性中，意向性发挥了因果作用，而感受性则不发挥因果作用。陈晓平提出了相反的意见，即意向性的功能意义不能还原，而感受性的功能结构可以还原。② 意向性的功能意义和功能结构可以理解为意向语词的"内涵"和"外延"。尽管意向语词和物理语词有相同的外延，指的是同一个对象，但是，由于意向语词存在交流和实践上的便利，不能被取代，因而它们有着与物理语词不同的内涵。感受性与意向性相反。人们一般都知道感受性有与物理语词不同的内涵，但不知道感受性实际上有与物理语词相同的外延。在怪人论证

---

① 冉奎，肖小丽. 论"功能化的还原模型". 世界哲学，2018，(6)：133-139.

② 陈晓平. 感受性问题与物理主义——评金在权"接近充足的物理主义". 哲学分析，2015，6(4)：109-120，199.

中，如果知道怪人没有感受性，那么，知道的根据肯定是，怪人缺乏与感受性相应的行为表现。所以说，只要感受性存在，就一定有相应的因果作用和行为表现。金在权承认他的功能还原模型具有局限性，他坚持的物理主义是有条件的物理主义，或用他自己的话讲，是"接近充足的物理主义"。这种局限性或条件性就体现在，功能还原模型对感受性（或现象意识）无效。感受性不发挥因果作用，因而抵制功能化。

第三节　确定关系论的心理因果性理论

确定关系论是关于可确定物（如红色）与确定物（如猩红色）之间的确定关系的理论。雅布罗将这一对逻辑学范畴改造为心灵哲学范畴，并以此来解决金在权的随附性 / 排除难题。在他看来，心理属性和物理属性之间的关系就是可确定物与确定物之间的确定关系，由于确定物不会排除可确定物的因果相关性，因而物理属性不会排除心理属性的因果相关性。

一、确定关系：可确定物与确定物

（一）可确定物与确定物之间的关系不是什么？

可确定物与确定物是一般与特殊的关系。要理解确定关系，我们可以将它与其他几种相近的关系进行比较。

第一，可确定物与确定物之间的关系不是同一关系。可确定物与确定物之间的确定关系不具有自返性。一个猩红色的物体是一个红色的物体，但一个红色的物体可能不是一个猩红色的物体。

第二，可确定物与确定物之间的关系不是共相与殊相之间的关系。一般而言，殊相是占据一定时空区域的具体个体，而共相是没有时空规定性的抽象的属性。从红色和猩红色这个例子中可以看出，可确定物与确定物之间的关系可能存在于共相与共相之间。更为重要的是，这对关系也可能存在于殊相与殊相之间。例如，插销折断了与插销突然地折断了，前者是可确定物，后者是确定物。[①]

---

① Yablo S. Mental causation//Chalmers D. Philosophy of Mind: Classical and Contemporary Readings. New York: Oxford University Press, 2002: 184.

第三，可确定物与确定物之间的关系不是种和属之间的关系。属是把独立的性质（属差）加之于种，而确定物则不能靠把属差与可确定物连接而得到说明。确定物作为互斥群成员来源于可确定物，以至于属于同一可确定物的确定物是不可兼容的。[①]

（二）可确定物与确定物之间的关系是什么？

与红色和猩红色之间的关系一样，心理属性和物理属性之间的关系是可确定物与确定物之间的确定关系。两种"属性"之间满足什么样的条件才具有这种关系呢？

雅布罗给出了可确定物 Q 与确定物 P 之间的确定关系所必须满足的充分必要条件。

（△）P 确定 Q，当且仅当：一个事物是 P 就是这个事物是 Q，所是的方式是独特的，而不是普遍的。[②]

例如，一个物体是猩红色的，就意味着，这个物体是红色的。呈现红色的方式多种多样，这个物体呈现红色的方式是独特的，即它是猩红色的。如果用"例示"来分析，P 确定 Q，当且仅当：P 和 Q 共例示。

上述定义虽然符合直觉，但仍存在两个比较含糊的地方：一是有循环定义的嫌疑，即以确定物解释可确定物，以可确定物解释确定物，以可确定物与确定物之间的关系解释确定关系；二是"所是的方式是独特的，而不是普遍的"这个限制条件比较含混，如何正确理解它也存在不小的疑问。为了消除上述定义中的含糊之处，雅布罗以模态语言来重新描述上述定义。

（△*）P 确定 Q（P＞Q），仅当：

（i）必然地，对所有的 x 而言，如果 x 具有 P，那么，x 具有 Q；且

（ii）可能地，对于某个 x 而言，x 具有 Q 却没有 P。[③]

将（△*）与（△）进行比较，我们发现这两者不是等价的。（△）给出了确定关系的充分必要条件，（△*）只是给出了确定关系的必要条件。雅布罗为了消除定义的含糊性，对确定关系进行解释时作出了必要的牺牲。

① 布宁，余纪元．西方哲学英汉对照辞典．北京：人民出版社，2001：253.

② Yablo S. Mental causation//Chalmers D. Philosophy of Mind: Classical and Contemporary Readings. New York: Oxford University Press, 2002: 181.

③ Yablo S. Mental causation//Chalmers D. Philosophy of Mind: Classical and Contemporary Readings. New York: Oxford University Press, 2002: 181.

猩红色和红色之间的关系显然满足（△＊）。虽然雅布罗将心理属性和物理属性之间的关系与红色和猩红色之间的关系归为一类从而进行类比说明，但是，有人可能会从语言学的角度分析出二者之间的区别。从语言学的角度讲，"猩红色"这一语词的意义非对称地蕴含了"红色"这一语词的意义。"C 纤维的激活"（描述物理属性的语词）的意义并没有从概念上蕴含"疼痛"（描述心理属性的语词）的意义。但是，在雅布罗看来，非对称的概念蕴含关系不是确定关系的必要条件。这就意味着，在（△＊）中出现的"必然地"一词应该理解为形而上学的必然性，而不是概念的必然性。

"必然地"这个模态词有两种不同的理解：一是概念必然性，这是一种先天的必然性；二是形而上学的必然性，这是一种后天的必然性。人们不能从"水"这一语词的意义中先天地分析出"H_2O"的意义。人们也不能从"H_2O"这一语词的意义中先天地分析出"水"的意义。水就是 H_2O 这一认识至少是化学诞生之后的事情。化学家通过后天的经验发现水的化学构成是 H_2O。确定关系与同一关系一样，具有的也是一种后天的或形而上学的必然性。

二、心物关系是确定关系之论证

在雅布罗看来，从心理属性随附于物理属性以及心理属性可由物理属性多样实现中，可以得出心理属性与物理属性之间的关系能够满足条件（△＊）。

根据随附性，物理属性必然化心理属性。两个事物具有相同的物理属性，必然地，具有相同的心理属性。心理属性与物理属性之间的随附关系使得（△＊）中的条件（ⅰ）得以满足。心理属性的可多样实现性，表明一个事物具有某种心理属性却不具有某种特定的物理属性是可能的。这使得（△＊）中的条件（ⅱ）得以满足。

（D）必然地，某个事物具有一种心理属性，当且仅当：它也具有一个对于那个心理属性的物理确定关系。[①]

条件（D）与条件（△）的基本精神是一致的。

三、心理属性与可确定物的因果相关性

雅布罗论证心理属性的因果相关性遵循从一般到个别的思路。他没有直接

---

① Yablo S. Mental causation//Chalmers D. Philosophy of Mind: Classical and Contemporary Readings. New York: Oxford University Press, 2002: 182.

论证心理属性的因果相关性，而是直接论证可确定物的因果相关性。如果可确定物的因果相关性不会被确定物的因果相关性排除，那么，心理属性作为物理属性这个确定物的可确定物，它的因果相关性也不会被后者排除。

雅布罗采取了两种方式来论证可确定物的因果相关性。第一种方式是例证法，就是以鸽子的例子来表明可确定物（红色）的因果相关性不被确定物（猩红色）的因果相关性排除。第二种方式是归谬法。确定关系是相对的。猩红色与红色之间，猩红色是确定物，红色是可确定物。红色与颜色之间，红色是确定物，颜色是可确定物。确定关系既可以向上无限延伸，又可以向下无限延伸。如果一个可确定物的因果相关性会被它的确定物的因果相关性排除，那么，这个确定物的因果相关性也会被它的确定物的因果相关性排除，以此类推，只有最终的确定物具有因果相关性。如果这个最终的确定物是不存在的，那么，似乎可以像布洛克所说的那样，因果相关性会向下流失到无底洞中去。这就意味着，因果相关性不存在于任何地方。

在此基础上，雅布罗分析了可确定物与确定物不会竞争因果相关性的具体原因。雅布罗认为，只有两种属性是"分离的"，金在权的因果排除原则才能适用其上。可确定物与确定物之间显然不是分离的。可确定物与确定物并不会像因果排除原则所说的那样竞争与结果属性的因果相关性。

四、确定关系论的心理因果性理论的问题

假设一只鸽子将一个猩红色的物体啄了出来。如果这只鸽子的眼睛是一台"猩红色探测器"，只能识别猩红色，而不能识别其他颜色，那么，与鸽子啄的行动因果相关的是这个物体的猩红色，而不是这个物体的红色。如果这只鸽子的眼睛是一台"红色探测器"，能识别所有的红色子类，但不能识别其他颜色，那么，与鸽子啄的行动因果相关的是这个物体的红色，由于这个物体的红色是由猩红色实现的，因而这个物体的猩红色也是因果相关的。在前一种情况中，猩红色会排除红色的因果相关性；在后一种情况中，猩红色不会排除红色的因果相关性。

如果将上述分析沿用到心理属性和物理属性上，我们需要进一步分析：心理属性、物理属性和人的行动属性三者之间的关系是类似于上述哪一种情况？是类似于"猩红色探测器"的情况，还是类似于"红色探测器"的情况？前一种情况确定物（猩红色、物理属性）会排除可确定物（红色、心理属性）的因果相关性，后一种情况则不会。可确定物的因果相关性要不被确定物的因果相关性排除，就必须论证，可确定物之下的所有确定物都具有因果相关性。

第四节 干预主义的心理因果性理论

干预主义的心理因果性理论是将形而上学中的干预主义的因果理论运用到心灵哲学中，以解决金在权的随附性／排除难题。干预主义的因果理论的核心思想是：如果两个事物之间具有因果关系，那么，对原因进行适当的操控，结果就会发生相应的变化；如果两个事物之间没有因果关系，那么，对其中的一个事件进行操控，另一个事件不会有相应的变化。坚持干预主义的因果理论的人有很多，如利斯特（List）、孟席斯和伍德沃德等，其中领军人物是伍德沃德。在解决随附性／排除难题上，人们对干预主义的因果性理论寄予厚望，认为它较有希望解决这一难题。① 伍德沃德的理论通常被视为较成熟②，在这里，我们主要讨论如何用干预主义的因果性理论来解决随附性／排除难题。

一、心理解释的有效性

干预主义的因果理论要解决的一个中心问题是，如何将因果关系与单纯的相关关系区别开来。干预主义的因果理论把握到了因果关系和非因果关系的一种重要差异：如果两个事件之间具有因果关系，那么，原因和结果之间似乎就存在一种函数关系，原因是自变量，结果是因变量，对自变量进行适当的操控从而改变自变量的值，因变量的值也会随之发生改变。

伍德沃德的干预主义的因果理论有许多具有吸引力的特征。第一，该理论不像之前的干预主义那样具有人类中心的或主观性的特征。第二，该理论不是一个关于因果关系的还原理论，它无意寻求以非因果的语词来定义因果关系。第三，该理论体现了"对比性"进路。也就是我们日常所说的"有因就有果"和"无因就无果"。第四，该理论优于其他竞争理论。因果关系的规则性理论只注意原因的在场条件，而反事实条件论只关注缺席条件。伍德沃德的干预主义的因果理论既关注在场条件又关注缺席条件，因而能更好地解决共因问题和过

---

① 初维峰. 因果关系的操控理论与因果多元主义. 自然辩证法通讯，2016，38(2)：28-34；李珍. 从干预主义因果论看心理因果性问题——一种对非还原物理主义的辩护. 自然辩证法通讯，2015，37(4)：23-29；李珍. 意向性与因果性——基于干预主义因果论进路的意向因果性的研究. 科学技术与辩证法，2009，26(2)：101-105；陶焘. 干预主义因果理论与因果排斥问题. 自然辩证法研究，2014，30(9)：33-39.

② 钟磊，丁岳涛. 精致的排除性与精致的因果性. 清华西方哲学研究，2016，2(1)：121-143.

度决定问题。[①]

假设在一个既定的背景 B 下，有一种心理属性 M 和一种行为属性 R。M 有两个值（p、a），R 有两个值（p、a），其中 p 表示在场，a 表示缺席。如果 M 和 R 之间的关系满足下述两个条件，则它们之间具有因果相关性。

如果一个使 M=p 的干预在 B 中发生了，那么，R=p。

如果一个使 M=a 的干预在 B 中发生了，那么，R=a。

无论是在日常生活中，还是在心理学和社会科学的实验中，心理属性 M 和行为属性 R 都能满足上述两个条件。这一正一反两种情况表明了，心理属性和行为属性之间具有因果相关性。

二、心理解释相对于物理解释的优势

由于心理属性具有可多样实现性，一种心理属性具有多个物理实现者，因此，有很多人质疑：诉诸心理属性的宏观心理解释与诉诸物理属性的微观物理解释相比，不具有任何优势，因而可以被后者取代。伍德沃德的观点正好相反。在他看来，正是由于心理属性具有可多样实现性，因此心理解释具有物理解释不可比拟的优势。

第一，心理解释具有可获得性。伍德沃德没有直接论证这一点，而是采取了间接论证的方式。他以理想气体状态方程为例说明了宏观解释相对于微观解释的优点。宏观解释直接诉诸理想气体状态方程。微观解释要诉诸气体的行为。要搞清楚任意时间每一个分子的位置和动量几乎是不可能的。由此可以得出结论：对于解释一个特定的现象而言，微观解释既无可能，也无必要。对于行为的心理解释和物理解释（神经生理学解释）亦是如此。心理解释相对于物理解释而言更容易获得。

第二，心理解释包括更多的因果信息。伍德沃德以雅布罗的鸽子为例来说明这一点。伍德沃德以干预主义的因果理论说明，猩红色为什么不会和红色竞争与啄这种行为的因果相关性。

（1）猩红色目标的出现引起鸽子去啄。

（2）红色目标的出现引起鸽子去啄。[②]

① 钟磊，丁岳涛. 精致的排除性与精致的因果性. 清华西方哲学研究，2016，2(1)：121-143；钟磊，董心. 平行主义的复兴. 自然辩证法通讯，2017，39(1)：1-10.

② Woodward J. Mental causation and neural mechanisms//Hohwy J, Kallestrup J. Being Reduced: New Essays on Reduction, Explanation, and Causation. Oxford: Oxford University Press, 2008: 235.

如果干预主义的因果理论是正确的，那么，（1）和（2）这两个论断都是正确的。因为存在一种干预，比如，将这个物体着上非红色（如绿色），鸽子就不会去啄这个物体。

在此基础上，伍德沃德通过进一步分析，得出了（2）比（1）包含的因果信息更多。

（2*）目标是红色的与目标是非红色的之间的不同引起了鸽子啄与不啄的不同。①

（2*）表明了，即使目标不是猩红色的，而是红色的其他色度，鸽子也会去啄。要想鸽子对物体无动于衷，必须使目标是非红色的。但是，（1）没有传递类似的信息。

（1*）目标是猩红色的与目标是非猩红色的之间的不同引起了鸽子啄与不啄的不同。②

如果将（1）和（1*）理解为，如果目标不是猩红色的（但仍然是红色的，如深红色），鸽子就不会去啄，那么，（1）和（1*）就是错误的。无论这种理解有没有错误，至少我们可以由此得出结论，宏观解释比微观解释包含的因果信息更多。

第三，心理解释更稳定。行为和心理属性一样也具有可多样实现性。行为可由多种身体运动来实现，因而关于行为的心理解释比物理解释稳定。③

三、批判属性副现象论

在伍德沃德看来，对于行为，既可以诉诸心理属性进行解释，也可以诉诸物理属性来解释。根据干预主义的因果性理论，物理属性不会与心理属性竞争行为的因果相关性，更不会排除心理属性的因果相关性。在伍德沃德看来，心理属性的副现象论存在的原因有两个：一是一小部分人将随附关系看成一种因果关系④，二是大部分人以法则学的"充分性"来理解因果关系。

伍德沃德认为，因果关系不能用法则学上的充分性来判断，只能用干预主

---

① Woodward J. Mental causation and neural mechanisms//Hohwy J, Kallestrup J. Being Reduced: New Essays on Reduction, Explanation, and Causation. Oxford: Oxford University Press, 2008: 235.
② Woodward J. Mental causation and neural mechanisms//Hohwy J, Kallestrup J. Being Reduced: New Essays on Reduction, Explanation, and Causation. Oxford: Oxford University Press, 2008: 236.
③ Woodward J. Mental causation and neural mechanisms//Hohwy J, Kallestrup J. Being Reduced: New Essays on Reduction, Explanation, and Causation. Oxford: Oxford University Press, 2008: 236.
④ 塞尔认为物理属性对心理属性的关系既是随附关系也是因果关系。但是，他本人反对属性副现象论。

义的反事实条件句来判断。即使副现象论者改弦更张，坚持干预主义的因果理论，只要他们不放弃将随附关系理解为因果关系的观点，就不会得出任何结论。他们既得不出副现象论的结论，也得不出心理属性具有因果有效性的结论。不过，如果副现象论者放弃随附关系是一种因果关系的观点，他们利用干预主义的因果理论，只能得出一种结论，即心理属性具有因果相关性。

至于为什么随附性不是因果性，从伍德沃德的一贯主张来看，随附关系是一种共时性关系，而因果关系是一种历时性关系。伍德沃德在阐述干预主义的因果理论的过程中，只是对历时性的因果关系进行了分析，没有分析"共时性的"因果关系。由此可以推出，他可能否认存在共时性的因果关系，包括随附性。

伍德沃德不仅用干预主义的因果理论分析了副现象论存在的问题，还分析了先占论和过度决定论存在的问题。如果这三种观点是错误的，则金在权的因果排除论证就被解构了。[①]

四、干预主义的因果理论的"反例"？

干预主义的因果理论有其适用范围，不能用来分析整个宇宙的状态。有人质疑干预主义在其适用范围内也会存在几个反例。根据我们的分析，这些反例并不是真正的反例。

第一个反例被称为"开关问题"。有两辆同向并行的载货火车。在它们前面的主轨道上站着一个人。现在有一个控制开关。按下开关，左边的火车将驶入主轨道；不按开关，右边的火车驶入主轨道。只要这个人站在主轨道上，无论开关按与不按，都会撞上火车。

第二个反例被称为"自我取消问题"。有两个人在执行一项暗杀任务。其中长官负责发布命令，助手负责开枪。助手瞄准目标后，只有等待长官喊"开火"，才能开枪。现在长官喊"开火"，助手听到声音时，目标人物也听到了声音。因此，在助手开枪时，目标人物也瞬间躲了起来，逃过一劫。如果长官不喊"开火"，目标人物更不会中枪。

开关问题是将"火车撞人"这一事件类型当作事件个例。在这一事件类型之下实际上有两个事件个例，一个是主轨道上的人被左边的火车撞，另一个是主轨道上的人被右边的火车撞。这两个事件不是同一个事件。由此可以看出，

---

① Woodward J. Mental causation and neural mechanisms//Hohwy J, Kallestrup J. Being Reduced: New Essays on Reduction, Explanation, and Causation. Oxford: Oxford University Press, 2008: 259.

开关问题不是伍德沃德的理论的反例。自我取消问题仍然是将事件类型当作事件个例。[①]

在实际的溯因过程中，要找到一个事件的直接原因，可能要通过干预主义的操作，多次干预，多次筛选。

第五节 特普论的心理因果性理论

在随附性 / 排除难题上，金在权以牺牲心理属性的独特性为代价，通过将心理属性还原为物理属性，换来心理属性的因果有效性。这种顾此失彼的方法和结论让许多哲学家难以接受。在罗布（Robb）、海尔（Heil）、埃林（Ehring）等特普论者看来，因果排除论证将人们置于如此尴尬的境地，即要么接受关于属性的副现象论，要么接受关于心理属性的还原论，是因为金在权没有从形而上学的角度正确区分属性的两种不同类别：一是作为抽象的共相的类型属性；二是作为抽象的殊相的特普属性。在特普论者看来，心理类型不同于物理类型，因而心理属性具有独特性，心理特普同一于物理特普，因而心理属性也具有因果有效性。

一、特普范畴

特普这一概念由威廉姆斯（Williams）在《存在的要素》中正式提出。威廉姆斯提出特普概念主要是为了解决形而上学的"多上之一"（the one over many）问题。

（一）特普论的缘起

"多上之一"问题就是不同的事物如何具有一个相同的事物。例如，两根香蕉都是黄色的。共相实在论者给出了直接回答：不同的事物之所以具有一个相同的事物，是因为存在一个相同的事物即共相。如果真的存在共相这种事物，那么这种事物存在于哪里？是在例示了它的事物之外独立存在的，还是存在于例示了它的事物之中？

柏拉图式的实在论主张，共相不依赖于任何例示了它们的事物而独立存在，

---

① 初维峰 . 因果关系的操控理论与因果多元主义 . 自然辩证法通讯，2016，38(2)：28-34.

"一"在"多"之"上"。柏拉图式的实在论这样看待共相可能是受到了几何学的启发。例如，正六十面体的存在不依赖于任何人实际上做出这类物体。由于共相独立于它们的例子而独立存在，不具有空间与时间的特性，因而是无法被知觉到的必然存在的事物。柏拉图的学生亚里士多德反对这种外在实在论（即超越的实在论）的观点。部分的理由是他提出的"第三人论证"。例如，张三是人，李四也是人。张三和李四都是人是因为他们分享了"人"这个共相。根据柏拉图式的实在论，共相"人"不依赖于张三和李四这两个个体人，而且是在他们之外独立自存的。亚里士多德认为，如果张三和李四等具体的个人和这个抽象的共相"人"都是人的话，那么，一定是这个抽象的共相"人"和其他两个具体的个人分享了在它们之外的第二个共相"人"。如果第二个共相"人"和第一个共相"人"以及其他具体的个人都是人的话，那么，一定是它们分享了第三个共相"人"。我们可以这样依次类推，以至无穷。

亚里士多德式的实在论者主张，共相存在于例示了它们的事物之中，无法独立于它们的例子而存在。亚里士多德把"多之上一"的问题变为"多中之一"的问题。亚里士多德式的实在论者这样看待共相可能是受到了生物学的启发。例如，只有地球上出现过龙这样的动物，我们才能说某个动物具有"是一条龙"这一性质。对于亚里士多德式的实在论者而言，共相的例子大多数具有时间和空间特性，共相的时空特性就是例示它的事物的时空特性。共相是可以被知觉到的。共相依赖于例示它的事物，因而是偶然的存在物。这样的实在论就是"内在实在论"。

即使像内在实在论者所主张的那样，共相存在于事物之中，人们仍然需要解决另外一个问题，即"多中之一"的问题。既然某"一"个特定的共相是存在于例示它的事物之中的，那么这一个共相怎么可能同时存在于例示它的"多"个不同的事物之中呢？例如，同一个人怎么可能同时存在于不同的房间之中？这就是特普论要解决的核心问题。

（二）特普、共相与殊相

特普是一个形而上学的新范畴。与它相关的两个范畴是共相和殊相。在粗略地说明共相与殊相之后，我们再来阐述一下特普。

根据一般的理解，殊相就是具体的个体事物。例如，桌子上有两根香蕉，即香蕉Ⅰ和香蕉Ⅱ。这两根不同的香蕉就是两个不同的殊相。殊相不可能同时整个地占据两个不同的位置，因而不可能同时具有两个不同的例示。共相是不同的殊相分享的共同的属性。比如，这两根香蕉都是黄色的。黄色是两根香蕉共同具有的属性。黄色就是共相。共相可能同时具有两个不同的例示，因而可能同时整个地占据两个不同的位置。

当人们说这两根香蕉具有"相同的"黄色时，"相同"的意思是接近于"两个士兵穿着相同的制服"中的"相同"的意思，还是接近于"两个孩子有相同的父亲"中的"相同"的意思呢？答案应该是前者。两个士兵穿着的制服是两件制服，不是一件制服。两个孩子的父亲是一个人，不是两个人。从数目上讲，前者是二，后者是一。从严格的意义上讲，相同或同一只能是一，不能是二。这就是亚里士多德所说的数目上的严格的同一性。香蕉Ⅰ的黄色和香蕉Ⅱ的黄色不具有严格的同一性。从哲学的角度讲，严格的同一性的一个必要条件是必须占据相同的时空区域，但它们为不同的香蕉所具有，占据不同的时空区域。从常识的角度讲，两根香蕉的黄色色调不可能完全相同。两根香蕉具有的黄色是相似的，而不是严格同一的。

根据上述分析，香蕉Ⅰ的黄色和香蕉Ⅱ的黄色是不同的，因而这两根香蕉的黄色不是一个抽象的共相。香蕉Ⅰ的黄色和香蕉Ⅱ的黄色显然也不同于两根香蕉本身，因而也不是具体的殊相。特普论创造了一个新的形而上学范畴即特普来指称它们。如果人们根据传统观点认为属性是抽象的，事物是殊相，那么，就可以将作为抽象的殊相的特普理解为"事物的属性"。"抽象的"指"部分的、不完备或不完全的"。[①]"殊相"指不可分享的占据时空区域的实在。如果说共相就是属性，事物就是殊相，那么，特普就是"事物的属性"。由于特普是殊相，每一个特普在世界上都是独一无二的，因此对特普的描述必须用限定摹状词。殊相、共相和特普之间的关系如表6.1所示。

表6.1 殊相、共相和特普之间的关系

实在		范畴	举例
属性	类型	抽象的共相	黄色
	特普	抽象的殊相	香蕉Ⅰ的黄色 香蕉Ⅱ的黄色
事物		具体的殊相	香蕉Ⅰ 香蕉Ⅱ

以"抽象的殊相"和"事物的属性"来理解特普只是便宜之计，只是为了方便将特普与共相和殊相区别开来。但这与威廉姆斯的本意正好相反。他的本

---

① Williams D. On the elements of being. Review of Metaphysics, 1953, 7(1): 3-18.

意是将特普作为一个唯一的基础范畴来理解共相和殊相。

在威廉姆斯看来，整个世界是由特普构成的。各种特普通过它们之间的位置关系和相似关系构成了这个世界。[①] 所谓位置关系就是一个特普和另一个特普的相对位置关系，如果两个特普占据着同一个位置或者相同的时空区域，那么，它们就是共现关系。殊相就是共现的诸特普之和。一个具体的事物就是具有共现关系的诸特普构成的整体，类似于部分构成整体一样。所谓相似关系就是一个特普和另一个特普之间的相似性。例如，香蕉 I 的黄色和香蕉 II 的黄色虽然不具有数目上的同一性，但它们极其相似。共相就是相似的诸特普构成的类，就像元素构成集合一样。由极其相似的诸黄色构成的集合就是类，也就是我们传统意义上讲的共相。极其相似的诸特普之间并不具有一个相同的"本质"，具有的是"家族相似性"。就传统而言，位置关系是一种内在关系，而相似关系是一种外在关系。威廉姆斯的看法正好相反。[②]

威廉姆斯关于特普的一范畴（one-category）理论由特普论、关于具体殊相的束理论和关于共相的相似类理论构成，包括以下五个基本观点：①世界是由各种特普以及它们之间的关联构成的；②特普是"抽象的殊相"；③诸特普之间的关联方式有两种——外在偶然的共现关系和内在必然的相似关系；④殊相就是具有共现关系的诸特普之和；⑤共相就是具有精确相似的诸特普之集（合）或类。[③]

如何用特普论来回答前面提到的那个问题呢？前面提到的问题是：既然某个特定的共相是存在于例示它的事物之中的，那么这个共相怎么可能同时存在于例示它的不同事物之中呢？在共相问题上，特普论持唯名论的观点。共相不是真实存在的。它与特普之间的关系类似于集合与元素之间的关系。诸特普由于具有某种相似性从而可以作为元素构成一个作为集合的类。因此，它把"多中之一"的问题转化为"多"中有"多"的问题，对于上述问题的回答是：①存在于多事物之中的是多特普；②多特普因具有极其相似性而归入同一个类，这个类起到了共相所起的作用；③共相是不存在的，不能存在于例示它的事物之中。[④]

---

① Williams D. On the elements of being. Review of Metaphysics, 1953, 7(1): 3-18.

② Williams D. On the elements of being. Review of Metaphysics, 1953, 7(1): 3-18. 例如，子代的长相和父代的长相相似，这种相似不是由于外在的表面的原因，而是由于内在的基因原因。相不相似从根本上说是由两者内在的基因决定的，因而相似性不是一种外在的关系，而是一种内在的关系。

③ Williams D. On the elements of being. Review of Metaphysics, 1953, 7(1): 3-18.

④ 特普论不仅要解决共相问题，还要解决洛克的实体问题。在特普论看来，事物不是由实体支撑属性构成的，而是特普的束，就是诸特普捆绑在一起。

二、特普论论心理因果性

罗布、海尔、埃林和纳内等将威廉姆斯的特普论运用到心灵哲学中来，以期解决金在权提出的随附性 / 排除论证。以特普论透视这一论证，就会发现，在这一论证的前提中反复出现的"属性"的意义是不明确的：是作为类型的属性，还是作为特普的属性，并没有说清楚。

（一）特普论重释随附性/排除论证的五个原则

（1）心理因果有效性原则：心理特普（有时）与物理事件因果相关。

（2）心理事物的独特性原则：心理类型不同于物理类型。

（3）物理因果闭合性原则：每一个物理事件在其因果历史中只有物理事件和物理特普作为其原因。

（4）心物随附性原则：心理类型非对称地依赖于物理类型。

（5）因果排除原则：一个特普被例示了在因果上对于一个事件来说是充分的，那么，任何不同于这个特普的特普在因果上不会与结果事件相关。

（二）特普同一论对随附性/排除难题的解答

特普论在心理事件和心理属性之间增加了一个心理特普，在物理事件和物理属性之间增加了一个物理特普。基于此，特普论提出了以下四点主张。

第一，每一个心理特普同一于一个物理特普。例如，人的疼痛同一于人的 C 神经纤维的激活。

第二，具有极其相似性的诸心理特普形成了一个心理类型。例如，人的疼痛、章鱼的疼痛和火星人的疼痛虽然不具有严格的同一性，但具有极其相似性，因而可以形成一个类型，即疼痛类型。

第三，诸物理特普不具有极其相似性，不能形成一个物理类型，而是形成不同的物理类型。例如，人的神经状态、章鱼的神经状态和火星人的电化学状态彼此之间不具有极其相似性，形成不了一个类型，而是形成了三个不同的类型。

第四，每一个心理事件都同一于一个物理事件。事件是具体的殊相，由特普构成。既然心理特普同一于物理特普，由心理特普构成的心理事件就同一于由物理特普构成的物理事件。

从特普论的基本主张看，心理类型、心理特普、物理类型、物理特普之间的关系如图 6.2。

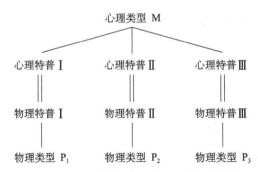

图 6.2 心理类型、心理特普、物理类型、物理特普之间的关系

基于特普论的独特主张和对因果排除原则的重新解释，随附性／排除论证的五个原则不仅都能成立，而且是彼此相容的。第一，由于心理特普同一于物理特普，心理特普就继承了物理特普的因果力，因此，心理特普与物理事件的发生具有因果相关性。第二，心理／物理特普因彼此之间的相似性形成了一个心理类型，因彼此之间的差别从属于不同的物理类型，因此，心理类型不同于物理类型。第三，所有的心理特普都是物理特普，没有违反物理因果闭合性原则。第四，心理类型随附于物理类型。第五，由于心理特普同一于物理特普，因此因果排除原则不能排除心理特普的因果有效性。

特普论的心理因果性理论的基本主张有：①心理事件因同一于物理事件而具有因果有效性；②心理特普因同一于物理特普而具有因果相关性；③心理类型不具有任何因果地位。[①]

既然不同的心理特普具有极其相似性，而每一个心理特普都同一于一个物理特普，那么，为什么不同的物理特普之间不具有极其相似性呢？

特普论者在这一重要问题上基本上都采取了阿姆斯特朗的分析功能主义策略。[②]特普论者认可的功能主义是阿姆斯特朗式的分析功能主义，而不是以福多为代表的功能主义，前者主张心理属性是能发挥因果作用的一阶属性，后者主张心理属性是一阶属性所发挥的二阶因果功能属性。

这里要处理的关键问题实际上是心理特普何以同一于物理特普。我们在这里是像戴维森一样先把这个问题转化成一个语言学问题，从语言学的角度来分析。对于同一个本体论上的特普，我们可以采取多种语言描述，既可以用心理语词来描述，也可以用因果作用语词来描述，还可以用物理语词来描述。换言之，同一

① Robb D. The properties of mental causation. The Philosophical Quarterly, 1997, 47(187): 178-194.

② Robb D. The properties of mental causation. The Philosophical Quarterly, 1997, 47(187): 178-194; Heil J, Robb D. Mental properties. American Philosophical Quarterly, 2003, 40(3): 175-196.

个特普可有三个限定摹状词。一般而言，由因果作用语词构成的限定摹状词比由心理语词构成的限定摹状词要啰嗦，因此，由于实用的目的，由心理语词构成的限定摹状词有存在的必要性。又由于有相同的指称，可以把由心理语词构成的限定摹状词当作由因果作用语词构成的限定摹状词的缩略语或简称。

特普Ⅰ、特普Ⅱ和特普Ⅲ，用心理语词描述，就成了心理特普Ⅰ、心理特普Ⅱ和心理特普Ⅲ，又由于它们在因果功能方面是相似的，因而形成了一个心理类型。如果上述的特普Ⅰ、特普Ⅱ和特普Ⅲ用物理语词描述，就成了物理特普Ⅰ、物理特普Ⅱ和物理特普Ⅲ，又由于它们是从物理结构方面来描述的，彼此之间的差异性就凸显出来，因而不能形成一个物理类型，而只能从属于三个不同的物理类型。

三、特普同一论的反对意见及回应

罗布的特普同一论引起了许多哲学家的兴趣，也引发了广泛的讨论。对于特普同一论，质疑者提出了三方面的意见：一是心理特普是副现象；二是罗布赋予了那些不具有因果相关性的特普以因果地位；三是心理类型是副现象。对于前两个方面的质疑，罗布都作出了回应。至于最后一种质疑，罗布无法回答，而且他还坦承，无论是心理类型还是物理类型，都是副现象。埃林发展了一种新的特普论。这种新的特普论据称能解决心理类型和物理类型的因果有效性问题。

（一）心理特普副现象论

正如戴维森的心理／物理事件同一论会导致心理属性副现象论，有反对者责难，心理／物理特普同一论会导致心理特普副现象论。

戴维森的异常一元论将心理事件同一于物理事件，从而赋予了心理事件以因果有效性。但是，异常一元论以心理异常性理论承认了心理属性的独特性，反对将心理属性还原为物理属性。这给心理属性副现象论创造了机会。既然心理事件同一于物理事件从而具有因果有效性，那么，这个既是心理事件又是物理事件的事件能够引起行为事件，是由于它作为心理事件，还是由于它作为物理事件？换言之，与原因事件引起结果事件因果相关的，是原因事件的心理属性，还是物理属性？顺着相同的逻辑，心理特普副现象论可能会遭到相同的质疑。心理事件能够引起行为事件是由于心理事件具有某个特定的特普。问题是：心理事件引起行为事件是由于心理事件所具有的特普是心理特普，还是物理特普？根据特普论版本的物理因果闭合性原则，相关的是物理特普，而不是心理特普。心理特普是副现象。

在罗布看来，特普一元论的反对者犯了范畴错误。针对戴维森异常一元论的心理属性副现象论，在个体（或殊相）的本体论地位上，反对者持一个传统的观点，即个体就是实体（substance）加属性。因而任何个例事件都有许许多多的属性。即使戴维森将心理事件同一于物理事件从而赋予心理事件以因果地位，但是这个既是心理事件又是物理事件的事件有许许多多的属性，而心理属性像心理事件同一于物理事件那样同一于物理属性，因而心理属性的因果地位就是可疑的。但是，特普论并不会存在这种问题。基于特普论，特普是唯一的基础的本体论范畴，个体只不过是具有共现关系的诸特普之总和。由于特普在本体论上的基础性，因而不能对特普再进一步追问它因何而具有因果力。在心理因果性问题上，那个既是心理特普又是物理特普的特普本身就具有因果相关性，它具有因果相关性不是由于它作为心理特普，也不是由于它作为物理特普。

（二）因果特普"泛滥论"

特普论的第二种反对意见是由雅布罗提出的。他宣称，在特普论之下，那些没有因果相关性的特普也会被认定为因果特普。笔者将这种质疑称为因果特普"泛滥论"。

雅布罗宣称，如果将特普而不是类型当作因果关系中的属性，就会使太多的属性成为因果相关的属性。[1] 反对者据此认为因果相关的不是特普而是类型。

在罗布看来，解决这一问题的最佳方式并不是使类型成为因果相关的属性。根据特普唯名论，类型只不过是相似的特普的类，因而很难理解一个类如何可能与一个结果的产生因果相关。人们之所以会认为类型具有因果相关性，大概是因为人们普遍认为：（a）因果关系要求涵盖律；（b）基于关于规律的属性理论，规律是类型之间的关系；（c）根据（a）和（b），类型就是因果属性。在罗布看来，（c）不能从（a）和（b）中推导出来。或许我们只能从（a）和（b）中推出类型与因果属性有某种重要关系，但是这种重要关系不一定就是同一关系。因为根据特普论，属性有类型和特普两种。属性和类型之间是包含关系，而不是同一关系。因果相关性是特普专有的。

（三）类型副现象论

罗布式的特普论明确承认了心理事件和心理特普具有因果有效性，而心理

---

[1] Yablo S. Mental causation//Chalmers D. Philosophy of Mind: Classical and Contemporary Readings. New York: Oxford University Press, 2002.

类型是副现象。埃林受到雅布罗提出的"确定项不排除可确定项的因果相关性"这一观点的启发，通过对这一观点的特普论改造，证明心理类型也具有因果相关性。

雅布罗从逻辑学的角度提出了一种新的关系：确定项与可确定项之间的关系。例如，红色是可确定项，猩红、深红、粉红都是确定项。一个事物是这三个确定项中的一种颜色，它必然是红色的。但是，从常识的角度和从逻辑学的角度讲，如果一个事物是猩红的、深红的、粉红的或任何其他的红色子类，就会触发探测器，那么，我们就会说，这个探测器是红色探测器。红色的所有子类都是因果相关的，红色也就是因果相关的。反过来说也是一样。一个红色探测器被触发了，一定是有红色子类的事件出现了。这个例子不仅说明了类型具有因果相关性，还说明了子类不会排除父类的因果相关性。

根据特普唯名论，类型只不过是具有极其相似性的诸特普的类或集合。这里作为可确定项的红色和作为确定项的猩红、深红和粉红都是类型，而不是特普，因为它们可以在不同的事物上例示，而特普是独一无二的，只能在一个事物上例示。用特普论的语言表达就是：①所有子类（型）的特普具有因果相关性，子类就具有因果相关性；②所有的子类具有因果相关性，父类也具有因果相关性。埃林认为类型之间的这种子类和父类之间的关系就是类型之间的部分和整体之间的关系。他给出的理由是刘易斯式的：①它与日常用法一致；②子类和父类之间的关系与部分和整体之间关系在形式上是相似的。[①] 埃林主张，金在权式的类型排除问题在具有部分和整体关系的诸类型之间是不存在的。

在埃林看来，物理类型与心理类型之间的关系就是子类和父类的关系或部分和整体的关系。心理类型、物理类型、心理特普、物理特普之间的关系如图6.3 所示。

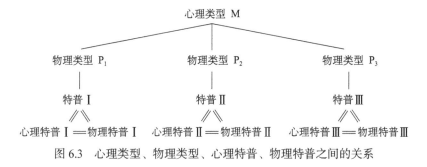

图 6.3　心理类型、物理类型、心理特普、物理特普之间的关系

---

① Ehring D. Part-whole physicalism and mental causation. Synthese, 2003, 136(3): 359-388.

从图 6.3 中我们至少可以看出三点：①心理特普同一于物理特普；②每一个物理类型中的每个特普都是心理类型中的一个特普，因而每个物理类型都是心理类型的一个子类；③心理类型不同于物理类型。

作为子类的物理类型会不会排除作为父类的心理类型的因果相关性呢？埃林认为，要回答这个问题，首先要回答因果相关性是由什么决定的。他借用了威尔逊（Wilson）的观点，即类型的因果相关性是由类型之中的个体的因果力决定的。①也就是说，心理类型的因果力从数目上讲同一于物理类型的因果力，则心理类型与物理类型分享相同的相关性。

但是，心理类型的因果力是心理特普的因果力因具有极其相似性而形成的一个类或集合，而作为其子类型的各物理类型中的（同一于心理特普的）物理特普不具有同一性。这就造成了心理类型的因果力作为一个集合与诸物理类型的因果力作为元素之间的张力。因而，心理类型的因果力不同一于诸物理类型的因果力。

埃林解决这一问题的方式类似于金在权的功能还原论。尽管整体的或普遍的还原不存在，但局部的基于物种的类型层面的还原还是存在的。在某一个特定的时刻，某一个物理类型中的特普出现了，其他的物理类型中的特普没有出现，这个物理类型中的特普在那个特定的时刻就是这个物理类型所从属的心理类型中唯一出现的心理特普。由于物理特普在本体论上同一于心理特普，因此，在那个特定的时刻，物理类型的因果相关性由这个物理特普决定，同理，心理类型的因果相关性由这个既是心理特普又是物理特普的特普决定，此时，物理类型中的特普的因果力和心理类型中的特普的因果力从数目上讲是同一的。心理类型据此和物理类型共享了完全同一的因果相关性。这里不存在类型排除问题。

第六节　构成物理主义的心理因果性理论②

"意识的原因作用如何可能"成为心理因果性理论研究的对象，是自然科学和常识冲突的结果。一种行为产生了，自然科学发现的只能是客观的生理原因，

① Wilson J. How superduper does a physicalist supervenience need to be? The Philosophical Quarterly, 1999, (194): 33-52.
② 张卫国. 物质构成：心理因果性理论研究的新范畴——基于金在权的"因果排除论证"的再思考. 科学技术哲学研究, 2016, (5): 36-41.

而常识给出的却是主观的心理原因。这就迫使我们从心灵哲学上反思：同一种行为的生理原因和心理原因是什么关系？是相同的，还是不同的？要是选择前者，就会陷入"庸俗的"同一论；要是选取后者，似乎又会沦为某种形式的二元论，从而导致副现象论。心灵哲学家在心理因果性上陷入的这种两难困境，在当代突出地表现为心理"属性"的独特性与因果性之间的矛盾，即心理属性要是不同于实现它的生理属性，其原因作用就会被后者先占或取代。金在权提出的随附性／排除论证表明，这一难题在非还原的物理主义框架内是无解的。由于这一论证逻辑严密，摧毁性强，现已成为心灵哲学普遍关注的难点问题。然而形而上学中的物质构成范畴是一种介于同一与二元之间的"非同一的统一"关系，将其引入心灵哲学中，能够在非还原的物理主义的框架内，有效地化解心理属性的独特性与因果性之间的矛盾，多方位地解构随附性／排除论证，从而推动心灵哲学向新的形态发展。

一、随附性／排除论证与物质构成范畴的契合性

唯物主义心灵哲学家，几乎都倾向于信奉非还原的物理主义，一方面是由于其中的"非还原"部分能维护我们关于心灵具有独特性的常识信念；另一方面是由于其中的"物理主义"部分能以一种与自然科学相容的方式来说明意识的作用机制问题。但金在权认为，常识和科学在心理因果性问题上不能融通，他为此提出了随附性／排除论证，采用归谬法，企图说服人们放弃反还原论的立场，向还原的物理主义回归。

随附性／排除论证从非还原的物理主义的基本前提出发，最终陷入了一种两难选择的局面：如果心理属性不同一于物理属性，心理属性就是不能发挥原因作用的副现象；如果心理属性同一于物理属性，非还原的物理主义就是一种不切实际的目标。为了维护心理属性的原因地位，金在权选择了后者，先将心理属性同一于物理属性，再根据他的因果继承原则，将高层次属性所例示的因果力的个例同一于微观物理因果力的个例，从而使得心理属性继承物理属性的因果有效性。

国内外心灵哲学家为彻底摆脱这种两难困境，已做出了很多努力，但仍然没有取得被普遍认可的成绩。我们或许可以跳出心灵哲学的范围，从其他的哲学部门中，寻找新的范畴以扭转态势。在形而上学中，我们找到了物质构成范畴。诉诸构成范畴来解决这一问题，主要是出于以下两个方面的考量。

一方面，构成范畴所要解决的形而上学问题与心理因果性问题有相同的逻

辑归宿。形而上学哲学家对构成范畴的研究，源于对如下问题的思考：存在于一块陶土和由其制成的泥像之间、一个人的身体和其本人之间的是什么关系？他们都承认前者构成了后者。然而构成又是什么呢？其中一部分哲学家认为，不同的物质对象不可能在相同的时间占据相同的空间位置，因而构成就是同一；另外一部分哲学家则持相反的意见，因为存在构成关系的两个对象在许多方面似有不同，因而是两个相互分离且彼此独立的实在。以贝克（Baker）为主要代表的形而上学构成论者认为，围绕构成问题的许多争论本质上源于如下的二分法，即对于任何像整块陶土和由它制成的那个泥像关联起来的 x 和 y，要么 x 同一于 y，要么 x 和 y 是两个分离的彼此独立的不同实在。[1] 由此可见，形而上学哲学家在这一问题上面临着一个实质相同的两难困境，即哲学的逻辑结论不是同一论就是二元论。

另一方面，当代唯物主义心灵哲学家和形而上学构成论者有着共同的哲学旨趣：走一条介于同一论和二元论的中间路线或第三条道路，即都坚持和向往非还原的物理主义。[2] 形而上学构成论者反对任何形式的同一论，不仅反对类型同一论，还反对被人们寄予厚望的个例同一论，如功能主义、戴维森和现象概念策略者坚持的"本体上的同一论和概念上的二元论"的弱还原主义。构成论是一种本体论上的非还原的物理主义。

此外，构成范畴现已成为形而上学研究的热点问题，对它的研究已向纵深发展。国外比较著名的哲学刊物近年来刊发了对构成范畴进行探讨的哲学论文，特别是《一元论者》（The Monist）2013 年第 1 期的主题就是"构成和组成"，将对构成范畴的研究从常识领域延伸到数学和科技领域。这些在客观上要求我们尽快转化吸收构成范畴的相关理论成果，为解决心理因果性问题寻找新的出路。不过，我们也不能忽视心理因果性理论与构成论在研究对象上的不同。物质构成范畴讨论的是两个具体的个例（或对象）之间的关系，而心理因果性问题关注的是作为原因的两种"属性"之间的关系。不过，一旦我们将"个例"理解为"属性的例示"，它们在研究对象上的不同就可以融通。

二、物质构成范畴

我们要诉诸形而上学中的构成范畴来解决心理因果性问题，必须先要了解

---

[1] Baker L. Unity without identity: a new look at material constitution. Midwest Studies in Philosophy, 1999, 23(1): 144-165.

[2] Baker L. Unity without identity: a new look at material constitution. Midwest Studies in Philosophy, 1999, 23(1): 144-165; Johansson I. Constitution as a relation within mathematics. The Monist, 2013, 96(1): 87-100.

形而上学中的物质构成是什么以及有什么特征等问题。以赞格威尔（Zangwill）为代表的哲学家建议我们在这些问题上应持原始主义的立场，即只管将构成范畴当作原始的解释项来使用，没有必要以其他的语词对它做进一步的分析。^①但是，由于哲学的不断追问的自然倾向，通过对构成关系的诸实例进行反思和分析，哲学家认为构成范畴具有以下四个方面的特征。对于其中的每一个特征，我们认为都蕴含了重要的心灵哲学意义，因而为人们将其引入心灵哲学中提供了可能性根据。

第一，空间上的重合性。如果 x 构成 y，那么 x 和 y 在空间上是重合的，即它们在相同的时间占据相同的空间位置。如泥像的位置就是构成它的陶土所在的位置，一个人与其身体在空间位置上是重合的。

"空间重合"概念对于我们解决麦金（McGinn）所说的"意识的空间性难题"有重要的借鉴价值。唯物主义哲学家通常把是否具有空间性或广延性当作判定一个事物存在与否的标准，一个事物只有占据了一定的空间才具有本体论地位。根据这种标准，意识要在世界中存在就必须具有空间性，但在人的知觉和行动的空间中却又找不到意识的位置。对于这一难题，构成论者给我们指出了一条可能的破解途径，即如果心理属性的例示与生物学属性的例示（即身体）之间存在构成关系，我们就不用在身体所在的空间位置之外去寻找心灵的空间位置。

基于普特南和伯奇的外在主义思想实验，一些哲学家可能会对这种建议嗤之以鼻。在他们看来，一个人的心理状态的内容或意义是由他与其周围的事物所处的复杂的环境-社会-历史关系决定的，"心灵不在身体之中"。在我们看来，这种疑虑是把意识的空间位置问题和意识的本质问题混为一谈。尽管心灵的本质是由人的关系属性决定的，但并不意味着心灵就不在身体之中。例如，决定钱包里的一张纸是五元人民币的因素，是中国的法律和社会历史，尽管它们全部位于钱包之外，但不意味着钱不在钱包之中。只要我们确定意识的空间位置，意识的空间性难题，以及与之相关的心理内容的外在性与形而上学因果关系的局域性之间的矛盾，就可以化解。

第二，非同一性。如果 x 构成 y，那么 x 不同一于 y。那尊泥像不同于那块陶土，一个人也不同于其身体。

构成范畴作为一种不可取代的形而上学范畴，就在于"构成不是同一"。^②

---

① Zangwill N. Constitution and causation. Metaphysica, 2012, 13(1): 1-6.

② Baker L. Why constitution is not identity. The Journal of Philosophy, 1997, 94(12): 599-621；Johnston M. Constitution is not identity. Mind, 1992, 101(401): 89-105.

陶土与泥像的不同表现在许多方面。其一，它们具有不同的时间属性：先有陶土，而后才有被艺术家捏成的泥像。其二，它们具有不同的持存条件：泥像如果被捏扁，就不复存在了，而那块陶土如果被捏扁了，依然存在。其三，它们属于不同的类型：那块陶土仅仅是一块陶土，而泥像则是尊塑像，具有完全不同的本质属性。其四，它们具有不同的非范畴（模态）属性：它们有不同的过去和未来，也有不同的可能状态和必然状态。既然陶土与泥像有许多不同的方面，根据莱布尼茨不可分辨事物的同一性原则，陶土和泥像就不是同一的。

当代唯物主义心灵哲学家除了要解决自己所发现的心理因果性难题，还要回应基于克里普克原则的新二元论的质疑。这种新二元论主要针对的是基于同一论的物理主义，尤其是其中的个例物理主义，即将心理事件个例同一于物理事件个例。根据克里普克原则，两个对象如果从数目上讲是同一的，就必然是同一的。心理事件个例有可能不同一于物理事件个例，因而个例物理主义是错误的。

但是，如果人的心灵与其身体之间的关系，正如构成论者所认为的那样，是构成关系，而不是同一关系，那么，以克里普克原则为基础的新二元论，对物理主义尤其对其中的个例同一论的批判，就不会真正地危及物理主义。

第三，非对称的依赖性。如果 x 构成 y，则 y 就不可能反过来构成 x，即构成关系是一种非对称关系。非对称的直觉一般是基于单向的存在依赖关系，也就是说，x 被抽走了（且没有功能上相同的东西替补上），那么 y 就不存在了，但如果 y 被抽走了，x 还存在。[①] 如前所述，在心灵哲学中广泛使用的随附性范畴也是一种非对称的依赖关系。这就使得构成范畴能迅速融入围绕随附性范畴构建的心灵哲学话语体系中。但值得注意的是，我们不能泛泛地谈论二者之间的关系，因为根据金在权的阐述，随附性有弱随附性、强随附性和全体随附性三种不同的形式，因而应分别探讨。

第四，统一性。如果 x 构成 y，那么 x 和 y 共享所有的范畴属性。不仅 y 能从 x 那里自下而上地"派生"一些属性，如泥像具有陶土所具有的大小、重量、颜色、气味等，x 也能从 y 那里自上而下地派生一些属性，陶土在当前（构成那尊泥像的）条件下具有高附加的艺术价值。双向派生观说明了，构成关系与同一关系一样，也是一种非常紧密的关系。

如果心理属性的例示与物理属性的例示具有构成关系，那么，两个例示尽管不是同一的，却是统一的。心理属性的例示具有物理属性的例示所具有的属性，

① Johansson I. Constitution as a relation within mathematics. The Monist, 2013, 96(1): 87-100.

如空间性和广延性；物理属性的例示也具有心理属性的例示所具有的属性，如能够思维和具有意识。它们之间的不同就仅在于，两者的本质属性和偶然属性互换，前者的本质属性是后者的偶然属性，后者的本质属性是前者的偶然属性。

从以上分析中我们可以看出，构成关系是一种"非同一的统一"关系，即介于同一关系与二元关系之间的一种中间关系。这种范畴有助于我们理解作为原因的心理属性与实现它的物理属性之间的纠结关系：说心理属性不同于物理属性，是因为心理属性的例示不同一于物理属性的例示；说心理属性与物理属性不是二元分离的，是因为心理属性的例示与物理属性的例示之间具有构成关系，而构成关系是一种统一的关系。贝克说：就任何属性例示要么同一于微观物理属性例示要么最终由其构成这一点来说，所有的属性例示都是物理的。因此所有的意向属性都是物理属性。① 就此而言，坚持心理属性的例示不同于物理属性的例示，不会使我们陷入任何形式的二元论。

三、构成物理主义对随附性／排除论证的解构

以构成范畴为基础的物理主义即构成物理主义，不仅能继承形而上学构成论的种种优势，还能够充分挖掘其中蕴含的种种资源，在非还原的物理主义框架内，解构金在权的随附性／排除难题。据此克兰（Crane）说：构成物理主义是物理主义的正统形式。②

在构成物理主义看来，金在权随附性／排除论证反驳的论题，在论证过程中使用的心身随附性原则，以及解决随附性／排除难题的因果继承原则都存在致命弱点。

首先，随附性／排除论证的论题只针对个例同一论。金在权宣称，他的随附性／排除论证对一切非还原的物理主义皆有效，但是在实际的论证过程中，只能针对其中的个例同一论形态，对构成物理主义则是无效的。

在金在权看来，"物理主义一元论"论题，即"所有具体的殊相都是物理的"，是非还原的物理主义的一个核心原则。③ 构成物理主义认为心理属性的例示不同于物理属性的例示。这不仅使类型副现象论丧失了产生的前提条件，也使得随附性／排除论证失去了批判的对象。

① Baker L. The Metaphysics of Everyday Life: an Essay in Practical Realism. New York: Cambridge University Press, 2007: 117-118.

② Crane T. The mental causation debate. Proceedings of the Aristotelian Society, 1995, 69: 211-236.

③ Kim J. The non-reductivist's trouble with mental causation//Heil J, Mele A. Mental Causation. Oxford: Oxford University Press, 1993: 203.

其次，心身随附性原则是一条成问题的论证原则。在金在权看来，随附性推衍了，个人内在的生理学属性"（至少）在法则学上充分地决定"他的心理属性。[①]这就意味着，在心理事件个体化的问题上，金在权同福多一样坚持的是一种彻底的内在主义，即心理事件局域地随附于构成它的身体事件。但在构成物理主义者看来，心身之间尽管有依赖与被依赖的关系，却没有任何对应关系，更谈不上决定与被决定的关系。

一方面，由普特南和伯奇的外在主义论证可知，同一个物理事件在不同的环境下可以构成不同的心理事件。构成物理主义者也有相似的观点。被构成事物的本质是由它与外在环境之间的关系决定的，而不是由构成它的事物单独地决定的，因而同一个对象在不同的环境下，具有的本质也不同。

另一方面，同一个心理事件可由不同的物理事件构成。这一点可以由构成物理主义者发现的个例的"可多样构成性"来说明。心理事件个例从模态上讲不同于构成它的神经生理事件个例，它完全可能由另外一个只在个别神经通道上有不同的神经生理事件构成。

既然心理属性和生理属性没有对应关系，它们之间也就没有随附关系。构成物理主义者虽然反对心身之间的随附关系，但却承认心灵与身体和环境之间存在全体随附关系。贝克说：尽管构成关系本身不是随附关系，但是构成关系与全局或近似于全局的随附性相容。[②]既然心理事件不随附于构成它的身体事件，那么随附性／排除论证使用的心身随附性原则就是错误的。

最后，因果继承原则是错误的解决方案。金在权为解决随附性／排除难题所提出的因果继承原则仍然是以同一论为基础的：先将心理属性同一于物理属性，再将心理属性例示的因果力同一于物理属性例示的因果力。

尽管这种方案是错误的，但它却为说明心理属性具有因果有效性指明了方向，即如果证明心理属性的例示有不同于身体属性的例示的因果力，那么，心理属性就具有独特的因果有效性。构成主义者主张，被构成者的因果力在它的构成者的因果力"之外和之上"，如举手投票的因果力之于构成它的手臂运动的因果力。在佩里布姆（Pereboom）看来，如果属性例示的构成者发生了变化，而它仍有相同的结果，那么，它有独立的因果有效性。他说：如果实现同一个心理个例的诸物理个例之间可能是不同的，那么，它的各微观物理个例的因果

① Kim J. Physicalism, or Something Near Enough. Princeton: Princeton University Press, 2005: 41.
② Baker L. The Metaphysics of Everyday Life: an Essay in Practical Realism. New York: Cambridge University Press, 2007: 117.

力也是不同的。^①据此，从模态上讲，心理属性例示的因果力不可能同一于两种互不相同的物理属性例示的因果力。贝克在佩里布姆的基础上更进了一步：一个产生了一些结果 e 的属性例示有独立的因果有效性，当且仅当（i）构成它的属性例示即使发生了变化，它仍然有相同的结果 e，（ii）它授予的因果力并不仅是由构成它的属性例示所授予的。^②既然心理属性例示有神经生理属性例示所不具有的因果力，那么，心理属性就具有独特的因果有效性。

值得注意的是，各种物理主义都承诺了心身随附性。^③否定心身随附性原则，坚持"被构成者的因果力在它的构成者的因果力之外和之上"，是否意味着违反了物理因果闭合性原则而背叛物理主义呢？有此担忧的人是受到了金在权的误导。在金在权看来，人的生物学原因是行为结果的"充分"原因，对于同一个行为结果，如果还存在一个在这个充分原因"之外和之上"的原因，必然违背物理因果闭合性原则。但在构成物理主义者看来，生物学原因不是行为的"充分"原因，充其量只是"部分"原因，行为是在主体的神经生理状态和所处环境的共同作用下发生的。

第七节　平行主义的心理因果性理论

金在权以随附性／排除论证迫使物理主义者在副现象论和还原论两者之间作出两难选择。钟磊宣称，物理主义者还有第三种选择，即平行主义。在这种平行主义之下，心理因果链条和物理因果链条互不干涉，并行不悖。也就是，心理属性只对其他的心理属性发挥因果影响，不能对物理属性发挥因果影响；物理属性只对其他的物理属性发挥因果影响，不能对心理属性发挥因果影响。

一、因果实现原则和因果关系的双条件概念

钟磊的因果排除论证与金在权的因果排除论证略有不同。在钟磊的因果排除论证中，没有出现金在权版本中的因果有效性原则，而是由他提出的因果实

---

① Pereboom D. Robust nonreductive materialism. The Journal of Philosophy, 2002, 99(10): 499-531.

② Baker L. The Metaphysics of Everyday Life: an Essay in Practical Realism. New York: Cambridge University Press, 2007: 115.

③ 金在权. 物理世界中的心灵. 刘明海译. 北京：商务印书馆，2015：49.

现原则取代。除此之外，钟磊继承了金在权版本的其他四个原则。[①]

所谓因果实现就是一种属性引起了另一种属性，也会引起后一种属性之上的随附属性和之下的基础属性。[②]这一原则包括了两个原则：一个是上向因果原则，一个是下向因果原则。钟磊的根本目的是，通过运用他所说的"因果关系的双条件概念"，揭示因果实现原则是错误的。如果不存在上向和下向这两种交互因果关系，那么，就只能是平行因果关系。

因果关系的双条件概念是一种关于因果关系的形而上学概念。它的实质是伍德沃德的干预主义心理因果性理论。人们在常识上和科学上有一种直觉，要想控制事物的出现或不出现，必须对这个事物出现的条件进行控制。用因果关系的语言来表达，就是通过控制原因来实现对结果的控制。钟磊说，根据伍德沃德的理论，相对于一个变量集 V，X 是 Y 的原因（X 和 Y 是两个变量）的条件是：当 V 中的其他变量的值固定不变时，一个改变 X 的值的干预亦会改变 Y 的值。[③]

干预主义心理因果性理论抓住了"有因必有果，有果必有因"这一常识因果观念。钟磊对这一常识因果观念进行干预主义式的改造并运用到对属性的因果相关性的分析上。如果两种属性 X 和 Y 之间存在因果相关性，属性 X 在场时，属性 Y 也会在场；属性 X 缺席时，属性 Y 也会缺席。[④]

在干预主义的心理因果性理论中出现了在场条件和缺席条件，故而钟磊称其为因果关系的双条件概念。

二、证伪心理属性的因果实现原则

钟磊要证明关于心理属性的平行主义，就要否定两条因果线有任何交叉的可能，即不仅要证伪从心理属性到物理属性的下向因果关系，还要证伪从物理属性到心理属性的上向因果关系。为了让人们接受他提出的因果关系的双条件概念并将其运用到心理因果性问题上，钟磊改编了雅布罗的例子。

假设有一个人训练一只鸽子。当且仅当，在众多物体之中，有物体是猩红色的，它才会用嘴去啄这个猩红色的物体。当且仅当，在众多物体之中，有物体是红色的，它才会用身体的某个部位去碰这个红色的物体。

在这个例子中，也存在随附性和可多样实现性。红色随附于猩红色。红色

---

① 钟磊，丁岳涛. 精致的排除性与精致的因果性. 清华西方哲学研究，2016，2(1): 121-143. 钟磊与金在权对这些原则命名的方式略有不同。

② 钟磊，董心. 平行主义的复兴. 自然辩证法通讯，2017，39(1): 1-10.

③ 钟磊，丁岳涛. 精致的排除性与精致的因果性. 清华西方哲学研究，2016，2(1): 121-143.

④ 钟磊，丁岳涛. 精致的排除性与精致的因果性. 清华西方哲学研究，2016，2(1): 121-143.

也是可多样实现的，不仅可由猩红色实现，还可以由深红、粉红等其他红色子类实现。碰这个动作是可多样实现的，可以用头碰，也可以用翅膀碰，当然也可以用嘴去啄这个红色的物体。因此，可以用这个例子来对心理因果性的例子进行类比说明，红色、猩红色、碰、啄之间的关系如图 6.4 所示。

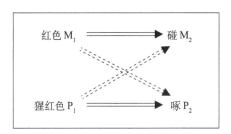

图 6.4　红色、猩红色、碰、啄之间的关系

经过因果关系的双条件概念的检验，我们可以得出以下结论。

（a）在一个适当的干预下，红色在场和缺席会分别导致碰在场和缺席。这表明红色是碰的原因。

（b）在一个适当的干预下，猩红色在场和缺席会分别导致啄在场和缺席。这表明猩红色是啄的原因。

（c）在一个适当的干预下，猩红色缺席不会导致碰缺席。这表明猩红色不是碰的原因。

（d）在一个适当的干预下，红色在场不会导致啄在场。这表明红色不是啄的原因。

钟磊据此宣称，因果关系的双条件概念可以解释：猩红色（而非红色）是啄的原因，红色（而非猩红色）是碰的原因。[①]

三、对平行主义的心理因果性理论的批评

在心理因果性问题上，副现象论和还原论让人难以接受，平行主义可能更让人难以接受。叶峰认为，钟磊所理解的干预主义因果论即"因果关系的双条件概念"存在问题。

钟磊在以鸽子的例子进行类比说明时，提出了一个观点：猩红色不是碰的原因。人们因此只能说，鸽子用嘴去碰物体，不是因为它看见了猩红色，而是因为它看见了红色。这个结论不仅是反直觉的，而且与伍德沃德的结论相反。

---

① 钟磊，丁岳涛. 精致的排除性与精致的因果性. 清华西方哲学研究，2016，2(1)：121-143.

钟磊和伍德沃德从相同的因果理论出发，但得出了完全相反的观点，很可能是因为钟磊错误地理解或运用了伍德沃德的干预主义因果论。

在钟磊理解的干预主义因果论中，出现了两个关键点，即"一个干预"和"其他变量保持不变"。根据叶峰的分析，钟磊将"一个干预"理解为"每一个干预"，但伍德沃德的理解是"有一个干预"，并且钟磊在运用干预主义因果论分析随附性／排除难题时没有保持其他变量不变。①

第八节　突现论的心理因果性理论

突现论的通俗表达是"总体大于部分之和"。它兴起于 20 世纪二三十年代，因实证主义和"统一科学"的观念深入人心而逐渐归于沉寂，逐渐被认为是一种神秘且不融贯的形而上学学说。当还原的物理主义不再流行，突现论似乎有复兴之势，"突现论回归"成为一种趋势，诸如"突现""突现性质""突现现象""突现原因"等词语大概都在经典突现论者所意指的意思上被使用。② 突现论在心灵哲学中复兴，主要有两个方面的原因：一是它反对同一论，主张心理现象具有某种独特性；二是它支持下向因果关系，主张心理现象具有对行为的因果有效性。哲学家塞尔和生理学家斯佩里（Sperry）都支持突现论。在突现论者看来，心理现象的独特性和因果有效性能够很好地相融。突现论被认为是"因果排除论证的限度"③。本节主要探讨塞尔的突现论的心理因果性理论。

一、突现范畴

在突现论者的视野中，整个世界就是层层突现的金字塔式的层次结构。在这个本体论的图景中，每一层都是在下一层的基础上突现出来的。

突现论者眼中的"突现"有以下四个方面的特征。第一，突现性是高层次属性所具有的一种新的性质。第二，突现性具有不可预测性。第三，突现性具有不可还原性。在突现论者以突现为核心范畴构建的层次结构中，每一层都有与其他层次不同的独特规律。由于突现在本体论上的新颖性和认识论上的不可

① 叶峰.因果理论与排斥论证.自然辩证法通讯，2017，39(1)：11-20.
② 金在权.50 年之后的心－身问题.郁锋译.世界哲学，2007，(1)：40-52.
③ 赵梦媛.随附性／排除论证的限度.自然辩证法研究，2011，27(7)：7-12.

预测性，表述不同层次的实在的语词不可能必然地共外延，因而也就不存在 E. 内格尔所要求的桥梁律，由突现连接的不同层次各自具有不同的属性以及支配这些属性的规律，因而不能相互还原。第四，突现性具有下向因果关系。所谓下向因果关系就是高层次的事物及其属性对低一层次的事物及其属性具有因果作用。人们一般会承认两种因果关系：①层次内的横向因果关系；②层次间的上向因果关系。突现论者强调了第三种因果关系，即层次间的下向因果关系。这里需要注意的是，下向因果关系指的是历时性的下向因果关系，而不是共时性的下向因果关系。如果下向因果关系也是共时性的话，就会存在概念上和思想上的矛盾。上向因果关系是共时性的，基础属性是原因，高层次属性是结果。意向对行为的因果作用被认为是下向因果关系的实例。人们一般不会考虑意识对实现它的神经系统的下向因果关系。

基于突现范畴的四个特征，我们可以直接得出，首先，突现论是同一论的对立面。突现强调高层次属性的新颖性、独特性和不可还原性。其次，高层次的突现属性与低层次的基础属性之间也存在随附关系。金在权认为随附性与突现论是一致的。[①]

二、突现论的心灵观

塞尔明确宣称自己坚持突现论。在心身关系问题上，他独特的本体论观点是，意识是大脑更高层次的或突现的特征。[②]

意识与大脑神经系统之间具有突现关系。在塞尔看来，系统（整体）具有两种元素（部分）所不具有的特征：①组合性特征，系统的这些特征可以从元素的组合排列方式中得出或计算出来。②突现性特征。突现性特征就是系统的组合性特征之外的特征。突现性特征也有两种不同的类型，一是因果突现，即突现 1，系统的这种突现性特征可由元素之间的因果作用来说明。他称这种特征为系统因果突现的特征。二是非因果突现，即突现 2，系统的这种特征无法用元素之间的因果作用来说明。突现 1 是一种唯物主义式的突现，强调了系统的突现性特征对于元素彼此之间关系的依赖性；突现 2 是一种二元论式的突现，强调了系统的突现性特征在本体论上的独立性。塞尔声称，他所坚持的意识的突现性是突现 1，而不是突现 2。[③]

① 　金在权．物理世界中的心灵．刘明海译．北京：商务印书馆，2015：17.

② 　塞尔．心灵的再发现．王巍译．北京：中国人民大学出版社，2005：16.

③ 　塞尔．意识的奥秘．刘叶涛译．南京：南京大学出版社，2009：12.

意识与大脑神经系统之间具有突现关系，是因为它们之间具有引起与被引起的因果关系。在塞尔看来，因果关系是一个"束概念"，不同类型的因果关系之间具有家族相似性，而没有一个统一的本质。因此，不能将传统的碰碰球式的因果关系强套在其他不同类型的因果关系上。碰碰球式的因果关系是休谟式的因果关系：时间上的继起性、空间上的相邻性和法则学上的必然性。塞尔说：还有很多同时性的因果关系的实例在"较低层次上的微观现象导致了较高层次上的宏观特征"这层意义上可以说是自下而上的。[①]

意识既是由大脑神经状态引起的，又是在大脑结构中实现的。意识与大脑神经元之间的关系类似于水的液体性和构成水的单个分子之间的关系。水的液体性是由分子的行为引起的，也可以说是在分子的汇集中实现的。

将意识与大脑神经系统之间的关系理解为因果突现关系，是塞尔心身理论的与众不同之处。以前的物理主义，或金在权所说的"最低限度的物理主义"，将意识与大脑神经系统之间的关系理解为随附性的实现关系。将心身关系理解为随附关系基本上是哲学界的共识，其中大部分人抗拒将这种关系理解为因果关系。突现是实现的一种特殊的形式。突现与（一般的）实现不同。突现强调的是高层次属性的本体论上的独特性。实现强调低层次属性的基础作用和决定作用。

从以上的分析来看，突现论似乎注定与还原论是不相容的。但是，还原论承担着以已知的实在来理解未知的实在的任务。这似乎注定了，如果突现论是一种唯物主义的理论，那么，它一定与还原论不可分割。塞尔分析了他的突现论与还原论之间的关系。在他看来，人们以前只知道三种还原形式，即本体论还原、理论还原、语义还原，实际上，还有一种还原形式，即因果还原。[②] 由心理属性的可多样实现性和心理的异常性驱逐出心灵哲学舞台的心脑同一论，是一种本体论上的还原。塞尔反对这种还原。这种还原放弃了心理事物的独特性。他主张的是因果还原论，即心理事物是由物理事物引起的并从物理事物中突现出来的一种新的事物。心理事物具有完全属于自己的本体论地位，是世界的真实特征。

三、下向心理因果性

能否有效地解决心理因果性问题是检测一种心身理论最直接有效的方式。对于突现论的心身理论而言，它需要解决的心理因果性问题，比一般的心身理

① 塞尔.心灵导论.徐英瑾译.上海：上海人民出版社，2019：110.
② 塞尔.心灵的再发现.王巍译.北京：中国人民大学出版社，2005：96-97.

论的心理因果性问题更为复杂。就塞尔的突现论而言，它要解决两个关键的心理因果性问题：一是层次间的因果关系，尤其是其中的上向因果关系；二是同一层次的横向因果关系。从理论解释的角度讲，只要上向因果关系和横向因果关系能得到很好的解释，解释下向因果关系就是水到渠成的事情。在塞尔的心理因果性理论中，解决上向因果关系问题是解决横向因果关系问题的前提。

在塞尔看来，意识如视觉经验是"由大量的神经元攻击上百万突触而引起的"，意识和水的液态性一样是宏观整体的特征。这些宏观特征只被整体具有，而不被部分具有。微观部分只具有微观特征。①

在解释清楚上向因果关系之后，塞尔着手解决横向心理因果性问题，即"意向性如何因果地发挥作用"。为了解决这一问题，他以内燃机气缸中的燃烧现象为例作了类比说明。位于火花塞电极之间的各个粒子的运动引起和实现了温度升高。温度升高引起了气缸中燃气的燃烧。气缸中燃气的燃烧实际上是由各个碳氢化合物分子的氧化引起并在其中实现的。各个碳氢化合物分子的氧化本身也是由火花塞电极之间的所有单个粒子的运动引起的。在这些引起与被引起的过程中，没有任何难以理解的现象。与此相类似的是意向因果作用的实现方式。如图 6.5 所示，神经元激发引起和实现了行为意向，行为意向引起了身体的运动。身体的运动本身是由生理变化引起并在其中实现的。生理变化本身又是由各个神经元激发引起的。在心理因果性上，塞尔认为也存在历时性的上向和下向因果关系。他说：与之前的模型的情况一样，按照这个模型，我们也可以画出一些对角的箭头，它们在这种情形中将会表明，行为意向引起生理变化，并表明神经元激发引起身体的动作。也要注意，在这样一种模型中，心理现象和温度升高一样，都不是副现象性的。②

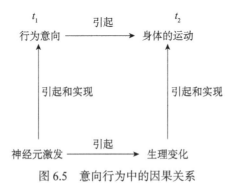

图 6.5 意向行为中的因果关系

① 塞尔 . 意向性：论心灵哲学 . 刘叶涛译 . 上海：上海人民出版社，2007：275.
② 塞尔 . 意向性：论心灵哲学 . 刘叶涛译 . 上海：上海人民出版社，2007：277.

塞尔在阐释何以存在历时性的上向和下向因果关系时，似乎有一个地方没有说明白，即"t_1 和 t_2 处的现象分别是不同描述层次上描述的相同的现象"。既然描述的是同一现象，那么，同一关系怎么可能又是引起和被引起、实现和被实现的关系？同一关系是一事物与其自身的关系，而因果关系和实现关系显然是两个不同事物之间的关系。这里出现了时间标记"t_1"和"t_2"，说明提及的事件是事件个例或个例事件。"这个 t_1 时发生的意向事件"和"这个 t_1 时各个神经元激发事件"都是限定摹状词，指的是同一个事件个例，这似乎说得通。但是，我们在这里关心的不是事件，而是事件的属性。突现性质是属性，不是事件。人们关心的问题是属性和属性之间的关系。如果我们继续采用相同的方式，就会犯类型同一论的错误，而且违背了心理特征是世界的真实的不可取消的特征。从塞尔的思想的一贯性来看，这里可能的确存在描述的问题。"单个粒子的'集体'行动"和"温度升高"描述的可能是同一种属性。这种属性在人的视觉上呈现"点燃"现象，在人的触觉上呈现"温度升高"现象。

四、突现论的心理因果性理论的问题

人们原本寄希望于突现论来解决金在权的随附性／排除难题。但是，金在权对随附性／排除论证进行了适当的改造。对于突现论而言，如果承认物理因果闭合性原则，那么，心理属性的因果有效性就会被物理属性的因果有效性先占或排除，从而成为一种副现象；如果不承认物理因果闭合性原则，虽然心理属性的因果有效性得以保存，但是，它似乎不能成为一种唯物主义。因为物理因果闭合性原则似乎是唯物主义的基本原则。

塞尔宣称他坚持的突现论是一种生物自然主义。唯物主义可能有不同的类型，一种是物理主义，以物理因果闭合性原则为核心；另一种是自然主义，以反对超自然和神秘主义为基本原则。塞尔在其著作中似乎对物理因果闭合性原则不感兴趣。因为他认为这一条原则本身就是错误的，生物学的因果现象就是它的反例；在现实生活中，意向因果律到处发挥着真实的作用。

第七章

外在主义威胁的解除

从常识的角度看，心理内容是由它所指向的对象决定的。人们的心理内容总是指向某个外在的对象。例如，"我想起了我的母亲"。"想"是我的心理状态，"我的母亲"是"想"的对象。"想"的对象不同，心理内容也就不同。"我想起了我的母亲"与"我想起了我的爱人"就是两个不同的心理内容。从神经生理学或神经心理学的角度看，人的心理活动和大脑的神经活动之间具有规律性的联系，人的心理活动是由大脑的神经生理活动决定的，心理内容是否相同与心理内容所指向的对象无关。在心理内容的个体化问题上，常识和科学存在一定的张力。普特南和伯奇站在了常识这边，支持外在主义。他们分别以孪生地球思想实验和关节炎思想实验论证了：心理内容是一种弥散在主客体之间的关系属性，两个人即使有完全相同的神经生理状态，只要他们的心理内容指向的对象不同，他们的心理内容就是不同的。以福多为代表的个体主义则站在了科学这一边。他宣称，如果心理内容是关系属性，那么，它就不可能具有因果有效性。因为能进入一个事物与其他事物的因果作用的具体过程中的，只是事物的内在性质。每个事物都具有"与其他事物不同"的关系属性，很难想象这些关系属性也具有因果有效性。在福多看来，科学心理学是根据因果力来分类的，两个心理内容如果具有相同的因果力，就是相同的，否则就是不同的。由于心理内容的指向性或关涉性不能改变它的因果力，因此心理内容就是副现象。

第一节　对外在主义威胁的逻辑解构

外在主义威胁的存在有两个前提：一是外在主义是正确的；二是个体主义证明外在主义是副现象论的论证是正确的。由此可以看出，对外在主义威胁的逻辑解构有两种方式，即解构外在主义的论证和解构关于外在主义是副现象论的论证。

一、"心理内容""意向性""意义"

在讨论问题之前，我们先要做一个概念说明。与"心理内容"相关的概念有很多，如"意向性""意义""语义性"等。在没有特别言明的情况下，一般都把它们当作同义词看待。不过，在这里，我们有必要分析一下西方学者为什么把它们当作同义词看待。

从心理学的角度看，"我相信明天要下雨"是一个心理事件。在这个心理事件中，"相信"是我的心理状态，"明天要下雨"是我相信的对象，也就是心理内容。从哲学的角度看，我的心理状态是一种内在状态，但是，这种内在心理状态总会超越自身而指向或关涉一种外在的事态，从而获得自己的内容。这就是所谓的意向性，即心理状态关涉、表现、指向它之外的事物的性质和特征。因此，心理内容又叫意向性、意向内容或意向心理内容。

从语言学的角度看，因为我心里相信明天要下雨，并且知道"明天要下雨"这句话的意义是明天要下雨，所以我会用"我相信明天要下雨"这句话来表达我的信念或观点。在"我相信明天要下雨"这句话中有一个命题，即"明天要下雨"（英语中由"that"引导的从句）。凡是命题都有真假两种属性。"相信"是对这个命题的态度。心理内容又叫命题内容或命题意义。

语义和句法是认知科学和逻辑学中的一对概念。句法指的是符号之间的形式关系。语义指的是符号的意义或所意谓的对象。为了研究心理过程的发生机制，认知科学基于计算机隐喻，将心灵比作计算机，以计算机模型来理解人心的复杂现象。计算机在计算的过程中只加工符号，类似于逻辑学中的演算过程。在计算开始之前，程序员要进行编码活动，以特定的符号表征或代表外界事物或事态。在计算过程结束后，程序员又进行解码工作，将特定的符号还原为外界事物或事态。

心理内容是持有者所思所想的对象，具有意向性。说话者将所思所想的内容用语言表达出来，就是说出一个句子，而句子是命题的表现形式。命题或句子的意义就是心理内容持有者所思想的对象。人的大脑像计算机一样不直接处理自然语言，而是处理一种类似于计算机语言的符号语言，符号的形式是它所表征的对象，心理内容持有者所思想的对象，就是它的语义性。在下文中，如果没有特别说明，我们依然会将"心理内容""意义""意向性""意向内容""语义性"当作同义词看待，并有可能交叉使用。

二、对外在主义论证的逻辑解构

证明心理内容具有外在性的论证有两个：一个是普特南的孪生地球思想实验；另一个是伯奇的关节炎思想实验。解除外在主义威胁的第一种方法，就是证明这两个思想实验都有问题。关于这两个思想实验的争论，凯勒斯特拉普（Kallestrup）做了如下梳理。[①]

（一）对普特南的孪生地球思想实验的质疑

第一，孪生地球在形而上学上是不可能的。首先，H_2O 与 XYZ 在结构上完全不同，但在功能作用以及由其决定的显性特征上又不可分辨，这违背结构决定功能这一常识观念。其次，既然 H_2O 和 XYZ 有着不同的化学结构，支配它们的物理规律就是不同的。那么，以这个规律为中心向外延伸的规律之网也就大相径庭。要是这样的话，人们就很难想象现实地球和孪生地球除了水的化学结构不同之外其他的都一样。最后，孪生地球上有没有孪生玛丽也是有问题的。水是生命之源。称作水但不是 H_2O 的物质不是真正的水。既然孪生地球上没有现实地球上的水，它上面就不可能有生命和孪生玛丽的存在。

第二，如果概念"水"等同于纯描述性的概念即"水状之物"，那么，玛丽和孪生玛丽就有相同的心理内容。"水状之物"是一个描述性的束概念，指称的是一个析取类，就像"维生素"一样，而不是一个单一的自然类。H_2O 和 XYZ 都在"水状之物"的指称范围内。

第三，如果概念"水"是限定摹状词"我们亲知的水状之物"的简称，那么，玛丽和孪生玛丽就有相同的心理内容。

第四，在玛丽的知识体系中没有水这个自然类概念。玛丽和孪生玛丽对"水"的理解和化学家对"水"的理解不同，不能将后者的理解强加给前两人。

---

① 凯勒斯特拉普. 语义外在论. 李奕译. 北京：华夏出版社，2016：72-90.

孪生地球思想实验的错误就在于，把科学家的概念强加给只具有常识的一般人。

第五，孪生地球思想实验中的"水"可能是一个没有指称的空概念。不指称自然类的概念是空概念。

（二）对伯奇的关节炎思想实验的质疑

第一，在现实的情景中和在反事实的情景中，为了理解阿尔夫的行为，只有将"他相信他的大腿上有类风湿性疾病"这个信念归属给他，才是可能的。这里实际上出现了戴维森所说的"彻底的解释"的情况，即使听者和说者对于某个概念的理解全然不同，但是，根据宽容原则，听者要将正确的信念归属给说者，只有这样，才能理解说者。

第二，在现实的情景中和反事实情景中，要想理解阿尔夫的行为，只有将"他相信他的大腿上有专家口中所说的'关节炎'那种疾病"这一信念归属给他，才是可能的。这就说明了，阿尔夫所在的社会语言环境只能决定信念的真值，但不能决定信念的内容。

第三，在现实的情景中和反事实情景中，阿尔夫的信念都是，他的大腿得了类风湿性疾病（孪生关节炎），只不过他对"关节炎"的理解不同于医学对"关节炎"意义的规定，因此他的信念在不同的情景中有真假之分。

第四，在现实的情景中和反事实情景中，阿尔夫的信念都是，他的大腿上得了类风湿性疾病（孪生关节炎），只不过阿尔夫用"关节炎"表达的概念不同于专家用"关节炎"表达的概念。

第五，在现实的情景中，阿尔夫的心理状态难以让人理解。对于一个理性的人，他的信念之网应具有整体性，彼此紧密结合而不冲突。

（三）外在主义的回应

外在主义有非常强的理论韧性。对于上述质疑，凯勒斯特拉普站在外在主义的立场对内在主义的质疑作出了如下回应。[①]

1. 对孪生地球思想实验的辩护

第一，孪生地球在形而上学上或法则学上有无可能性，都与外在主义要证明的观点无关，只要玛丽和孪生玛丽不知道 H_2O 和 XYZ 的微观差别即可。

第二，将"水"理解为纯描述性概念"水状之物"会剥夺水成为一个自然类的资格。根据克里普克的观点，水是一个自然类，它的本质就是 H_2O。不能将"水"这个专有名词理解为一个摹状词，即一个纯描述性的概念。

---

① 凯勒斯特拉普. 语义外在论. 李囊译. 北京：华夏出版社，2016：72-90.

第三，将概念"水"理解为限定摹状词"我们亲知的水状之物"的简称，就会造成"他心知"问题。所谓"他心知"问题就是一个人理解他人的话语和信念是如何可能的问题。玛丽说"水是湿的"时，玛丽相信的是她自己亲知的水状之物是湿的。孪生玛丽说"水是湿的"时，孪生玛丽相信的是她自己亲知的水状之物是湿的。她们中的每一个人相信且只能相信自己的所见所闻，那么，她们就不能把自己的理解和信念投射到他人身上。如果是这样的话，人与人之间的理解将成为不可能。

第四，玛丽不知道水的化学结构，也不意味着玛丽没有掌握水这个自然类概念。在化学诞生之前，说话者也可以使用"水"来表达一个自然类概念，即使当时没有人知道水的微观结构。只要说者知道水有一个深层次本质，且相信这个深层次本质决定了水的显性特征，他就掌握了水这个自然类概念。重要的是说者相信水有一个深层次本质，而不是说者认清这个本质。

第五，"水"是一个空概念，没有可信度。在科学史上曾经出现过的"燃素""以太"都是空概念。将"水"视作空概念，与常识和科学格格不入。根据前面内在主义和外在主义争论的结果，实际上"水"表达的是一个描述性概念：我们亲知的具有水状属性的大多数例示所构成的一个独一无二的自然类。如果这样来理解水，那么，在地球上，"水"指的就是 H_2O 这样的一个自然类，在孪生地球上，指的就是 XYZ 这样的一个自然类。

2. 对关节炎思想实验的辩护

第一，即便阿尔夫对"关节炎"的理解与专家不同，他用"关节炎"指称的也是关节炎，而不是大腿上的疾病。在内在主义者看来，为了理解阿尔夫的行为，只能认为：阿尔夫（i）相信他的大腿得了类风湿性疾病，且（ii）认为"关节炎"指的就是大腿上的类风湿性疾病，因此（iii）才向医生报告说"我大腿得了关节炎"。在内在主义者看来，阿尔夫的错误在于，他以"关节炎"指称大腿上的疾病。但是，"关节炎"是一个医学专家定义的医学术语。对于"关节炎"的理解，普通人总是倾向遵从专家对语词的用法。这就是语义遵从现象。因此，当阿尔夫向医生诚实地报告他的大腿得了关节炎时，他实际上是想告诉医生，他得了医生口中所说的"关节炎"那种疾病。这样一来，他的错误不在于没有正确地使用"关节炎"一词，而在于没有正确理解"关节炎"所指称的那种疾病。在前一种情况中，阿尔夫犯了语言学错误；在后一种情况中，他犯的是认识论错误。他不是以"关节炎"来指称大腿上的疾病，而是以它来指关节炎。这说明他没有像医生那样完全理解"关节炎"所指称的那种疾病。

第二，如果阿尔夫口中的"关节炎"就是语言共同体中医生称作"关节炎"的那种疾病，那么，这种方法似乎不切实际。

阿尔夫说"我相信我的大腿得了关节炎"时，我们不是把对象信念归属给他，即阿尔夫相信他的大腿得了关节炎，而是把元信念归属给他，即阿尔夫相信他的大腿得了语言共同体中的专家以"关节炎"指称的那种疾病。语义遵从现象随处可见，但是，人们在进行信念归属时，并不总是把元信念归属给说者。例如，小孩在日常生活中会说"花是红色的"。小孩对"花"和"红色的"的理解显然不同于专家在词典中给出的定义。

第三，人们必须遵守语言规范，不能随意赋予一个语词以一种新的意义。为了说明阿尔夫的信念是真的，有人将阿尔夫对"关节炎"的用法和语言共同体中的规范用法区别开来。阿尔夫的信念是真的，是因为他将"关节炎"理解为大腿上的类风湿性疾病，也就是孪生关节炎。这就相当于，他实际上任意地赋予"关节炎"以一种全新的意义，而不在乎语言共同体对这一语词的规范约定。为了说明阿尔夫的信念是真信念而不是假信念，这种做法所付出的代价太大了。因为当任何人说假话时，我们总能将其重新理解为一个涉及异常概念的真信念。

第四，语词理解上的分歧不是概念上的分歧。对于同一个语词，不同的人有不同的理解方式。但这并不意味着，他们具有不同的概念。一旦医生告诉阿尔夫，关节炎只会出现在关节处，大腿不会得关节炎，阿尔夫就会纠正他对"关节炎"的理解，并接受医生的理解。于是他对"关节炎"的使用与医生的用法就会趋于一致。

第五，在日常生活中人们有时会盲目地相信他不理解的命题。韭菜和刚出土的小麦苗长得非常相似。误会的人实际上是相信了他们没有理解的命题。

三、外在主义威胁的逻辑漏洞

解除外在主义威胁的第二种方式是，在捍卫外在主义观点的基础上，指明内在主义证明外在主义是副现象论的论证存在逻辑漏洞。

（一）对概念关联论证的反驳

在福多看来，两个原因事件在意向性或宽内容上的不同与它们所导致的结果上的不同存在概念上或逻辑上的联系，意向性是因果无关的属性。原因事件的不同与结果事件的不同都在于水与孪生水的不同。

贝克则针锋相对地指出，两个意向心理事件在宽内容上的不同，与它们导致的结果的不同，有可能没有概念联系。为了证明这一点，贝克融合了孪生地球思想实验和关节炎思想实验，从而设计了一个全新的"鉴宝"思想实验，指出福多所犯的错误在于，只对两个信念引起的两个结果本身进行比较，而没有进一步比较这两个结果所引起的结果。如果不对结果引起的后续结果进行比较，我们很可能发现不了这两个原始结果本身存在的不同。马克思说的——人体解剖是猴体解剖的一把钥匙，也就是这个道理。只有从后思索，才能真正发现前面的事物的本质及差异。

（二）对跨情景的模态论证的批判

福多论证宽内容是副现象有两种方式。一是论证宽内容上的差异与行为结果之间的差异有概念上的关联。二是论证宽内容不同的两个心理事件在同一个语境中会具有相同的因果力。如果现实地球人到孪生地球上，会做出与孪生地球人相同的行为；反之亦然。既然宽内容上的不同不会导致行为上的不同，那么，宽内容就是副现象。这就是福多对宽内容所做的跨情景的副现象论证。论证宽内容上的不同与行为上的不同不具有概念上的关联并不能彻底驳倒福多。要想驳倒福多，还必须对福多的跨情景的模态论证进行批判。

福多的跨情景思想实验的核心观点在于，两个个体具有相同的因果力，当且仅当，在相同的情景中，它们有相同的结果。对于跨情景思想实验，福多在三个不同的地方，提出了强中弱三种不同的理解。

理解方式 I：x 和 y 具有相同的因果力，当且仅当，如果以 x 替代 y，那么，x（在 y 的情景中）将会具有 y 所具有的所有结果。[①]

这种理解方式太强了。它将会剥夺所有关系属性的因果力。福多没有一概地否定所有关系属性的因果力资格。在他看来，关系属性有两种：一种是没有因果力的关系属性，如宽内容；另一种是有因果力的关系属性，如一颗行星。行星不同于陨石。行星的本质在于它的关系属性，即它要绕恒星转动。或者说，行星的关系属性实际上就是因果关系属性。但非常遗憾的是，即使是福多认为的典型的具有因果力的关系属性，也没有通过根据上述方式来理解的跨情景思想实验。

理解方式 II：x 和 y 具有相同的因果力，当且仅当，如果 x 与事实上和 y 相互作用的事物（或它们的复本）相互作用，那么，x 将具有 y 事实上所具有的所

---

① Baker L. Explaining Attitudes: a Practical Approach to the Mind. Cambridge: Cambridge University Press, 1995: 52.

有结果。^①

第二种理解方式与第一种理解方式不同的地方在于，第一种理解方式没有限定因果作用的对象，而第二种理解方式限定了因果作用的对象，它只要求 x 在 y 的情景中对特定的对象产生的因果作用与 y 相同，这个特定的对象就是事实上与 y 相互作用的对象。从这个意义上说，第二种理解方式比第一种理解方式弱。第一种理解方式太强硬了，第二种理解方式相对温和一些。

但是这种理解方式可能存在两个问题。一是"当且仅当"条件不是判断因果力相同的充分条件。二是"当且仅当"条件不是判断因果力相同的必要条件。行星和陨石具有不同的因果力，但它们能够满足"当且仅当"条件。

理解方式Ⅲ：x 和 y 具有相同的因果力，当且仅当，没有一个语境 C 使得 x 在 C 中具有一个 y 在 C 中不具有的结果。^②

第三种理解方式似乎又太弱了。福多本意想以跨情景检测标准来说明宽内容不具有因果力。但是，事与愿违。贝克表明，鉴宝思想实验中的两个主人公 A 和 B 各自具有的意向内容，都能通过以这种方式理解的跨情景检测。这是第三种理解方式的一个反例。

在三种理解方式中，第一种理解方式太强了，虽然证明了宽内容的因果力，但剥夺了行星的关系属性的因果力；第二种理解方式相对温和，但它实际上既无法判别宽内容的因果力，也无法赋予行星的关系属性因果力；第三种理解方式似乎又太弱了，根本就不能实现福多的目的，无法证明宽内容有因果力。

（三）对方法论的唯我论的批判

福多坚持关于心灵的计算理论。在他看来，心灵就是计算机。计算机只能对符号进行加工，而不能对符号的意义进行加工。心灵是句法机，而不是语义机。如果心灵就是计算机，心理状态就是计算状态，那么，心理状态的存在根本就不用预设心理状态的持有者以外的任何其他个体事物的存在。这就是方法论的唯我论。在我们看来，方法论的唯我论有以下两个问题。

一方面，心灵是语义机而不是句法机。在塞尔的中文屋论证中，中文屋内不懂中文的人，对中文的加工，完全是句法式的。在中文屋外的人看来，好像屋内的人能够"理解"或"懂得"中文，但实际上他不懂中文。计算机和中文

---

① Baker L. Explaining Attitudes: a Practical Approach to the Mind. Cambridge: Cambridge University Press, 1995: 53.

② Baker L. Explaining Attitudes: a Practical Approach to the Mind. Cambridge: Cambridge University Press, 1995: 54.

屋内不懂中文的人是句法机，而懂中文的人是语义机。

另一方面，方法论的唯我论与关于心灵的表征理论不相容。方法论的唯我论的理论基础是关于心灵的计算理论，而关于心灵的计算理论的前提是表征理论。表征理论，用计算机专业的术语来讲，就是用预先规定的方法将文字、数字或其他对象编成数码，即我们通常所说的编码。一个完整的计算过程包括三个步骤：编码、计算和解码。计算机只负责计算；编码和解码要靠程序员来完成。如果人的心灵只是计算机的话，谁来为"人肉计算机"编码和解码呢？由此可知，方法论的唯我论与关于心灵的表征理论不相容。

第二节　宽功能主义的程序解释论

在心理内容的个体化问题上，外在主义是主流。坚持外在主义的人非常多，坚持内在主义的人则较少。内在主义的主要旗手是福多，福多既是一个心灵哲学家，又是一个认知科学家。他的双重身份致使他成为一个计算机功能主义者。在他看来，心灵这台肉体计算机像硅基计算机一样，只能处理符号的形式，而不能处理符号的意义。语义性、宽内容或心理内容只是一种没有因果作用的副现象。如果外在主义是正确的，被人们寄予厚望的功能主义、内在主义的命运将会急转直下。杰克逊和佩蒂特（Pettit）调和了功能主义和外在主义之间的对立，将窄功能主义（内在主义的功能主义）发展为宽功能主义（外在主义的功能主义），利用程序解释模型，维护了宽内容的因果作用。

一、窄功能主义的副现象论问题

根据普特南的孪生地球思想实验，现实地球人和孪生地球人的心理内容是不同的，前者的信念是关于水的，后者的信念是关于孪生水的；两者的行为也是不同的，前者的行为是取水，后者的行为是取孪生水。福多根据他改进的跨情景思想实验表明，现实地球人来到孪生地球，将会采取孪生地球人的行为；孪生地球人来到现实地球，将会采取现实地球人的行为。在两种情景中，窄内容是相同的，根据密尔的求同法，似乎可以得出，窄内容是行为的原因。杰克逊和佩蒂特否定了福多的这一结论，并指出了他的论证存在的问题。

一方面，现实地球人的行为和孪生地球人的行为并不相似。现实地球人伸手拿玻璃杯，喝下玻璃杯中的 H_2O；而孪生地球人伸手拿的是另外一个不同的玻璃杯，喝下的是 XYZ。单从两个人的身体运动（窄行为）即"拿"和"喝"来看，他们是无法分辨的。福多可能是看到了这一点，但这并不能表明这两个事件就是相同的事件。两个事件是相同的，必要条件是它们有相同的结果和相同的原因。很明显，这两个事件的原因和结果都是不同的。他们有不同的宽行为。

另一方面，从相同的窄内容导致相同的窄行为这一点中推不出宽内容是因果无关的。为了说明这一点，杰克逊和佩蒂特进行了类比论证。以密尔式的求同法确定原因，要求候选事件之间相互独立。显然，宽内容和窄内容不满足相互独立的限定性要求，故而不能用求同法来排除宽内容的因果有效性。显然，宽内容与窄内容之间具有因果关系。例如，现实地球人相信玻璃杯中有水，是因为在他所处的环境中，有一个玻璃杯，而且他看到了这个玻璃杯。从光学的角度讲，光照在玻璃杯上，反射到他的眼中，因果地导致了他看见了玻璃杯，从而相信玻璃杯中有水，于是又对环境发挥因果作用，即取水喝。

对于一种既定的心理状态，功能主义者是根据输入、输出和其他心理状态之间的因果关系来理解的。在这一点上，窄功能主义和宽功能主义是相同的。但是，窄功能主义将输入（刺激）和输出（行为）限定在皮肤表面或之下，至于皮肤之外的事物不在它们关心的范围之内。两个刺激输入（或行为输出）虽然在皮肤表面或之下不可分辨，但它们是不同的，因为它们有不同的原因或不同的结果。如果引起皮肤表面的两个刺激的远端原因是不同的，我们就不能认为它们是相同的。因为我们不能把两个具有不同（原因）属性的事物当成同一个事物，这违反了莱布尼茨不可分辨事物的同一性原则。宽功能主义将输入和输出延伸到主体的外在环境，既包括所在的物理环境，又包括社会环境。从引起刺激的远端原因角度重新界定刺激，从行为引起的远端结果重新界定行为本身。在刺激的因果链条中和在行为的因果链条中重新认识刺激和行为。

二、因果相关性与因果有效性

在杰克逊和佩蒂特看来，宽内容具有相对于行为的因果相关性。不过，这种因果相关性不是因果有效性。因果相关性与因果有效性是不同的。

（一）因果相关性不同于因果有效性

因果相关性属于解释学或认识论范畴，是因果解释关注的对象。就某个结果的出现而言，因果解释的目的就是要将因果相关属性和因果无关属性区别开来。因果有效性是形而上学范畴。一种属性对于某一个结果的出现来说是因果有效的，当且仅当，这种属性的例示参与到了这个结果产生的具体过程中。

因果相关性与因果有效性之间的关系是：对于某个特定的结果而言，一种属性具有因果有效性一定具有因果相关性，一种属性具有因果相关性不一定具有因果有效性。很多副现象论者认为，一种属性具有因果相关性的唯一方式就是具有因果有效性。杰克逊和佩蒂特否认这种沙文主义观点。如果一种属性具有因果有效性是获取因果相关性的唯一方式，那么，因果解释只会出现在基础物理学之中，在特殊科学和日常生活中都不可能有因果解释。根据金在权的因果排除论证，特殊科学和日常生活中提及的高层次抽象属性的因果有效性将会被物理学中低层次的具体属性的因果有效性排除或取代。既然如此，特殊科学和日常生活中的属性因不具有因果有效性而失去了因果相关性，因而在它们之中根本就不存在因果解释。但是，在特殊科学和日常生活中存在着大量的因果解释。

杰克逊和佩蒂特通过举例论证，说明了在特殊科学中和在日常生活中没有因果解释是一个非常荒谬的结论。得出这个荒谬的结论是基于一个荒谬的前提，即具有因果有效性是获取因果相关性的唯一方式。

（二）诉诸因果相关性的因果解释的优越性

对于同一个结果的出现，人们既可以诉诸在因果上相关的属性来解释，也可以诉诸在因果上有效的属性来解释。前者即使是因果解释，但由于有后者的存在，是不是一种多余的因果解释呢？杰克逊和佩蒂特否认了这种观点。在他们看来，诉诸因果相关属性的解释至少具有两个方面的优越性。

第一，因果相关属性是因果有效属性的存在量化，诉诸前者所做的因果解释包含了更多的模态信息。机器发出噪声，是由于其中的某个零部件松动了。"某个"在逻辑学中就是一个存在量化词，表明一定有一个具体的确定的零部件松动，有可能是零部件 A 或 B 或 C。在现实的情况中，经工程师的检查，是零部件 A 松动了。零部件 A 松动了，的确会引起也能在因果上解释噪声的出现。但它没有表明，如果不是零部件 A 松动了，而是别的零部件松动了，结果会怎么样。因果相关属性的解释肯定地回答了这个问题。只要有零部件松动的情况出现，即使不是零部件 A 松动，也会发出噪声。

第二，有时因果有效属性是不可获得的。对于一个结果的出现，诉诸因果有效属性来解释可能更具体、更详细，但是，在很多情况下，人们无法获得这种解释。

159

第三，诉诸因果有效属性的解释可能具有不可理解性。人们因为受教育程度不同，对一些解释并不一定理解。①

从上面的分析中，我们可以看出，诉诸因果相关属性的解释具有独特的解释价值，是不能被诉诸因果有效属性的解释取代和排除的。

三、诉诸宽内容的程序解释

在心理内容的个体化争论中，我们已经知道，宽内容本质上是一种关系属性。它是心理状态对心理内容的指向关系。在"我相信明天要下雨"这个心理事件中，明天要下雨是客观世界可能存在的事态，"我"对这个事态持相信而不是怀疑的态度。"我"的所思所想是关于或指涉这个客观事态的。宽内容本质上是一种关系属性。要说明它的因果相关性，一是要说明一般的关系属性具有因果相关性，二是要说明它作为一种特殊的关系属性，是如何与行为因果相关的。

（一）关系属性的因果相关性

在说明关系属性的因果相关性时，杰克逊和佩蒂特还是将因果相关性和因果有效性区别开来。这实际上表明了，关系属性具有因果相关性，而不具有因果有效性。对于关系属性是否具有因果相关性，他们二人通过举一些公认的实例来进行例证说明。

例如，两个电子，即电子 a 和电子 b，分别受到两个独立的作用力 F_a 和 F_b 的作用。电子 a 和电子 b 为什么有相同大小的加速度？对于这一问题，我们可以给出两个不同的解释。一是 F_a 的大小为 5 个单位的力，F_b 的大小也为 5 个单位的力。二是 F_a 和 F_b 大小相等，即 F_a、F_b 都是 4 个、5 个、6 个或某个单位力。尽管 F_a 和 F_b 大小相等这一关系属性，没有参与到电子 a 和电子 b 具体的加速过程中，但不能说这一关系属性不具有因果相关性。因为这一关系属性是对因果有效性属性的存在量化。除此之外，第二种解释还包含了第一种解释所不具有的信息，即它告诉我们两个电子受力具体是多少并不重要，重要的是受力大小相等。

宽内容是心理状态和客观事态之间的关系。它与 F_a 和 F_b 之间的关系不一样，后者是数量关系。宽内容在本质上就是一种因果关系，即心理状态和客观事态之间的引起与被引起的关系。现实地球人看到他所处的环境中有一个盛水的玻

① Jackson F, Pettit P. Program explanation: a general perspective//Jackson F, Pettit P, Smith M. Mind, Morality, and Explanation: Selected Collaborations. Oxford: Oxford Universitry Press, 2004: 124.

璃杯,从而导致他相信玻璃杯中有水,于是他走到玻璃杯跟前,端起玻璃杯,喝掉水。"看到""走到""端起""喝掉"这一系列的动作都是人与其环境之间的互动。

(二)诉诸宽内容的解释是程序解释

我们可以先对现实地球人和孪生地球人的心理内容如何引起他们各自的行为进行比较,然后再来分析诉诸宽内容的解释是何种解释。

无论是现实地球人,还是孪生地球人,都采取了相同的因果模式:

(CM)在 w 上,s 看到面前有一个 c,从而相信 c 中有 o,s 想喝 o,于是走到 c 前,端起 c,把 o 喝掉。

其中,w、s、c、o 都是二值变量,w 的二值分别是现实地球、孪生地球,s 的二值分别是现实地球人、孪生地球人,c 的二值分别是玻璃杯、孪生玻璃杯,o 的二值分别是水、孪生水。

基于宽功能主义,处于一种宽心理状态之中,就是处于一种宽刺激输入、宽行为输出和其他的宽心理状态的因果关系之中。现实地球人和孪生地球人各自的行为尽管在物理层面上是不同的,但有着相同的因果模式。诉诸宽心理内容的解释实际上是从因果模态上解释二者的行为。现实地球人和孪生地球人的行为之间的不同,也只是在具体实现的细节上有所不同。

过程解释和程序解释是对同一个对象所作的不同解释,但它们之间除了对象相同之外,还有以下三点联系。第一,程序解释是过程解释的存在量化。程序解释解释的是行为程序和模式,过程解释解释的是具体的因果过程。第二,程序解释相对于过程解释而言,相对稳定,而过程解释则复杂多变。第三,程序解释具有独特的解释价值,不能被过程解释取代。过程解释告诉我们的是因果历史在现实中是如何发生的,而程序解释告诉我们的则是因果历史可能是怎样的,它告诉了我们过程解释所不具有的模态信息。①

四、宽功能主义的意向因果论的问题

杰克逊和佩蒂特赋予宽心理内容以因果相关性。但是,人们关心的可能不是宽心理内容的因果相关性,而是它的因果有效性。如果宽心理内容不具有因果有效性,那么,它就是本体论上的副现象,即使它不是认识论上的副现象。

① Jackson F, Pettit P. Program explanation: a general perspective//Jackson F, Pettit P, Smith M. Mind, Morality, and Explanation: Selected Collaborations. Oxford: Oxford University Press, 2004: 124.

杰克逊和佩蒂特将因果有效性与"因果产生过程"关联在一起，提出因果有效性要限定在基础物理学中的属性之中。因果相关性相对而言是一个更宽泛的概念。心理状态与行为因果相关，但是，在行为的产生过程中，其本身不是因果有效的，因果有效的是心理状态在特定时刻的物理实现基础。

杰克逊和佩蒂特表明，信念等心理状态本身并不能产生行为，而是为行为的产生"编制程序"。他们为宽心理内容的因果性辩护的方法似曾相识。戴维森在回应质疑者质疑异常一元论下的心理属性的因果地位时，采取了同样的策略，即将因果有效性与因果相关性区别开来。实际上，我们思考的是另外一个问题：一个事件如果没有心理属性，会不会对它的因果作用产生影响？杰克逊和佩蒂特以否定的方式回答了金在权的问题。从这个意义上说，宽内容实际上是金在权所说的副现象。

杰克逊和佩蒂特从来都没有宣称自己是副现象论者。从他们的作为来看，他们似乎是在为宽心理内容的因果性做辩护。但是，他们辩护的方法和结论并不是他们的"底色"，而是一种表面现象。他们实际上剥夺了心理现象的因果有效性。如果说布洛克是一个"有限制的副现象论者"，即功能属性作为二阶属性对于功能属性所定义的结果没有因果作用，但对除此之外的现象可能有因果作用，那么，杰克逊和佩蒂特二人可能是无限制的副现象论者。因为他们没有赋予以宽内容为代表的心理属性以金在权所说的因果有效性。

第三节　信息语义学的结构原因论

在面对外在主义威胁时，宽功能主义赋予了心理内容以因果相关性。从这个意义上说，宽功能主义取得了难能可贵的成就。但是，它只赋予心理内容以因果相关性，而没有赋予心理内容以因果有效性，这被金在权等人诟病。心理内容在行动的产生过程中有没有因果有效性，成为人们进一步思考的问题。德雷斯基一步到位，越过这个问题，直接思考在行动产生的过程中心理内容如何发挥因果作用。他解决这个问题的突破口是"双重待解释项策略"，即心理解释和物理解释的对象不同。物理解释的对象是身体运动，心理解释的对象是行动。行动不同于身体运动的地方在于，行动是过程，身体运动是结果，前者是大脑神经生理状态引起身体运动的过程，而后者是被引起的结果。物理解释回答的问题是，大脑的神经生理状态如何引起身体运动；心理解释回答的问题是，大脑的神经生理状态为什么会引起身体运动。前者回答的是如何的问题，后者回答的是为什么的问题。在双重待解释项策略的基础上，德雷斯基区分了两类不同的原因，即触发原因和结构原因。物理解释给出了身体运动的触发原因，解释了大脑的神经生理状态作为触发原因在某个特定的时间是如何引起身体运动的；心理解释给出了行动的结构原因，心理内容作为结构原因为什么会使大脑的神经生理状态在某个特定的时间引起身体运动。

一、心理内容的本体论地位与信息语义学

心理内容要具有因果有效性，其中一个非常重要的前提是，它真实地存在于世界之中。也就是，以心理内容为代表的心理现象要具有本体论地位。关于心理内容的本体论地位，有三种本体论观点。

一是以斯蒂奇和丘奇兰德夫妇为代表的取消主义，宣称心理现象在世界中根本就没有存在地位。他们在 20 世纪 80 年代末，声称心理语词如"相信""意想"等和"以太""燃素"一样，都是前科学的概念，没有真实的指称，以心理内容为代表的心理现象在世界上根本就没有存在地位。

二是以宗教神学为代表的唯心主义和以笛卡儿为代表的二元论，声称心理现象有独立于物理现象的本体论地位。与取消式的唯物主义相反，唯心主义和二元论给予心理现象以独立于物理现象的存在地位。唯心主义和二元论不能见容于自然科学，为心灵覆盖上了一层神秘的面纱，在当代心灵哲学中影响甚微。

三是心灵的自然化。"心灵的自然化"不只是一种口号，更是一种运动。心灵的自然化就是，既承认心理现象的存在地位，又去神秘化，即根据自然科学的成果来说明心灵。在自然化心灵的过程中，不同的哲学家选择了不同的自然科学概念来说明心理现象，从而形成了不同的自然化理论。相对于上述两种极端的观点，心灵的自然化是一种较为温和的本体论观点。

德雷斯基作为当代心灵哲学中较有影响的人物，选择被自然科学广泛接收的信息概念来说明心理内容。德雷斯基关于心理内容的理论被称作信息语义学。根据信息语义学，个体的命题态度的意向性就是个体心灵与其环境之间的信息关系。所谓信息关系是指一个系统的状态 r（信宿）具有属性 G，表征了某个对象 s（信源）具有属性 F。例如，温度计上面的读数是 25 表征了房间的温度为 25℃；交通指示牌上印有"P"字符表征了此处可以停车。

根据外在主义观点，心理内容是人的内在状态与外在环境之间的一种关系属性，心理内容随着外在对象的不同而不同。心理内容的这种关涉性或指向性

与信息关系有内在的一致性。因为信息从本质上讲也是一种关系属性。以信息关系来说明心理内容更容易让人接受和理解，有助于人们消除心理内容因其具有的关系属性而带来的神秘性。

德雷斯基将心理内容还原为信息关系，而信息本身是符号与其意义之间的表征与被表征的关系。然而，"表征"这个语词本身也比较晦涩难懂。它本身是一个认知科学的语词，原本是用来描述符号与其代表的对象之间的关系，即符号与对象之间的关系就是表征与被表征的关系。从这个意义上讲，心理内容就是"灰白质"计算机中的符号，表征了心理内容所指向的对象，内在地具有外在对象的信息，因而是一种关系属性。由于"表征"这个语词本身不好理解，因此，德雷斯基进一步对"表征"进行"自然化"。

一个系统能够表征外在的对象，是因为这个系统本身就是一个指示外在对象的指示器。人具有心理内容是因为人的内在状态能够指示外在条件。与温度计能够指示温度变化是因为人的设计不同，心理内容能够指示外在条件不是造物主的设计，而是大自然的设计和人的自然设计，前者源于大自然的进化，后者源于个人的学习。在每个人的成长过程中，条件反射和个人的学习使得外在对象内化为心理内容。

二、双重待解释项：行动与身体运动

德雷斯基的信息语义学已根据"信息"一词对心理内容作了重新解释。不过，要理解心理内容的因果性，人们还必须清楚要用心理内容来解释什么。根据德雷斯基的理解，心理内容解释的对象是行动，而不是身体运动。

行动与身体运动在德雷斯基的说明中处于非常关键的地位。德雷斯基关于行动的概念是内部产生的运动，这种运动的因果起源位于一个其部分正在运动的系统内部。[①] 假设 M 是一个机体 S 的身体运动，C 是 M 的原因，只有 C 位于 S 的内部，M 被 C 引起才是一个行动。如果 C 位于 S 的外部，那么，C 引起 M 就不是一个行动。试比较下面两个例子：

（1）张三把手举起来了，是因为他内部有一种状态，即他想举手。

（2）张三把手举起来了，是因为他的妈妈抓住他的手，并把他的手举起来。

很明显，第一个例子中有行动出现，第二个例子中出现的只是身体运动。

身体运动是结果，行动是导致身体运动和变化的因果过程。根据德雷斯基的双重待解释项策略，身体运动只是行动的一个重要组成部分。行动由三个要

---

① Dretske F. Explaining Behavior: Reasons in a World of Causes. Cambridge: The MIT Press, 1988: 2.

素构成：一是内在状态 C；二是身体运动 M；三是 C 和 M 之间的因果关系 R。行动是内在状态 C 引起身体运动 M。诉诸心理内容所做的心理解释，解释的是行动，而不是身体运动。身体运动是物理解释的对象。

三、"两类原因"：结构原因和触发原因

既然心理解释和物理解释所解释的对象不同，那么，诉诸心理内容的心理原因和诉诸大脑的神经生理状态的原因就是两种不同的原因。在德雷斯基看来，前者是结构原因，而后者是触发原因。

结构原因和触发原因是两种不同的原因。它们解释的对象不同，是因为它们解释的问题不同。前一个关于"如何"问题，后一个关于"为什么"问题。触发原因是直接引起一个事件的事件；结构原因是触发原因起作用的根据、条件。触发原因和结构原因除了解释的对象不同之外，还有一个非常重大的不同：触发原因从本体论上讲是事件个例，而结构原因从本体论上讲是事件类型。

在意向因果性问题上，行动的结构原因和身体运动的触发原因是如何联动的，是一个关键性的问题。根据德雷斯基的观点，人的大脑是一个指示器 C。当外在条件 F 出现时，这个指示器就会指示相应的条件并记录在人的大脑中，形成一种具体的内在状态 C_n。这种具体的内在状态有两重性质：一是指示外在的条件或对象；二是内在的神经生理性质。这个指示外在对象的神经生理状态引起了身体运动 M。身体运动 M_n 在此时（下标 n 代表现在）是如何产生的？回答是，大脑中出现了一种神经生理状态 C_n，C_n 在此时引起了 M_n。C_n 在此时为什么会引起了 M_n？回答是，只要 F 出现，不论何时，C 都会引起 M，且 C_n 从属于类型 C，M_n 从属于类型 M。

C_n 指示或意指 F，解释或有助于解释它为什么会引起 M_n，比如有助于解释一个人为什么移动了他的手臂。现在还剩下最后一个问题，即 C_n 为什么会指示或意指 F？温度计指示温度，是由于人为的设计。但在人的意向因果性上，人们不能借助于人之外的造物者，否则又会陷入神秘主义，且与自然化的目标相背。C_n 指示或意指 F，只能是由于大自然的选择和个体的进化。具体说来，就是由于个体的条件反射和自我学习。当 F 出现时，C 引起 M 获得了有利于生存的生存价值即好处，F 出现，C 引起 M 的因果模式就会被强化。[1]

---

① Dretske F. How beliefs explain: reply to Baker. Philosophical Studies, 1991, 63(1): 113-117.

对于德雷斯基的策略和观点，金在权作出了高度评价。他说：德雷斯基的说明具有独创性和启发性，这种说明严肃地对待了意向状态的表征特性。作为一种对句法主义的回应，它在许多方面比其他的回应更直接。其他的回应有所谓的"窄解释"策略（如福多）和"宽待解释项"策略（如伯奇），前者试图发现非关系的"窄"内容属性来做这种必要的因果解释工作，后者是一种完全相反的策略，它外化了合理化过程中的待解释项，从而与宽的关系性的待解释项相匹配。德雷斯基的方法与前者不同的地方在于，它继续面对宽内容属性，与后者不同的地方在于，它没有外化待解释项，尽管它从关系的角度来分析它们。①

四、信息语义学的问题

正如金在权所言，德雷斯基的策略和观点具有独创性和启发性，似乎能够比较令人信服地解决意向因果性问题。然而在很多论者看来，德雷斯基的观点仍然存在问题。贝克指出，德雷斯基的理论存在某种循环。金在权认为，德雷斯基的意向因果论仍然存在随附性/排除难题，意向内容的关系性质是副现象。

（一）循环论证

如果说金在权是从共时性方面说明德雷斯基的意向因果论可能存在副现象论问题的，那么，贝克则是从共时性和历时性两个方面说明这一理论可能存在某种循环论证的。②

从共时性方面讲，在此时，C_n 之所以引起了 M_n，是因为在机体 S 周围出现了 F。C 是 F 的指示器，当 F 出现时，指示器 C 就能探测到 F 并在 S 中将其记录为 C_n。如果将 C_n 引起 M_n 这一因果关系看作一个整体，F 与这个整体之间的因果关系是 F 引起 $C_n \rightarrow M_n$。从历时性方面讲，C 成为 F 的指示器，是因为每当 F 出现时，C 引起 M 会给机体 S 带来生存价值，从而在因果上使得 C 具有指示 F 的功能。C 引起 M 似乎是 C 指示 F 的原因。③从历时性方面看，C 有意义不是 C→M 这一过程的原因，而是其结果。从共时性方面看，F 引起 C 是原因，C 引起 M 是结果；从历时性方面看，C 引起 M 是原因，C 指示 F 是结果。在一个既定的因果关系中，原因和结果的位置不是固定的。贝克明确指出：一方面，

① Kim J. Dretske on how reasons explain behavior//Kim J. Supervenience and Mind: Selected Philosophical Essays. New York: Cambridge University Press, 1993: 300.

② Baker L. Dretske on the explanatory role of belief. Philosophical Studies, 1991, 63(1): 99-111.

③ Baker L. Dretske on the explanatory role of belief. Philosophical Studies, 1991, 63(1): 99-111.

德雷斯基认为意义唯一的因果作用在于建构 C → M；另一方面，除非 C → M 的过程已被建构，否则就不存在意义或表征。[①]

对于贝克的质疑，德雷斯基指出，这里不存在循环，因为要求意义解释的那种因果作用不同于意义据以产生的那种因果作用。[②] 在意义或意向内容 F 与 C → M 的因果过程中，C 的意义 F 可以解释 C 对 M 的因果作用，但是 C 意指 F 不是来源于 C 对 M 的因果作用，而是来源于学习过程。学习过程是一个习得规范的过程。人眼看到红灯引起人停止脚步，不具有自然的因果性，只具有规范的因果性。规范的因果性不同于自然的因果性，故意违反是可能的。故意或无意违反者，被给予适当的惩罚之后，得到了教训，付出了代价，就逐渐习得并建构"红灯停"的因果结构。

总之，意向内容对内在状态引起运动输出的因果力，即 F 对 C → M 这一因果过程的因果力，不是来源于 C → M 这一因果过程的内部，而是来源于外部，即学习过程的建构。

（二）随附性/排除难题再现

随附性/排除难题是针对非还原的物理主义的。一种理论只要存在某种形式的二元论，就会遇到随附性/排除难题。金在权宣称德雷斯基的双重待解释项策略的成功实施要求承诺了二元论。[③]

根据双重待解释项策略，行动与身体运动不同。根据两类原因策略，行动是根据心理内容来解释的，身体运动是根据大脑的神经生理状态来解释的。其中的每一个待解释项只能根据一种解释项来解释，否则就会遇到排除问题。例如，如果行动既可以根据心理内容来解释，又可以根据大脑的神经生理状态来解释，那么，对于同一个事件有两个不同的充分的原因，就会遇到随附性/排除难题。金在权宣称，即使承认行动只能根据心理内容来解释，身体运动只能根据大脑的神经生理状态来解释，也会遇到排除问题。

行动的本体论地位是问题的关键。行动不同于身体运动。身体运动是物理事件；行动是物理事件，还是非物理事件呢？如果行动是物理事件，那么，根据物理因果闭合性原则，这个物理事件有一个充分的物理原因。但根据两类原因策略，行动这个物理事件有一个充分的心理原因。行动这个物理事件既有物

---

① Baker L. Dretske on the explanatory role of belief. Philosophical Studies, 1991, 63(1): 99-111.

② Dretske F. How beliefs explain: reply to Baker. Philosophical Studies, 1991, 63(1): 113-117.

③ Kim J. Dretske on how reasons explain behavior//Kim J. Supervenience and Mind: Selected Philosophical Essays. New York: Cambridge University Press, 1993: 294.

理原因，又有心理原因，而心理原因即意向内容不能还原为大脑的神经生理状态，因而心理原因就被排除，作为结构原因的意向内容就是副现象。如果行动是非物理事件，那么，这就意味着对笛卡儿式的二元论的复归，而笛卡儿式的二元论本身与物理因果闭合性原则相违背。

金在权是一个物理主义者，在行动的本体论地位上，他只会承认行动是一个物理事件。如果行动是一个物理事件，那么，需要进一步思考，行动的心理原因和物理原因的关系问题。德雷斯基否认了心理原因还原为物理原因的可能性，理由是意向内容具有外在性。金在权则表明，意向内容的外在性并不妨碍意向心理原因向物理原因的还原。

对于德雷斯基而言，有内容的心理状态本质上是关系性的，包含了外在于机体的生态的和历史的条件。在一个心理学解释中，如果被解释项是关系性的，那么，解释项也一定是关系性的。关于机体的生物学理论是内在的，不可能提供这个关系性的解释项。生物学由于只关注机体的内在的生物－物理属性，因而只能解释机体的运动输出，不能解释内在状态为什么会引起一个既定的运动输出。要解释这种因果关系结构，我们必须求助于机体与环境之间的关系事实。这就是意向心理学凭借它的表征和语义性发挥的作用。德雷斯基否定的是意向内容向神经生物学属性的还原。在这个还原的过程中，被还原的对象是意向内容，还原的基础是内在的神经生物学属性。意向内容的随附基础不是内在的神经生物学属性这种窄物理基础，而是宽物理基础，即机体与其环境之间的时空关系。这种时空关系包括意向内容随附的所有物理事实和条件，既包括现在的事实和条件，又包括过去的事实和条件。如果这种宽还原是可以被接受的，那么，意向状态的内容属性的因果作用就不是必要的和不可取消的，心理事物就没有独立的因果作用。

金在权否认了这种宽还原，而是坚持窄还原，坚持将意向心理原因还原为大脑的神经生理原因。一种内容属性的一个既定例示的因果力完全在于它随附的神经状态的因果力。[①]金在权得出这一结论是基于德雷斯基的"错误表征"理论。

德雷斯基承认，错误表征是一个事实，任何一个适当的表征理论都必须容许错误表征的存在。所谓错误表征是一个系统在表征对象不存在的情况下依然表征了该对象。例如，在日常生活中，有人误以为井绳是蛇，就是一个典型的

---

① Kim J. Dretske on how reasons explain behavior//Kim J. Supervenience and Mind: Selected Philosophical Essays. New York: Cambridge University Press, 1993: 304.

错误表征。一个系统出现错误表征源于这个系统的功能失常，而功能失常则由于人为的设计。凡是为了实现某种目的或功能而人为设计出的系统都有可能出现功能失常。人作为一个大自然设计和自我设计的系统，也可能出现功能失常，从而导致错误表征。即使出现错误表征，在德雷斯基看来，也有生存价值。一个生物错误地表征了它的天敌从而采取规避行动，宁可错逃，切勿不跑，有利于降低生存风险。

在金在权看来，如果错误表征是一个事实，那么，一个意向内容在它的对象不存在的前提下依然会出现。现在假设一个机体 S 已完成了相应的历史进化，形成了一个相对固定的从 C 到 M 的因果模式。如果在当下机体 S 的周围出现了 F，C 作为一种 S 的内部指示器，将它的出现记录为 C_n。C_n 属于 C 的一个个例，根据从 C 到 M 的因果模式，C_n 引起了 M_n。由于错误表征的存在，在此时，即使机体 S 的周围没有出现 F，指示器的状态也可能转化为 C_n，根据从 C 到 M 的因果模式，C_n 引起了 M_n。基于这两种情况的比较，人们似乎可以得出，内在状态的关系属性存在与不存在，都不会改变它的因果有效性。从这个意义上说，内在状态的关系属性就是副现象。

第四节 目的论语义学的规范原因论

在当今心灵哲学中，倡导目的论语义学的人有很多，如米利肯（Millikan）、帕皮诺（Papineau）、波格丹（Bogdan），主要旗手是米利肯。目的论语义学的学科基础是生物学。它和唯心主义目的论一样，都属于一种目的论，也都肯定了事物的存在都是"有目的"地设计的结果。不同的地方在于，生物学目的论主张设计者是"人格化的"大自然（或生物自身），而唯心主义目的论则认为设计者是上帝。根据目的论语义学，内在表征的语义内容，不是它的物理学的功能，而是它的生物学的专有功能。一个生物系统是否发挥它的功能以及如何发挥它的功能，具有规范性，不具有自然必然性。根据大自然的设计，在某种条件下，它应该发挥某种功能，但在实际情况下，它有可能没有发挥这种功能。根据这种观点，诉诸语义内容或心理内容的解释不是物理学中所说的因果解释，而是一种规范解释。但是不能由此就得出心理内容是副现象，因为心理内容对引起行为的物理原因有限制作用。

一、目的论语义学兴起的原因

目的论语义学兴起的原因在于以往的因果语义学或信息语义学存在这样或那样的问题。语义学中有两个核心问题：一是一个系统的内在表征是怎么来的；二是这个表征为何能表征它的对象。在这两个问题上，以往的语义学有以下几种主张。

第一，内在表征是由表征的对象引起的，前者表征后者是由于两者之间具有因果关系。这种观点类似于亚里士多德的蜡块说。根据蜡块说，当人的理性灵魂进行思维活动时，思维对象就会在灵魂上留下痕迹，犹如文字刻于蜡块上一样。米利肯认为，这种观点有着明显的问题。从历时性的方面看，每个事件都处于一个因果链条中，对于其中的任何一个事件，既有近端原因，也有远端原因，如果一个内在表征（结果）表征了它的对象（原因），那么，这个内在表征要表征的对象太多了，既要表征近端原因，又要表征远端原因。从共时性的方面看，在同一时间，导致一个对象产生的原因可能有多种。内在表征"马"通常是由外在的马引起的，但有时也可能是由外在的牛引起的。语义的因果论显然不能解决析取问题，不能解决表征相同而原因不同的问题。

第二，表征不是由表征的对象引起的，而是系统自有的，但表征的内容是由表征对象因果地决定的。福多就持这种观点。根据福多的心理模块论和关于心灵的计算理论，像人这样的人肉计算机内部封装了很多信息，与生俱来就有内在表征。这些表征所表征的对象不是固定不变的，它表征什么，依据所处的环境而定。就像福多在孪生地球的跨情景思想实验中所说的那样，现实地球人和孪生地球人的内在状态是完全一样的，但它们表征什么是由外在环境决定的。这种观点类似于"镜子说"，镜子的存在与反映的对象之间不是因果关系。镜子不是反映对象引起的结果，但是，镜子的"内容"即镜像却是由反映对象决定的。在福多看来，一个系统的内在表征只是一个单纯的表征，不表征特定的对象。但是，这种观点似乎与常识相违背，"马"有特定的表征对象即马，"牛"有特定的表征对象即牛。

第三，表征的产生源于特定的原因，但它的内容不在于它的原因，而在于它的功能。如果表征是一个系统的功能的话，那么，它不是表征原因，而是将原因当作特定的输入，通过这个系统的转化，而形成有待表征的特定的输出。功能系统作为输入和输出之间的中间环节，有能力将不同的输入转化为相同的输出。持这种观点的哲学家主要是德雷斯基。德雷斯基虽然自然化了表征或探测，但是，他错误地以为，具有表征功能的符号或表征者是一种自然的结果。

德雷斯基错误地认为内在表征一定携带了自然信息。在很多时候，动物在没有威胁出现时也会逃跑，这种情况下的内在表征没有携带自然信息。[①]

二、目的论语义学的内容

在米利肯看来，目的论语义学能更好地解决内在表征的产生和表征功能的获得问题。

（一）"表征生产"与"表征消费"

在因果的或信息的语义学中，内在表征是如何产生的是一个非常重要的问题。米利肯则认为，相对于表征的产生（或生产）而言，人们更应该关注表征的消费。[②]

根据米利肯的观点，要理解内在表征及它的内容，就要从表征的使用者即消费者入手。一个内在表征的功能就是指示它的表征对象。这个内在表征不是一个自然的符号，而是选择和设计的结果。

作为表征系统而言，虽然重点在于表征的消费，但也不能缺少表征的生产。任何一个系统都包括两个方面：一个方面是生产表征，另一个方面是消费表征，而生产是为了消费。米利肯的观点有两个要点。第一，这个系统的消费者部分一定理解它得到的表征。例如，一个男人向一个女人挤眉弄眼。挤眉弄眼是一个自然符号，既可以表征发出信息的人眼睛干涩，也可以表征眉目传情。除非接收信息的人，即符号的消费者，能够理解挤眉弄眼这个符号的意义，否则，这对男女作为一个系统就不能用挤眉弄眼来传达情意。第二，一个表征在被作为表征使用时一定承载了固定的信息。[③]这一观点明显与福多不同。在福多看来，表征不承载固定的信息，随环境的不同，承载不同的信息。

（二）专有功能及其规范性维度

在一个系统中，表征的生产是为了表征的消费。对于这个系统而言，它以一种内在的表征 R 去表征、指示或探测对象 R，是为了实现它自己的某种目的。这就是米利肯所说的专有功能（proper function）。

---

① Millikan R. Biosemantics//Macdonald C, Macdonald G. Philosophy of Psychology: Debates on Psychological Explanation. Oxford: Blackwell, 1995.

② Millikan R. Biosemantics//Macdonald C, Macdonald G. Philosophy of Psychology: Debates on Psychological Explanation. Oxford: Blackwell, 1995.

③ Millikan R. Biosemantics//Macdonald C, Macdonald G. Philosophy of Psychology: Debates on Psychological Explanation. Oxford: Blackwell, 1995.

要理解专有功能这个概念，必须先要理解"专有"和"功能"这两个概念。"功能"是一个常用概念。一个系统有特定的功能，就是说它在特定的条件下能够发挥特定的作用。"专有"是米利肯独创的概念，它有两层含义：一是"自己所有"；二是"专门"。专有功能是系统自己所有的，最终目的是服务于自己。专有功能是一种专门的功能，米利肯在这里显然是有意解决析取问题。"马"虽然由马引起也有可能由牛引起，但"马"的专有功能是表征马，而不是牛。

说明专有功能必须诉诸生物系统的种系发生史。一个生物系统的专有功能，就是在其族类进化的过程中，由"人格化的"自然界通过自然选择或"设计"使其具有的一种特定的功能。描述一个事项的生物学功能，不是描述它的倾向能力，而是描述它的祖先在特殊的历史过程中所发挥的作用，即它的祖先在诞生、发展和生殖的具体的延续数代的周期性的过程中所发挥的作用。比如，对老鼠而言，在其进化的过程中，如果不以"猫"表征猫从而采取规避行为，老鼠就会灭绝。

生物系统的专有功能的发挥类似于人工物品的专有功能的发挥。人们设计人工物品是通过让其实现特定的功能来实现特定目的。对于生物系统而言，它的专有功能的发挥也受到两个条件的限制：一是过程规范；二是条件规范。根据自然设计，一个生物系统会在规范的条件下以一种规范的形式发挥专有功能。因此，在米利肯看来，对专有功能的说明，离不开对"规范解释"和"规范条件"的界定和说明。

规范解释就是要解释功能系统如何发挥被"设计"的专有功能。规范解释只涵盖过去，而不指向未来。它只解释专有功能过去是如何发挥的。说明这一点，只有自然法则还不行，还必须结合某些特定的条件以及相关功能基础的倾向和结构。①

规范条件就是规范解释中提到的条件。规范条件可以理解为"历史最优条件"，即这些专有功能实际上成功地为有机体生存和繁衍带来收益时的条件。关于规范条件，有两点需要注意：一是专有功能在规范条件下不一定被执行；二是执行专有功能的规范条件是很少的。

（三）错误表征

如前所述，错误表征是一个事实，任何可行的表征理论都要允许错误表征的存在。因果的或信息的语义学都不能解决这个问题。

① Millikan R. Biosemantics//Macdonald C, Macdonald G. Philosophy of Psychology: Debates on Psychological Explanation. Oxford: Blackwell, 1995: 256.

对于一个系统而言，根据大自然的"设计"，在规范条件出现时，这个系统就会执行规范的专有功能，从而表征规范的对象。当规范条件没有出现时，或当遇到的条件不是最优条件时，生物的功能系统依然会对其做出反应，只不过这时的反应不是规范的反应。

根据大自然的设计和生物学规范，对于人而言，内在表征"马"表征的是马而不是牛。为什么牛出现时人以"马"来表征它呢？米利肯的解释是，这是因为非规范条件出现了。她说：当条件不是最优时，生物系统在其他条件相同的情况下就会产生空概念或含糊不清的概念，就会产生生物学上无用的愿望或错误的信念。①

三、作为规范解释的理由解释

在心理因果性问题上，米利肯的观点如同她的语义学观点一样，个性鲜明。一方面，她否认根据信念和愿望作出的理由解释是因果解释；另一方面，她又否认信念和愿望是副现象。

在米利肯看来，因果解释是利用因果规律所作的解释。两个事件之所以具有因果关系，是因为它们例示了一条严格的规律。严格的规律具有法则学的必然性，知道原因以及它所从属的自然规律，就可以推出它的结果，而且结果的出现具有法则学的必然性，不能违反。

但是，命题态度等心理事件具有规范性维度，不能纳入严格的决定论的规律之中。因此，根据理由作出的心理解释不是因果解释，而是规范解释。例如，看到红灯与停止前行之间的关系不是必然的因果关系，理由有二：一是如果它们之间具有因果关系，则人们看到舞台上的红灯也会停下来，但事实显然不是如此；二是如果它们之间具有因果关系，则有前因必有后果，但事实也不是如此，因为有行人看到红灯亮了还是会闯红灯。

米利肯认为理由解释不是因果解释，而是规范解释。根据表征内容，对行为的解释也属于规范解释。根据理由来解释行为，不是让行为从属于规律之下，而是让行为从属于生物学的规范之下。说让行为从属于规范之下，不过是说让它从属于目的论的功能之下。例如，要解释行为的产生和存在，就必须说明有关的功能，而这又不过是要交代大自然设计的有关规范。要说明行人看到红灯

---

① Millikan R. Biosemantics//Macdonald C, Macdonald G. Philosophy of Psychology: Debates on Psychological Explanation. Oxford: Blackwell, 1995: 262.

就停止前行，只能诉诸规范，即他在遵守交通规范。[①]

既然根据信念和愿望所作的心理解释不是因果解释，这是不是意味着，信念和愿望等命题态度是没有因果作用的副现象呢？米利肯的回答显然是否定的。因为规范解释对原因进行了"限制"。每一种规范解释后面，都存在着一种具有目的－功能的系统，而它获得目的－功能是源于一种非常独特的因果历史。

不过，理由与行为之间的规范关系还是由物理关系来实现的。在这一点上与机器功能主义别无二致。有功能必然有功能的规范地运作和发挥的方式。一个系统要发挥功能，其构成材料及结构必须发生变化。这种变化过程正是物理原因发挥作用的过程。[②]从实现与被实现的关系看，好像是物理关系决定了规范关系。实际上并不是这样，信念和愿望等命题态度具有可多样实现性，规范关系比物理关系更稳定和统一，因而在规范关系既定的情况下，信念和愿望等命题态度对实现它们的物理原因有限制作用。

四、"沼泽人"反对意见与可能的回应

目的论语义学从本质上讲还是一种功能主义。凡是功能主义，就需要回答以下两个问题：功能相同的系统，心理内容是否也相同？假设有两个系统，其中一个有进化史，另一个没有进化史，但它们却有着完全相同的功能。试问：它们是否也有相同的心理内容？这就是沼泽人思想实验向历史外在主义（当然也包括目的论语义学）提出的问题。

（一）沼泽人思想实验

非常有意思的是，沼泽人思想实验不是内在主义者提出的，而是由外在主义者戴维森提出的。他提出这一思想实验是想说明，内在主义是错误的理论，而外在主义是正确的理论。然而，在很多内在论者看来，外在主义本身并不能很好地解决沼泽人思想实验中提出的问题。无论如何，我们先了解一下这一思想实验。

想象一下，戴维森正在沼泽地里漫步。此时，一道闪电击中了他，并将他的身体分解为基本粒子。与此同时，一件诡异的事发生了。他身旁的一棵枯死

①   Millikan R. Biosemantics//Macdonald C, Macdonald G. Philosophy of Psychology: Debates on Psychological Explanation. Oxford: Blackwell, 1995.

②   Millikan R. Biosemantics//Macdonald C, Macdonald G. Philosophy of Psychology: Debates on Psychological Explanation. Oxford: Blackwell, 1995.

的树变成了戴维森的内在物理复本。戴维森凭空消失了，死树变成了另外一个戴维森。从起源上讲，由死树变成的戴维森只是一个沼泽人，不是戴维森本人。戴维森由他父母所生，而沼泽人是由闪电劈出来的。

如果沼泽人是戴维森的物理复本，那么前者的行动也是后者行动的复本。他和沼泽人作为两个系统，在外在条件相同的情况下，会做出相同的行为反应。既然如此，人们似乎就不能厚此薄彼，宣称只有戴维森有心理内容，而沼泽人没有心理内容。

这一思想实验至少已表明，目的论功能主义内部存在一定的张力。一方面，目的论功能主义是一种功能主义。凡是功能主义皆主张，有相同的功能，就有相同的心理。另一方面，目的论功能主义也是一种历史主义。凡是历史主义皆主张，有不同的历史，就有不同的心理。从功能主义的维度讲，沼泽人和戴维森作为两个系统，能发挥相同的功能，因而有相同的心理内容。从历史主义或进化论的角度讲，沼泽人和戴维森作为两个系统，没有相同的进化史，就不可能有相同的心理内容。

（二）各种可能的回应

对于沼泽人思想实验的挑战，外在主义者有三种不同的回应：一是戴维森本人及其支持者的回应；二是德雷斯基的回应；三是米利肯的回应。

1. 戴维森本人及其支持者的回应

在戴维森看来，尽管沼泽人和他具有功能上的相似性，但前者不具有心理内容。戴维森的结论类似于塞尔的中文屋思想实验得出的结论。但是，沼泽人思想实验与中文屋思想实验有一个显著的不同。在沼泽人思想实验中，沼泽人和戴维森这两个系统，不仅在功能上相同，而且在内在构成上也是完全相同的。在中文屋思想实验中，屋内不懂中文的人本身不是一个系统，他和中英文符号手册两者结合在一起，才是一个系统。这个复合系统与懂中文的人有相同的功能，但内在构成不同。所以，从这个方面来讲，中文屋思想实验尽管能够反对功能主义，但不能反对目的论。

戴维森本人也认为他设想的沼泽人思想实验对外在主义形成了实质性的威胁。沼泽人可以像它的原本戴维森一样发出任何声音，但是它没有将这个声音与其意义（语词与所指）关联起来。学习和使用语言就是遵守语言规范的问题。一个人只有规范地使用语言才能与他人交流。在沼泽人思想实验中，尽管复本能像原本一样发出任何声音，但是，由于它缺乏学习的历史，因而它像童言无忌的小孩一样，不能用声音或语词意指原本戴维森所意指的东西。①

有质疑者认为，戴维森的彻底翻译理论事实上承认了沼泽人有意向心理内容。彻底的翻译理论的理论基础有三个：一是成真条件语义学；二是三角测量学；三是宽容原则。成真条件语义学说的是，一个句子是真的，当且仅当存在对应的客观事实。"雪是白的"是真的，当且仅当雪是白的。三角测量学说的是，说者、解释者和客观事实要成为一个稳定的三角。解释者只有弄清说者在什么条件下说出那句话，才有可能对其作出解释。宽容原则说的是，解释者抱着宽容的态度认为说者的绝大多数信念是真的。这实际上表明，解释者认为说者和他一样都是理性的人，有着大致相同的价值判断。整个解释的过程就是投射的过程。如果沼泽人和原本戴维森面对相同的处境且采取相同的行为，那么，根据彻底的解释理论，解释者就要将相同的信念状态归属给两者。由此可以得出，沼泽人和原本戴维森一样都有心理内容。基于此，说者如何习得一个语词的使用与解释活动是无关的，解释活动是一个非历史的活动。

为了化解这一内在矛盾，戴维森的支持者莱波雷和路德维希（Ludwig）实际上放弃了戴维森的历史外在主义主张，而坚持彻底的解释理论。在他们二人看来，戴维森对沼泽人思想实验的回应是存在逻辑问题的，从相关的前提推断不出，沼泽人不能通过其发出的声音意指任何东西或表达任何思想。② 相关的前提有如下三个：一是沼泽人在创造出来之时不可能具有原本戴维森之前的记忆。一个人记得某事，仅当某事真正地存在过。例如，沼泽人不可能有 20 岁生日的记忆，因为它没有 20 岁，那时它还没有被创造出来。二是沼泽人不可能将戴维森的朋友们认出来。只有曾经结识过那些朋友，才会将他们认出来。三是沼泽人不能说一种公共语言。掌握语言意味着遵守规范，不置身于语言共同体之中就不知道是否在遵守规范。但是，在他们二人看来，这三个前提与沼泽人的话语有意义，是一致的，与其拥有有内容的想法也是一致的。

郑宇健似乎认为上述三个前提可能也存在问题。在他看来，只要复本和原本在物理方面是完全相同的，那么，复本就具有原本的历史。他运用了"从后思索"的方法。假设这个沼泽人若干年后提出了戴维森提出的三角测量理论，由他提出的三角测量理论也产生了相同的效应，即引起了广泛讨论。在这里存在两条因果线：一条是原本戴维森的，另一条是沼泽人的。这两条因

---

① Davidson D. Knowing one's own mind. Proceedings and Addresses of the American Philosophical Association, 1987, 60(3): 441-458.

② LePore E, Ludwig K. Donald Davidson: Meaning, Truth, Language, and Reality. Oxford: Clarendon, 2005: 288.

果线有一个交点，即两者都提出了三角测量理论并引起了广泛讨论。除此之外，要想提出完全相同的理论，肯定在这之前也有一系列的交点，比如，肯定都思考了塔斯基的真理理论。两条因果线如果有两个点是重合的，那么，它们实际上就是一条因果线。既然作为结果的三角测量理论提出来了，那么，产生这一结果的所有前提条件都必须存在。郑宇健得出这种观点根据的是反事实依赖关系。这种反事实依赖关系实际上是康德式的先验论证。根据先验论证，如果一个人存在，那么，他的父亲、祖父以及他的每一个祖先都必须存在。同理，既然沼泽人若干年后能够提出完全相同的理论，那么，这个理论得以提出的各种先决条件也就存在，当然也包括沼泽人被创造时具有戴维森的历史性。[①]

2. 德雷斯基的回应

原本戴维森和复本沼泽人在物理上和在功能上都是不可分辨的，人们直觉上倾向认为，复本能用声音或语词去表征事物，因为原本也是如此。在德雷斯基看来，这种直觉是错误的。

假设车辆废弃场里有一辆汽车。天空中出现一道闪电，这道闪电复制了这辆汽车。现在同时存在两辆汽车，一辆是原本汽车，一辆是复本汽车。这个思想实验与沼泽人思想实验不同的地方在于，在沼泽人思想实验中，原本和复本不同时存在。原本汽车和复本汽车在其他方面完全一样，唯一不同在于，原本汽车的油表工作正常，而复本油表的指针不能反映油箱中的油量。现在需要考虑的一个关键问题是：复本汽车的油表是坏的吗？

对于油表是好的还是坏的，评价标准是，它是否做了应该做的事情，即它是否发挥了与设计一致的功能。我们似乎无法评价复本汽车的油表是好的还是坏的，因为没有评价标准，它不是人们有目的设计的结果。可能有人会进一步质疑说，根据"油表"的定义，它是用来表示油量的工具。如果复本汽车的油表不表示油量，则它就是坏的。但问题是，复本汽车有没有油表呢？或许那个东西只是像油表，但根本就不是油表。

在德雷斯基看来，表征获得指示能力是以历史为基础的。一个符号 X 意指 X，仅当 X 获得了指示 X 的功能，而它获得这种功能，仅仅是因为它在过去实际地指示过 X。德雷斯基认为，复本汽车就像查默斯怪人论证中的"怪人"一样，没有"意识"，不能表征任何东西。[②]

---

① 郑宇健. 沼泽人疑难与历时整体论. 哲学研究, 2016, (11): 114-122, 129.

② Dretske F. Absent qualia. Mind and Language, 1996, 11 (1): 78-85.

3. 米利肯的回应

在历史对语义内容的决定作用问题上，戴维森和德雷斯基关注的是个体的历史，而米利肯关注的是种系的历史。在米利肯看来，沼泽人不是人，不具有原本戴维森所具有的生物学功能。

人是自然种类。复本沼泽人和戴维森在物理上是不可分辨的，但是复本沼泽人并不属于人类。在这里，首先要解决的一个前提性问题是：自然种类由什么决定？克里普克似乎认为，物理学的自然种类是由其微观物理构成决定的。但是，这种标准不能运用于生物学的自然种类上。戴维森和米利肯都属于人类，但是他们的基因是不同的。人类之所以是人类，就在于人类祖先的进化史。

沼泽人不属于人类，是因为它没有适当的进化史。它只是被随机创造出来的。人类和其他生物种类从本质上讲是历史的种类，它们的个体属于这个类是因为它们是这个类的后代。[①] 人们无法评价沼泽人的身体或大脑的功能是否正常，因为不知道评价的适当标准是什么。

目的论语义学旨在通过经验的方式揭示信念和愿望等表征类型的本质。这些本质是历史的，而不是微观物理的。目的论语义学的任务不是做概念分析。因此，复本沼泽人只是戴维森的物理复本，而不可能是后者的意向复本。

第五节　解释实践优先理论

在思考心理内容的因果性问题时，人们总是遵循一个相同的方式，即先构想一个关于实在和因果关系的形而上学图景，再千方百计地将关于心理内容及其因果性纳入这个形而上学图景之中。在贝克和伯奇看来，这种思考问题的方式注定了这种"纳入"愿望的落空。因为人们在构想这种形而上学图景时总是以物理学为基础。在这种以纯客观的物理学为基础的形而上学中，不可能有"主观"的心理内容及其因果作用的地位。因此，人们只有摆脱形而上学偏见，颠倒形而上学和解释实践的优先地位，专注心理属性的日常解释，才能最终解决关于心理内容的副现象论问题。

---

① Millikan R. On swampkinds. Mind and Language, 1996, 11 (1): 103-117.

一、解释实践享有相对的优先地位

在贝克和伯奇看来，坚持形而上学优先性所付出的代价太大了，不仅放弃了心理内容的因果有效性，不得不接受关于心理内容的副现象论，而且还放弃了特殊科学中的属性的因果有效性，不得不接受宏观属性的副现象论。人们对唯物主义形而上学给予了过多的重视，对解释实践的反思则进行得太少。

事实上，证明心理内容是副现象的形而上学根据，远没有证明心理内容是因果现象的解释实践根据可靠。在形而上学理论与解释实践的关系上，不是前者是后者的基础，而是后者是前者的基础。只要人们扭转前者优先于后者的传统看法，心理因果性问题就会自动消解。[①]

二、"因果力"概念与心理内容的因果力

在关于心理内容的因果有效性问题上，内在主义、外在主义都承认，如果一个事件的某种属性影响了它的因果力，那么，这种属性就具有因果有效性。从这个意义上说，因果力概念是阐明心理内容是否具有因果有效性问题的关键概念。但是，人们对这个概念的理解并不明晰。在福多看来，因果力是绝对的，是事件固有的，与事件从属的类型无关。伯奇则认为，因果力是相对的，与事件从属的类型相关。

事件从属的类型不同，进入的因果模式就不同，某类事件的因果力要根据那类事件所进入的因果模式来理解。事件的属性是客观的，但是这种客观的属性对于不同的价值主体而言，具有不同的作用。一个事件从属于哪个因果模式则属于因果解释范畴，与解释目的有关。在一个事件中，具有因果力的属性，就是那些进入因果解释中的属性。

伯奇的这种想法实际上是对福多跨情景思想实验的反击。在福多看来，要分析一种属性是不是因果有效属性，就要在同一个情景中比较，一个事件有这种属性和没有这种属性是否影响它的因果力。在同一情景之内，现实地球人和孪生地球人虽然关于水的信念和愿望不一样，但他们二人的行为结果没有差别。这就意味着，心理内容上的差异不是因果力上的差异，因而前者不是因果有效属性。

在伯奇看来，一个事物的因果力与它的物理构成是无关的。两个事物在物

---

① Burge T. Mind-body causation and explanatory practice//Heil J, Mele A. Mental Causation. Oxford: Oxford University Press, 1993.

理学上不可分辨，不代表它们有完全相同的因果力。两个事物在物理学上是可分辨的，也不代表它们有不同的因果力。

生物学与心理学一样也是根据因果力来归类的。如果将福多论证心理学解释是个体主义的论证套用到生物学上，就可以看出这一论证逻辑的荒谬。这个论证如下：

（1）生物学解释是因果解释。

（2）生物学解释采用的状态和过程应当根据它们的因果力而在类型上个体化。

（3）反个体主义的概念预设了两个个体的生物状态和过程间的差异的可能性，但是二者的大脑并没有差异。

（4）然而，假如两个个体的大脑不存在差异，就不会有因果力的差异。

因此，（5）生物学解释不应以反个体主义的方式对状态和过程的类型进行个体化。[①]伯奇将反驳的突破口放在步骤（4）上。

物理上完全相同的器官，其因果力可能是不同的。伯奇以生物学反例证伪了福多的论证。既然心理状态的实现基础不能决定它的因果力，因而不能据以归类，那么，心理状态根据什么归类呢？伯奇又将这一问题拉回到外在主义中，他的回答是外在环境。环境与个体之间存在的因果模式可以保证根据环境来对心理状态分类。心理学可以尝试解释环境与个体之间的交互活动。伯奇实际上是承认了在这个世界上存在着多种因果模式。每一种因果模式有特定的旨趣，有特定的条件和范围。如果想以物理的因果模式来说明心理因果性的机制，实际上是犯了"因果模式错误"，即一种新的范畴错误。

现在还遗留了两个问题。一是在心理因果性问题上，如何理解心理内容对行动发挥了因果影响；二是既然心理因果解释与物理因果解释并不冲突，那么，它们之间的关系是什么？是两条平行线，还是有某种与唯物主义一致的依赖方式？

伯奇和贝克在如何理解心理内容的因果有效性问题上，采取了相同的方式，即诉诸反事实。如果有相应的心理内容，就有相应的行为，没有相应的心理内容，就没有相应的行为，那么，心理内容和行为就是因果相关的。

伯奇尽管否认心理因果解释和物理因果解释存在竞争关系，但他依然承认心理事件与基础的物理过程之间的某种系统而又必要的关系。人们仍然有理由相信，心理过程依赖于基础的物理过程。脑损伤会影响心理状态和过程。

---

① 柏吉.心理学中的个体性与因果性.刘明海译.世界哲学，2016，(6): 102-114. 福多的论证本来是想论证科学心理学是个体主义的。我们将这一论证中的"心理"一词以"生物"一词来替代，以此来分析如果将这一论证模式运用到生物学中，会得出什么样的结论。

三、解释优先性策略的问题

对于贝克和伯奇的解释优先性策略，金在权给予了肯定，并表明，我们对常见的意向解释的真实性的信心，不会因为我们承诺了任何晦涩的形而上学原则而动摇。与此同时，金在权也指出了这种策略可能存在的两个问题。一是它没有将"是否"问题和"如何"问题区别开来。如果承认心理内容具有对行为的因果有效性，就要进一步回答这种因果有效性是如何可能的问题。二是如果从解释实践出发，就要回答如何确保心理解释是因果解释的问题。

"是否"问题侧重于判断心理内容是否对行为具有因果作用，"如何"问题侧重于揭示心理内容如何发挥对行为的因果作用。回答前一问题是回答后一问题的前提，回答后一问题为回答前一问题提供根据。如果在回答"是否"问题之后，不回答"如何"问题，就有可能被视为一种独断。因此，诉诸解释的优先性，并未取消关于心理因果性的形而上学问题。

在金在权看来，比上述问题更根本的是，贝克和伯奇根据什么来断定心理学解释就是一种因果解释。在 20 世纪五六十年代有一场持久的争论，即关于行为的信念-愿望解释是不是因果解释或者"理由即原因"是不是真的，这场争论与当代心理因果性争论一样激烈。在前戴维森时期，维特根斯坦和英国日常语言哲学坚持认为理由绝非行动的原因，而是行动的另一种描述方式。戴维森推翻了这种正统的学说，论证了理由即原因，心理解释是一种解释。戴维森本人在论证理由即原因时，涉及了大量的形而上学命题。金在权说：在解释实践上，人们没有什么争论，争论的是解释实践的本质和基本原理。[①] 因此，在金在权看来，如何将解释优先策略坚持到底，在不以形而上学为基础的前提下说明心理解释如何可能是因果解释，才是最重要的。

---

① 　金在权.物理世界中的心灵.刘明海译.北京：商务印书馆,2015:81.

第八章

物理主义及其心理因果性理论批判

有人说，任何时代都有它的世界观，在当代哲学中，"物理主义"学说常常发挥着世界观的作用。[①] 如今，物理主义在英美哲学界各种相互竞争的哲学理论中占据了主导地位。

与物理主义相比，唯心主义（以及二元论）已是明日黄花。坚持唯心主义和二元论的人越来越少，不仅是因为它们与自然科学理论完全不能相容，还因为这两种哲学体系内部存在难以克服的矛盾，例如，笛卡儿的心身实体二元论与心身相互作用论之间就存在无法解决的矛盾。自20世纪50年代以降，相较于"唯物主义"，哲学家更倾向使用"物理主义"一词，其主要原因在于，具有广延性的物质概念已不能涵盖自然科学的新发现，如能量场、电磁波、纠缠态。随着物理学的不断发展，物理主义已失去了对物质概念作出先天限制的勇气，不再宣称"一切都是物质的"，而是主张"一切都是物理的"。

作为世界观的物理主义本身也包含心身观，它对心身关系也有着特定的看法，即心灵是物理的。基于这种基本观点，物理主义在心灵问题上诞生了各种流派，不仅包括20世纪50年代以费格尔、斯马特为代表的心脑同一论，还包括60年代以普特南和福多为代表的机器功能主义、70年代以戴维森为代表的异常一元论、80年代以丘奇兰德夫妇和斯蒂奇为代表的取消式的唯物主义。前一种理论"昙花一现"，后三者及其变种至今依然活跃在心灵哲学的舞台上。从严格的意义上说，本书提到的目的论功能主义不是物理主义。

有物理主义的心灵理论，就有物理主义的心理因果性理论。后者是前者的一个部分，没有后者的前者也根本算不上一个完整的理论。从物理主义论证的

---

① Gillett C, Loewer B. Physicalism and its Discontents. New York: Cambridge University Press, 2007: ix.

角度讲，物理主义的心理因果性理论就是物理主义本身。物理主义的兴起，用帕皮诺的话讲，要归功于因果论证。在这个论证中，如果心理事物要发挥对世界的因果作用，那么，从本体论上看，心理事物就是物理事物，否则就是无作用的副现象。本章的主要目的是，通过解构物理主义的因果论证，来批判物理主义的心理因果性理论。

第一节　物理主义的兴起

从物理主义作为唯心主义和二元论的对立面而言，物理主义和唯物主义一脉相承，它们都承认世界的本原有且只有一个，这个唯一的本原就是非心理的事物。从这个意义上说，物理主义可以算是唯物主义的当代形态。直接原因是，物理主义能够与 20 世纪发生的科学革命相容，"物理事物"这个概念能够涵盖"物质"概念所不能涵盖的自然科学的新发现。从唯物主义到物理主义的转变过程为从唯物主义到语言学物理主义，再到本体论物理主义。

唯物主义历史悠久，无论是古希腊的唯物主义，还是 18 世纪的近代唯物主义，尽管对物质的理解不同，但都承认"一切都是物质的"。当代的物理主义不再宣称"一切都是物质的"，而是宣称"一切都是物理的"。物理主义与唯物主义在哲学观点上虽然只有一词之差，但也表明了二者在哲学观点上的不同。

从唯物主义的角度看，一切都是物质的。"一切"不仅包括有形体的事物，即有广延的事物，还包括那些没有形体的从表面上看似乎不是物质的事物，如意识、道德等。当人们谈到"物质"这个概念时，一般想到的是，"物质"就是"东西"。这些东西都是由更小的东西构成的。对物质的这种理解事实上没有超过德谟克利特的原子论唯物主义。相对于古希腊的唯物主义，近代的唯物主义只是为唯物主义的基本观点奠定了机械论的根据，提升了科学性。传统的唯物主义对物质的理解至少包括以下三个方面的内容：①物质具有广延性；②物质占据特定的时空位置；③物质都是由基本粒子构成的。

自 20 世纪以来，物理学爆发了新的革命，相对论和量子力学大获成功，极大地冲击了唯物主义的物质观。[①] 物理学革命颠覆了旧唯物主义的物质观：①并非所有的物质都具有广延性。广延性就是形体性。这种物质概念难以涵盖能量

---

① 　郝刘祥. 物理主义是最可能的形而上学吗？自然辩证法通讯，2013，35(3)：13-19，125.

场、电磁波、纠缠态。如果坚持传统的物质观，则这三者就是非物质的事物。②物质不一定具有定域性，其时空位置是不定的。③基本粒子是否存在还是个未知数。

科学的发展使人们的世界观发生了翻天覆地的变化。这在哲学上要求一种与物理学革命一致的世界观的出现。物理主义呼之欲出。语言学物理主义的诞生与哲学的第三次转向有关。在哲学史上，哲学研究总共发生了三次转向：古希腊的本体论转向、近代的认识论转向和 20 世纪的语言转向。

无论是唯心主义，还是唯物主义，都是形而上学。但在语言分析哲学家看来，形而上学的命题都是一些既不能证实也不能证伪的无意义的命题，哲学的首要任务不是构建形而上学理论，而是语言批判，即澄清因语言的误用而产生的混乱。

那么，什么是有意义的命题呢？或者，如何判断一个句子或命题的真假呢？在语言学物理主义者看来，句子的意义就在于证实它的方法。这就是著名的"经验证实原则"。这一原则包括两个要点：一是一个句子当且仅当原则上是可被证实时才是有意义的；二是一个句子的意义在于实证它的条件。后一点可谓是真值条件语义学的先驱，只要有方法证明句子的成真条件是存在的，它就是有意义的。根据这一原则，形而上学命题如"一切都是物质的"就是既不能证实，也不能证伪的命题。

自哲学发生语言转向之后，哲学的任务不再是建构形而上学理论，而是进行语言批判，澄清句子的意义，让句子的意义清晰明白。清晰明白的句子，在语言学物理主义者看来，必须满足主体间性这一要求，即句子必须是主体间可传达的和可检验的，能满足这一要求的，只有物理语言。他们由此推出，其他语言如果不能还原为或转译为可传达的和可检验的物理语言，就是没有意义的。因此，他们以物理语言作为科学的基本语言，试图在物理语言上达到统一科学的目的。①

语言学物理主义只关注"语言"不关注"物"的局面被奎因扭转了。奎因论证了语言问题不可能完全脱离形而上学问题。在他看来，形而上学问题就是"何物存在"的问题。这个问题很好回答，答案就是"一切"。人们争论的焦点只不过是一切包括哪些。奎因指出，人们之所以在这个问题上众说纷纭，是因为没有将以下两个问题区分开来：第一个问题是何物存在；第二个问题是我们说何物存在。这两个问题是不同的。第一个问题属于事实问题，第二个问题属于本体论承诺问题。任何一种理论，包括语言学物理主义，即使不关心第一个问题，也回避不了第二个问题，都必然要作出本体论的承诺。因为要建立任

---

① 卡尔纳普. 哲学和逻辑句法. 傅季重译. 上海：上海人民出版社，1962：56.

何一种理论系统都必须假定某些对象是存在的。物理学家大谈质子、中子、电子、光子、夸克，他们就一定承诺了这些东西的存在。中古神学家大谈上帝、天使、幽灵，也一定承诺了它们的存在。至于物理学家和神学家谈论的对象是否真的存在于这个世界中，则属于第一个问题，即事实问题。但是，只要他们谈论这些对象，就一定在其主张的理论内承诺了这些对象的存在。从反面讲，任何一种理论都不可能以自己都不承诺的对象作为自己的研究对象。从奎因的角度讲，语言学物理主义作为一种理论形态，和任何其他理论一样，也有自己的本体论或形而上学承诺。物理主义也因此从语言学物理主义过渡到本体论物理主义。

哲学的语言转向深刻地影响了人们对心灵的研究。人们已开始抛弃苏格拉底式的提问方式，而逐渐青睐语言学的提问方式，不再一上来就直接问"某物是什么"，而是首先问"某个词指的是什么"。前一种对本质的提问隐含地承诺了被问对象的存在地位。后一种对语词的提问则没有作出任何本体论承诺。由此可见，与本质问题相比，本体论问题更具有前提性和根本性。受此影响，物理主义认为，只有先搞清楚意识是否存在，才能有意义地研究意识的本质是什么。

关于"意识是否存在于世界之中"这一问题，从逻辑上看，有两种回答。一是心理语词有真实的所指，意识真实地存在于世界之中；二是心理语词像"以太"一样是前科学概念，没有真实的所指，意识不存在于世界之中。普通人和绝大多数哲学家会选择前一种回答，而后一种回答虽然和者甚寡，却得到了一些神经科学家（如丘奇兰德夫妇和斯蒂奇）的支持。从逻辑上讲，要回答意识到底存在还是不存在，首先要清楚"存在"的意义是什么，或者说判断存在与不存在的标准是什么。对此，物理主义的回答是"一切都是物理的"。[1] 也就是说，一切存在的东西都是物理的，意识只有是物理的，才是存在的，否则就是不存在的。

第二节 "物理主义"的语义分析及批判

因奎因对语言学物理主义的批评，物理主义已从语言学物理主义转向本体论物理主义。20 世纪 50 年代以后的物理主义基本上都属于本体论的物理主义。

① Sellars W. Empiricism and the philosophy of mind//Sellars W. Science, Perception and Reality. London: Routledge, 1963.

我们的讨论也主要集中于本体论的物理主义（后简称"物理主义"）。要知道物理主义本身是什么，首先要理解它的基本命题即"一切都是物理的"。

这个命题包括三个关键概念。一是"物理的"。划分一个事物是否为物理的标准是什么？二是"一切"。一切都包括哪些？三是"是"。一切为何是物理的？一切如何是物理的？是其所是的方式是什么？斯图嘉（Stoljar）明确地提出了前面两个问题，并称第一个问题为物理主义的条件问题，称第二个问题为完备性问题。我们在此基础上增加了第三个问题，并将其称为方式问题。在这三个问题中，我们认为第一个问题是其他两个问题的前提。只有回答了第一个问题，后面两个问题才有可能得到正确的回答。

一个事物是"物理的"，就称为物理事物。对于什么是物理事物，至少有以下四种不同的回答：一是物理事物就是物理学的对象；二是物理事物就是非心理事物；三是物理范例就是物理事物；四是物理事物就是可公共认识的事物。[①]

一、物理事物就是物理学的对象

物理事物就是物理学所作的本体论承诺。从"物质"到"物理事物"的转变，意味着实在外延的不断扩大，"物理事物"不仅包括那些有广延的对象，还包括那些没有广延的对象，不仅包括当前的物理学已发现的对象，还包括未来可能发现的新对象。

对物理事物的这种理解方式也存在其固有的问题。它实际上是将"物理事物"的意义问题递归为"物理学"的意义问题。如果不解释清楚物理学是什么，也就无法解释物理事物是什么。物理学是什么呢？对于这个问题至少有两种不同的回答。一是研究物理对象的学问就是物理学。这种理解显然是陷入了循环论证。二是物理学家研究的学问就是物理学。这实际上是将"物理学"的意义问题进一步递归为"物理学家"的意义问题。事实上，"物理学家"本身也是一个模糊的概念。一名学者很可能有多种学术身份。如果是这样的话，又陷入了循环论证。

人们不仅可以从共时态的角度来分析"什么是物理学"，还可以从历时态的角度来分析定义"物理事物"所用的"物理学"。物理学本身在不断地发展。在理解物理事物时，是根据当前的物理学来理解，还是根据未来的物理学来理解呢？如果"物理学"指的是当前的物理学，从科学史的角度看，当前的物理学有可能被未来的物理学抛弃，从而被定性为是错误的，因此由它承诺的实体和属性，有可能最终被证明是虚假的、不存在的。如果"物理学"指的是未来更

---

① 陶焘.什么是物理主义？自然辩证法通讯，2016，38(4)：152-158.

加成熟和完善的物理学，人们对它一无所知，更不可能知道它承诺了哪些实体和属性。这就是关于物理主义的"亨普尔两难"。赫尔曼（Hellman）评价说，亨普尔两难或许是对表述物理主义的所有努力最严厉的反驳。[①]

国内物理主义的辩护者程炼认为亨普尔两难是有解的。在他看来，即使当前的物理学有错误，也有很好的理由认为它对于奠定意识现象的物理基础是充分的。[②]他区分了两种形而上学：基础形而上学和关于特定主题的形而上学。前者关注的是"世界中存在着什么以及其中最基本的存在是什么"这样的普遍性问题，后者关注的是像"意识的本质及其在世界中的地位"这种具体性的问题。在他看来，当前的物理学在基础层面有错误、不完整，势必会影响对整个世界基础层面的判定，但不会影响对意识等日常对象的理解。[③]他进一步指明，与意识直接相关的神经生理学，虽然以物理学为基础，但具有相对的独立性，物理学的革命不会影响神经生理的稳定性和有效性。[④]

我们认为对物理主义本体论的上述辩护似乎没有想象的那么充分。神经生理学的发展的确有相对于物理学发展的相对独立性。但是，这不足以确保神经生理学只以累积式的方式向前发展，而不以否证式的方式向前发展。我们也没有任何理由认定神经生理学不会像物理学一样爆发革命，更无法确保当前的神经生理学不被未来的神经生理学抛弃。回顾神经科学的发展史，"颅相说"被脑功能定位论取代。将确认意识的责任从物理学转移到神经生理学，只能使问题倒退，而没有从根本上解决问题，因为我们有可能遭遇神经生理学版本的"亨普尔两难"：若以当前的神经生理学来理解意识，当前的神经生理学也许会像"颅相说"一样；若以未来的神经生理学来理解意识，我们又不知道未来的神经生理学是什么样子。

二、物理事物就是非心理事物

这种方法的弊端也很明显，是将"皮球"踢给了"心理事物"。它没有解决问题，只是转移了问题。什么是心理事物呢？这本身也是一个道不清说不明的问题。人们不能说，心理事物就是非物理事物，否则又陷入了循环论证。极端的看法是，在以维特根斯坦和赖尔为代表的逻辑行为主义看来，心理事物根本

---

① Hellman G. Determination and logical truth. The Journal of Philosophy, 1985, 82(11): 607-616.
② 程炼. 亨普尔两难. 世界哲学, 2015, (4): 25-36, 115, 160.
③ Feinberg G. Physics and the Thales problem. The Journal of Philosophy, 1966, 63(1): 5-17.
④ 程炼. 亨普尔两难. 世界哲学, 2015, (4): 25-36, 115, 160.

就是不存在的，心理语词只不过是行为及倾向的另一种描述方式。即使退一步讲，心理事物就是戴维森所说的那样包含命题态度的语词描述的事物，但仍然留下问题：非心理事物是否就是物理事物呢？在心理事物和物理事物之间是否存在中间事物？对后一问题的回答显然是肯定的。因为在整个学科体系中，在心理学和物理学之外还有化学、生物学、神经科学等。这些学科提及的事物是非心理事物，但它们是物理事物吗？有一种观点认为，它们是物理事物。因为化学、生物学、神经科学可以纳入物理科学之中，而心理学不能纳入物理科学之中。一些哲学家认为，这是因为前三者可以还原为物理学，而心理学不能还原为物理学。但是福多等哲学家论证了，特殊科学不能还原为物理学，特殊科学有其自主性。

三、物理范例就是物理事物

桌子、椅子、显示器、鼠标、键盘这些中等大小的物体是公认的物理事物。它们是物理事物的范例。类似于物理范例的事物都是物理事物。这种定义法叫作范例法，它类似于法律系统中的判例法：在审判新案件时，需要参考过往的同类案件的判例。

范例法的优点是直观易懂。范例法的缺点也非常明显。一是范例具有某种"规范性"。一些哲学家认为桌子和椅子等中等大小的物体是物理范例；另外一些哲学家可能持相反的观点，认为基本粒子是物理范例。说某物是公认的范例，只不过是人为"协商"的结果。"协商"就是要达成思想上的共识，形成意见上的一致。如果是这样的话，物理范例似乎就是由意识决定的。由物理范例决定的物理事物也因此是由意识决定的。二是物理事物与物理范例一致的标准不明确。即使确定了物理范例，人们也难以明确待鉴别的事物是否与物理范例一致。用通俗的话讲，就是确定待鉴别的事物与物理范例"像不像"。对于同一个待鉴别的事物，可能存在如下情况：一些人说像，一些人说不像；一些人说像这个物理范例，一些人说像那个物理范例。总之可能出现莫衷一是、众说纷纭的情况。更为严重的是，自然科学新发现的事物有的与现有的物理范例差异巨大，很可能被划到非物理事物或心理事物的范畴之中。

四、物理事物就是可公共认识的事物

只要是物理事物，就具有主体间性，可供公共观察。这在方法论上与自然

科学一致。但问题是不可被公共观察的事物就不是物理事物吗？根据物理主义的基本观点，一切都是物理的，只有物理事物才有本体论地位。但是，在日常生活中，我们会发现有一些非物理的不可被公共观察的事物的确存在。比如，"钻心的"是"痛"的限定词，在哲学上，钻心的就是痛的感受性。针对这种情况，只有将感受性纳入物理事物的范畴之中，才能确保"一切事物都是物理的"这一命题是真的。但是，将感受性纳入物理事物的范畴之中，物理事物就不可能等同于可公共认识的事物，因为感受性具有私人性。

"物理的"一词的意义问题只是"一切都是物理的"这一命题的前提性问题，而关键性的问题是：一切为何都是物理的？一切如何是物理的？前一个问题与物理主义的论证有关，后一个问题涉及具体的物理主义理论。不同的物理主义理论用不同的方式试图将心理事物还原为物理事物。

第三节　物理主义的方法及批判

物理主义在本体论上承诺"一切都是物理的"。这里的一切到底包括哪些？如果意识不能被还原为物理事物，则有两种结果：一是意识是不存在的；二是意识是存在的，物理主义承诺的"一切都是物理的"这一命题就是错误的。

一、物理主义的方法：还原

意识是何种物理事物涉及的是意识的本质问题。为了解决这一问题，物理主义沿用了它一贯的方法论原则即还原，将意识还原为某种物理科学的事物，从科学的角度揭示诸意识存在或例示的充分或必要条件，以科学的术语来说明心理概念。还原论在科学史上的成功运用，如将基因还原为 DNA，将水还原为 H_2O，让物理主义看到了还原论成功解决意识本质问题的希望。

各种物理主义流派依据不同的物理科学，采取不同的还原方法，得出了不同的结论。20 世纪 50 年代末，费格尔、斯马特等人基于脑科学的研究成果，利用同一进行还原，提出了心脑类型同一论。在他们看来，意识类型同一于大脑的神经类型。例如，疼痛就是同一种类型的神经（如 C 神经纤维）的激活。60年代初，普特南将人与图灵机进行类比，利用实现范畴进行还原，提出了关于意识的功能主义观点。在他看来，意识状态就是可由不同的物理基础实现的功能状态，就像可由不同的图灵机实现的计算程序一样。后来福多根据计算机科学，将功能主义发展为关于意识的表征理论。70年代初，戴维森基于物理学，利用随附性范畴进行还原，提出异常一元论。在他看来，一个具体的心理事件个例同一于某个具体的物理事件个例，但是，心理属性或类型由于具有整体性、规范性和外在性等特征，因而只是随附于但不能还原为物理属性或类型。随附关系是一种非对称的依赖关系，两个事物的物理属性相同，则随附于其上的心理属性也相同，但同样的心理属性可以随附于不同的物理基础。80年代初，丘奇兰德夫妇和斯蒂奇基于神经科学，利用取消来坚持彻底的物理主义。在他们看来，大脑中存在的只有神经生理事件，像"相信"和"希望"等心理语词不能还原为神经科学的术语，没有真实的所指，应予以取消。此后，上述物理主义的变种及新出现的物理主义蓬勃发展，交相辉映，成为英美意识论研究的一股潮流。

二、还原论批判：三种不同类型的可多样实现性

即使假定物理主义本体论是可靠的，我们似乎也难以将意识还原为物理事物。还原有三种不同的类型：一是跨种系的类型还原；二是种系内的类型还原；三是个体的个例还原。三种还原的强度依次减弱，但无一适用于意识。

跨种系的类型还原的典型形态是前文所述的心脑类型同一论。普特南提出了关于意识的跨种系的可多样实现性原则。这一原则说明了跨种系的普遍的类型还原不可能实现，心脑同一论也因此迅速走向衰落。

种系内的类型还原论虽然否定了跨种系的类型还原，但承认了意识（如疼痛）的神经关联物与特定的物种有关。叶峰和金在权敏锐地抓住了这一点。叶峰说：人类有基本相同的基因和由此决定的相同的基础认知结构。[①] 金在权说：同种生物在很大程度上共享相似的神经系统，这也是心理学存在的前提。[②] 但是，可多样实现性不仅适用于跨种系，同样适用于种系内的不同个体。不同的人都能感受到疼痛，但他们实现疼痛的神经模式和神经关联物不一定相同。关于意识的不同个体的可多样实现性说明了种系内类型还原的不可能性。

当前绝大多数物理主义者，如功能主义者、异常一元论者，都承诺了个体的个例还原。个例不同于类型，前者有明确的时空标记，后者则没有。个例同

---

① 叶峰.为什么相信还原的物理主义.学术月刊，2017，49(2)：34-43.
② 金在权.物理世界中的心灵.刘明海译.北京：商务印书馆，2015.

一论认为，尽管人类的疼痛类型不能还原为某种单一的神经生理类型，但在某时某人身上发生的心理事件个例则同一于此时此人身上发生的神经生理事件个例，因为它们是在同一时间同一地点发生的事情，因而是同一件事情。因此，若两个神经生理事件个例相同，则相应的心理事件个例也相同，发挥的功能也相同。个例同一论一方面将心理事件个例同一于神经生理事件个例，维护了物理主义的权威；另一方面主张心理类型或属性不同于神经生理事件类型或属性，保护了意识独特性的常识观念，因此个例同一论又叫非还原的物理主义。它已成为物理主义之中较为流行的理论形态。

在我们看来，心理事件个例也不同一于神经生理事件个例，对于某个心理事件个例而言，某个特定的神经生理事件个例既不是充分条件，也不是必要条件。理由有如下三点。

第一，人们既可以想象，某人的神经生理状态在某时即使没有处于如此这般的分子运动状态，他在当时也可能感觉到疼痛；又可以想象，他在某时没有感觉到任何疼痛，他的大脑在当时也可能处于如此这般的分子运动状态。既然如此，心理事件个例"可能"与物理事件个例不同一。

第二，大脑的神经生理事件个例不是心理事件个例的充分条件。根据普特南和伯奇等人的外在主义思想实验，相同的神经状态个例在不同的自然、社会和历史环境中，实现了不同的心理状态个例。由此可以得出，某个特定的神经生理事件个例不一定总能实现一个特定的心理事件个例。

第三，大脑的神经生理事件个例不是心理事件个例的必要条件。我们可以根据"半脑人"这个特殊的病例来证明这一点，并证明同一个人的同一种心理状态个例也具有可多样实现性。同一种疼痛 m 在 t 时可由两种不同的神经生理事件 n（脑损伤前）与 n'（脑损伤后）实现。因此，n 和 n' 中的任何一个都不是实现 m 的必要条件。

总而言之，大脑的神经生理事件个例既不是心理事件个例的必要条件，也不是充分条件，而是心理个例的一个"不必要但却充分的条件中的一个不充分但却必要的部分"。

物理主义在本体论上的科学实在论和在方法论上的还原论被证明是两个难以信奉的教条。它在纲领上的失败，从根本上说，要归咎于它从错误的哲学起点出发，即以物理学理论先验地构想一个形而上学图景，然后再思考如何通过还原的方法，将意识纳入这个宏大图景之中，如果抵制纳入，就取消其存在地位。

第四节　物理主义的心理因果性论证及其批判①

物理主义得出一切事物（尤其是心理事物）是物理的，不是基于独断，而是基于逻辑严密的因果论证（又称过度决定论证）。证明物理主义的论证主要有两种：一是方法论的自然主义论证，二是心理因果性论证。②相较而言，后一种论证的影响可能更大。帕皮诺说，因果论证是支持物理主义的权威论证。③维森特（Vicente）宣称：在越来越多的论者看来，虽然所谓"过度决定论证"不是支持物理主义的唯一论证，但是最好的论证。④黄益民则进一步主张：因果辩护策略则是目前物理主义哲学家为意识物理主义化所提供的最有力的论证之一，其他的目前非常有影响力的物理主义"同一性论证"以及"现象概念论证"，都是对因果辩护策略的运用与发展。⑤在以下的论述中，我们主要讨论物理主义的心理因果性论证。但是，在我们看来，这一论证的前提和推理过程都是存在问题的。

一、物理主义的心理因果性论证

论证的前提和结论如下：

前提 1（物理因果闭合性原则）：每一个被引起的物理结果都是由在先的物理原因充分地决定的。

前提 2（心理因果有效性原则）：心理事物有物理结果。

前提 3（非系统的过度决定原则）：由心理事物引起的物理结果不是被系统性地过度决定的，即物理结果并非总是同时有两个充分的心理原因和物理原因。

结论：心理事物一定同一于物理事物。

帕皮诺指出，物理主义的兴起，得益于物理因果闭合性原则被普遍接受。⑥

---

① 张卫国，马洪杰. 当代唯物主义的本体论证明及其消解. 武汉科技大学学报（社会科学版），2017，19（5）：534-539.

② 关于物理主义的方法论自然主义论证，参见郝刘祥. 物理主义是最可能的形而上学吗？自然辩证法通讯，2013，35(3)：13-19，125.

③ Papineau D. The rise of physicalism//Gillett C, Loewer B. Physicalism and Its Discontents. New York: Cambridge University Press, 2001.

④ Vicente A. On the causal completeness of physics. International Studies in the Philosophy of Science, 2006, 20(2): 149-171.

⑤ 黄益民. 物理世界的因果封闭性、心灵因果性以及物理主义. 世界哲学，2014，(6)：111-119，161.

⑥ Vicente A. On the causal completeness of physics. International Studies in the Philosophy of Science, 2006, 20(2): 149-171.

物理主义者认为，它得到了来自物理学的两个方面的支持。

一方面，它作为一种指导研究的方法论规范，得到了来自科学史的归纳辩护。海尔说：现代科学的前提是假定物质世界是一个因果闭合系统。[①]从科学史的角度看，过去的情况似乎已向人们证明，对于任何一个物理事件，要么是由非物理原因引起的，要么是由物理原因引起的。在前一种情况中，最终的结果是，那些所谓的非物理原因要么实际上是物理原因，要么是虚假的原因，背后的真正原因还是物理原因。因而物理学本身是完备的，具有解释所有现象的资源。

另一方面，它作为一种哲学原理，得到了（能量）守恒律的演绎支持。从因果关系的守恒量理论看，任何类型的因果关系都是某种守恒量的转移或转化。原因和结果都根据守恒量的变化来定义。[②]如果物理结果是物理守恒量的值的变化，基于守恒律，那么，它的原因一定是物理的，因此物理域在因果上是闭合的。

在大多数人看来，否认心理事物的因果有效性，成为一个副现象论者，不仅是反直觉的，而且是极其危险的。说它反直觉，是因为在日常生活实践中，人们的确体验到了思想、愿望和感受的因果有效性。说它是危险的，一方面是由于心灵的存在取决于心理因果有效性。根据爱利亚学派"存在就是具有因果力"原则，如果心理事物没有因果力，就会面临着本体论上的尴尬和被取消的风险。另一方面是由于自主体的道德责任要求心理事物具有因果有效性。如果行动不是由心理活动如慎思和决定产生的，人只不过是自己身体活动的消极旁观者，因而在任何意义上人似乎都不需要对自己的身体活动负责。

对于最后一个原则，即非系统的过度决定原则，据说物理原因和心理原因对行为的过度决定关系具有难以理解的"怪异性"。过度决定关系指的是，同一个结果有两个"不同的"且"充分的"原因。它的一个典型实例是"两颗子弹"的例子。一个受害人同时被两颗互不相干的子弹射中，其中的每一颗都是致其死亡的充分原因。在反事实情形中，只要其中一个原因出现了，即使其他原因不出现，结果也不会改变。这是一种偶然的独立的过度决定关系，两个原因彼此独立，同时出现纯属偶然。基于物理主义的"最低限度的承诺"即心物随附性原则，心理事物非对称地依赖于物理事物，金在权提出了否认心理因果关系是过度决定关系的三点理由：①我们执行的每一次行动都是被过度决定的，都有两个不同的充分原因，这种看法极度怪异[③]；②在用一个物理原因取代任何心

① 海尔. 当代心灵哲学导论. 高新民，殷筱，徐弢译. 北京：中国人民大学出版社，2005：23.
② Kistler M. Causation and Laws of Nature. London: Routledge, 2006.
③ Kim J. Mechanism, purpose, and explanatory exclusion//Kim J. Supervenience and Mind: Selected Philosophical Essays. New York: Cambridge University Press, 1993.

理原因时，很明显使得心理原因在任何情况下都是不必要的；③这个方法和物理因果闭合性原则是相矛盾的。①

上述论证的三个前提似乎是真理，但是，从它们推导出来的结论来看，心理事物同一于物理事物②，剥夺了人是万物之灵的神圣地位，将人当作惰性物质，没有给自由意志留下空间。这一结论与人的常识观念严重不符，让人难以接受。因此，要推翻这一结论，维护人的尊严，必须从其前提和论证过程入手，重新审视其合理性与合法性。事实上，这一论证的三个前提都是似是而非的命题。

二、物理主义的心理因果性论证批判

自 20 世纪 50 年代以降，作为唯物主义"当代形态"的物理主义，已逐渐成为当今西方哲学的主流。心脑同一论、功能主义、异常一元论、取消主义、解释主义等物理主义理论不断涌现，极大地丰富和深化了人们对心灵的本质和心身关系的认识。然而，物理主义的繁荣背后，隐藏着一个始终难以摆脱的本体论困扰，即它的心物同一论结论，消解了意识的独特性和能动性，没有给自由意志留下空间。有必要对这一论证的各个前提和推导过程进行形而上学的反思，并诊断出物理主义可能存在的先天缺陷，从而为新唯物主义的出现指明一种可能的方向。

（一）物理域的因果开放性

物理主义的心理因果性论证的大前提就是物理因果闭合性原则。但在非物理主义者和反物理主义者看来，物理域在因果上不是闭合的，而是开放的。宣称物理域具有因果开放性，有以下两个方面的"科学"根据。

一是科学史也能成为非物理主义的注脚。科学史的归纳论证是不是物理主义的注脚，取决于人们如何解释科学史。与物理学家以及物理主义哲学家相反，生物学家以及复杂性科学家，都不太情愿以对物理主义友好的方式来解释科学史。

理论生物学家考夫曼主张，物理学和化学本身不能解释生命过程，是因为分子在构成生命体和不构成生命体时有不同的行为表现。③在生命整体与分子部分的关系上，不是部分解释整体，而是整体解释部分，关于整体的知识能解释部分的行为。埃尔哈尼（El-Hani）和埃梅切（Emmeche）将这种理论直觉发展

---

① 金在权.物理世界中的心灵.刘明海译.北京：商务印书馆，2015: 57.
② 心理事物既包括心理事件，也包括心理属性。这一论证既适用于心理事件，也适用于心理属性。
③ 考夫曼.宇宙为家.李绍明，徐彬译.长沙：湖南科学技术出版社，2003：61-62.

成为对下向因果关系的辩护。他们宣称，分子在构成生命体时行为会受到生命体的限制。[①] 下向因果关系实际上是因果关系的"篮球队模型"。在篮球队中，虽然运动员是球队行为的有效原因，但是忽视球员所效力的球队，就无法理解他们的行为。球队"选择性地激活"球员的因果力。球队是自我保存和自我组织的实在，能够限制和部分地解释其球员的行为。下向因果关系的存在意味着，物理结果在因果上不是或不只是由在先的物理原因决定的，还受到高层次原因的影响。这是对物理因果闭合性原则的直接否定。

二是物理学的方法论可能与二元论相容。物理学的任务是研究世界最基本的方面。物理学在其发展过程中给人们带来了太多的意外惊喜，物理学不能对它能够研究的现象类型作出先天的限制。

在蒙特罗（Montero）看来，如果有很好的证据证明世界的最基本方面包含了心理属性，如在量子力学中，根据维格纳假说，意识导致了波函数的坍缩，物理主义者应当试图弄明白这些心理属性是如何运作的，将来的或最终的物理学在本体论上是一种物理主义二元论。[②] 也就是说，物理学即使是完备的，在因果上也可能是开放的。

（二）"物理"概念混淆与双重待解释项

对于上文的心理因果有效性论证，有人质疑：两个前提中的"物理"概念不能保持概念的同一性；心理事物引起的结果是行动，与纯物理的身体运动不同。

根据斯特金（Sturgeon）的分析，"物理"一词有狭义和广义之分，前者指的是微观物理即量子物理，后者是微观物理和宏观物理的统称。如果第一个前提和第二个前提中的"物理"一词指的是量子物理，那么，第一个前提可以由量子物理学确保；而第二个前提则变为"心理事物有量子物理结果"，这一论断既不从属于当前的科学，又不从属于日常经验。

如果将前两个前提中的"物理"一词理解为"量子物理和宏观物理的统称"，那么，第二个前提可由日常经验和物理科学保证。但是，第一个前提则变为"所有的广义物理结果都是由在先的广义物理原因充分地决定的"。这一论断不属于当前的科学，也不属于日常经验。[③]

---

① El-Hani C, Emmeche C. On some theoretical grounds for an organism-centered biology: property emergence, supervenience, and downward causation. Theory in Biosciences, 2000, 119(3-4): 234-275.

② Montero B. Varieties of causal closure//Walter S, Heckmann H. Physicalism and Mental Causation: The Metaphysics of Mind and Action. Exeter: Imprint Academic, 2003.

③ Sturgeon S. Physicalism and overdetermination. Mind, 1998, 107(426): 411-432.

物理主义对心理因果有效性原则的理解，在行动哲学看来，犯了范畴错误。心理现象产生的不是作为纯物理结果的身体运动，而是人的行动。行动不同于身体运动是行动哲学的形而上学基础。从模态逻辑的角度讲，同一具有必然性。行动如果同一于身体运动，就必然地同一于身体运动。但事实并非如此。

行动与身体运动有什么不同呢？对于这一问题，维特根斯坦给予了方法论指导。当"我举起我的手臂"时，是"我的手臂往上去了"。于是产生了这样的问题：如果从"我举起我的手臂"这一事实中抽掉"我的手臂往上去了"这一事实，那留下的是什么呢？① 行动哲学对这一问题至少有四种不同的回答。一是吉内特的内在主义观：行动就是"有行动倾向的现象性质"的心理事件，行动与身体运动有经验上的不同，这种不同与行动是否以及如何被引起无关。二是密尔和塞尔的组合观：行动是由心理事件或状态（如意图）与相关的身体运动（如手臂举起）组合而成的。三是德雷斯基和奥康纳的过程观：行动就是一些适当的心理事件或行动者导致适当的身体运动的因果过程。四是戴维森的因果观：行动与身体运动的不同在于两者被引起的方式不同，前者是由信念和愿望构成的理由以适当的方式引起的。②

行动与身体运动之间的不同在于，前者与意向或动机等心理属性相关，而这一点正是我们日常认为心理事物与物理事物不同的地方。如果物理主义者将行动个体化中的心理因素直接忽视掉，无视心理学所要解释的对象不同于物理学所要解释的对象，而将行动同一于身体运动，那么，他们就无需第一个前提和第三个前提，可直接推导出心理事物同一于物理事物。

（三）心理因果过度决定论

根据金在权的分析，物理主义反对心理因果过度决定关系的理由有三点。但是，其中的每一条理由都不充分。

根据过度决定的诸原因之间是否存在依赖关系，以及二者的同时出现是否具有规律性，可将过度决定关系分为三种不同的类型。

（1）偶然的独立的过度决定关系：两个原因彼此独立，且同时出现纯属偶然。如前述的"两颗子弹"的例子。根据金在权的理解，这种过度决定关系有两个必要条件：一是两个原因在本体论上是相互独立的；二是两个原因的同时出现在认识论上是偶然的、非系统的。③

---

① 维特根斯坦.哲学研究.李步楼译.北京：商务印书馆，2017：244.

② 路德维希.唐纳德·戴维森.郭世平译.上海：复旦大学出版社，2011：63.

③ Kim J. Blocking causal drainage and other maintenance chores with mental causation. Philosophy and Phenomenological Research, 2003, 67(1): 151-176.

（2）系统的独立的过度决定关系：两个原因相互独立，但同时出现有规律可循，如工程学中的"双保险机制"。在正常情况下，它们同时独立地发挥保护作用，即使其中的一个保险机制失效，另一个也能发挥保护作用。[①]

（3）系统的依赖的过度决定关系：其中一个原因依赖于另一个原因，因而同时出现是系统性的。根据依赖的种类不同，它又可分为两个子类，即一是宏观/微观过度决定关系，二是迭代因果过度决定关系。[②]

在宏观/微观过度决定关系中，宏观事物由微观事物实现，在本体论上依赖于而又不同于微观事物，因而宏观事物作为原因存在时，一定存在着作为其基础的微观物理原因。但是宏观因果模式如心理因果模式在层次上要高于微观物理因果模式，此二者诸要素之间不存在一一对应关系，因而不是同构的，不能将前者还原为后者。此外，高层次因果模式是一种复杂的适应性系统，对其构成要素具有下向反制作用。例如，在鸟群的分布式行为的计算机模拟中，鸟群中的个体必须遵守三条简单的规则：一是避免与附近同伴碰撞；二是努力与附近同伴的速度相匹配；三是向附近同伴靠齐。[③]

在迭代因果过度决定关系中，一个原因在概念上或定义上依赖于另一个原因，如可确定物/确定物、析取或合取属性/析取支或合取支。因此，雅布罗宣称心物原因都是行动的充分原因，他说：确定物不会与它们的可确定物竞争因果影响，相反，它们容许并的确支持它们的可确定物的因果诉求。[④]

如果心物之间正如金在权所说的那样存在随附关系，心理事物在本体论上非对称地依赖于物理事物，心理事物的出现一定以物理事物的出现为前提，那么，心理因果关系必然不是偶然的独立的过度决定关系（它被认为是过度决定关系的"真正实例"）。但是，金在权在没有考察其他可能的过度决定关系的前提下，宣称心理因果关系不是过度决定关系，显然以偏概全。

金在权反对心理因果过度决定关系的第二个理由也不能成立，因为物理原因不能替代心理原因。金在权对心身关系所做的强随附性解释暗含了一个结论，即个人的生物学属性"（至少）在法则学上充分地决定"他的心理属性。[⑤]根据孪生地球思想实验和关节炎思想实验，同一个物理事件在不同的环境下可以构

① 黄益民. 因果过度决定与心灵因果排除. 世界哲学，2018，(6)：87-97，158.

② Funkhouser E. Three varieties of causal overdetermination. Pacific Philosophical Quarterly, 2002, 83(4): 335-351.

③ Reynolds C. Flocks, herds and schools: a distributed behavioral model. Computer Graphics, 1987, 21(4): 25-34.

④ Yablo S. Mental causation//Chalmers D. Philosophy of Mind: Classical and Contemporary Readings. New York: Oxford University Press, 2002: 181.

⑤ Kim J. Physicalism, or Something Near Enough. Princeton: Princeton University Press, 2005.

成不同的心理事件。心理事件全局地随附于身体事件及其所在的自然和社会环境，心理原因至少不能被金在权所说的物理原因取代。即使物理因果闭合性原则是对的，心理因果过度决定关系的存在也不一定违反这一原则。

物理主义本身存在的问题是，先验地构想一个包罗万象的关于事物或因果的形而上学图景，然后再思考如何将事物纳入这个宏大图景之中。这就导致了，在理论与实践的关系方面，它坚持理论优于实践：理论是真理知识的唯一来源，从实践中获得的那些显而易见的知识，同样也需要科学理论的证实，否则，就应坚持取消主义并抛弃。物理主义的固有缺陷是"对对象、现实和感性只是从客体的形式去理解"，因而无法从根本上解决意识和心理的独特性和能动性的问题。它虽然在西方被视作唯物主义的"当代形式"，但仍然没有超过马克思所说的"旧唯物主义"范畴。未来形态的唯物主义应是以实践为出发点，凡是实践得以成功的先决条件都有本体论地位。对客观实在不仅要从客体方面去理解，更要从第一人称视角和主体方面去理解，从实践生成论方面去理解。

第九章

新二元论及其心理因果性理论

物理主义作为唯物主义的当代形式，虽然占据了半壁江山，但也没有一统天下。二元论没有随着物理主义的兴起而销声匿迹，反而有了自己的进化和"发展"。任何一个人要想在唯物主义的范围内解决心理因果性问题，不仅要解决唯物主义的内部问题，还要防御二元论从外部对它的进攻。

第一节　新二元论的"新"特征

二元论是一种优缺点都非常鲜明的哲学理论。二元论最大的缺点是难以与自然科学相容，这是它衰败最为重要的原因。二元论最大的优点是维护了心理事物的独特性，为人作为万物之灵提供了可能性根据。二元论与常识相容，是其衰而不死且能够重来的原因。二元论的发展至少体现在以下四个方面。

一是理论形态发生了重大变化。在当代心灵哲学中，坚持实体二元论的人越来越少，坚持属性二元论的人越来越多。属性二元论和实体二元论不同的地方在于，前者不再坚持世界上有两个完全异质的实体，主张世界上只有一个实体即物理实体，但这个实体有两种完全异质的属性：物理属性和现象属性。现象属性又叫现象意识、感受性，是经验呈现出来的"质"的特征。例如，某人在经历疼痛时，体验到了一种"钻心的"感受。这种感受只能为经验的主体主观地感受到。感受性不是经验本身，不是经验的因果作用，而是经验的（被其主体感受到的）性质。根据泰伊（Tye）的总结，感受性的特征包括以下四种：①感受性是一种现象特征，具有主体性，只有它的拥有者才能够体验到；②感受性是感觉预料的属性，它涉及的只是经验主体的感觉内容；③感受性是内在的非表征性的属性，它不涉及语义结构；④感受性是内在的、非物理的、只可意会而不可言传的属性。[①]

二是新的哲学论证不断涌现。如克里普克的模态论证、查默斯的怪人论证、布洛克的色谱颠倒论证、杰克逊的知识论证、T. 内格尔的蝙蝠论证、莱文的解释空缺论证。这些论证从不同维度证明，现象属性不同于物理属性。[②]

三是新的科学论据不断出现。二元论不仅寻求哲学论证，还寻求科学论证，从而为自己奠定科学基础。例如，利贝特的意识半秒延迟实验论证了心物事件不是同一的。波普尔的"三个世界"理论表明，主观的世界 2、主客统一的世界 3 与客观的世界 1 是不同的。二元论对唯物主义的反攻倒算从未停止。

四是试图解决心理因果性问题。笛卡儿式的二元论式微的原因就在于，二元论与相互作用论难以相容。也就是，在二元论的理论背景下，心理因果性问题是无解的。新二元论直面了这个问题。从总体上看，新二元论的入手处有两个：一是宣称有非物质的能量存在，而这种能量的存在符合全局性的能量守恒定律；二是通过各种方式论证物理因果闭合性原则是虚假的。

第二节 新二元论的哲学论证

新二元论作为物理主义的对立面，其首要目的是推翻物理主义的论点。新二元论由于其韧性，也在不断地吸收自然科学的最新成果，对这些成果作二元论的解释，也成为推翻物理主义观点、证明自己观点的论证。

一、新二元论瞄准的"靶点"

新二元论作为一种本体论学说，其对立面是物理主义。由于物理主义在当代哲学中已居于支配地位，因此，新二元论是在与物理主义论战的过程中阐述自己的观点的。

① Tye M. Qualia//Zalt E (ed.) The Stanford Encyclopedia of Philosophy.2021.https://plato.stanford.edu/archives/fall2021/entries/qualia.

② 黄益民 . 心灵哲学中反物理主义主要论证编译评注 . 世界哲学，2006，(5)：16-22；高新民，刘占峰，等 . 心灵的解构：心灵哲学本体论变革研究 . 北京：中国社会科学出版社，2005：278-292；塞尔 . 反对唯物主义的论证 // 塞尔 . 心灵导论 . 徐英瑾译 . 上海：上海人民出版社，2019：74-95.

物理主义宣称"一切都是物理的"。它有一个最低限度的承诺即随附性论题：感受性随附于大脑物理属性。随附关系蕴含了一种必然关系。物理主义有两个基本主张。①本体论主张：世界上的一切事物都是物理事物。②认识论主张：物理知识是关于一切事物的知识。①物理主义的本体论主张和认识论主张的关系是，前者是后者的必要条件。在前者是不是后者的充分条件问题上，物理主义与新二元论，以及物理主义内部的先天物理主义和后天物理主义之间存在着不同意见。

二、新二元论的论证

关于心灵哲学中的新二元论论证，国内外已做了很多评介。每个论证都是一个思想实验，是一个小"故事"，叙述起来费时费力。在这里，我们不打算重复介绍，而是将重心放在论证过程上。对于现有的众多论证，根据它们直接反对的论点是物理主义的本体论主张，还是物理主义的认识论主张，将它们分为两类：一是本体论论证；二是认识论论证。前者有克里普克的模态论证、查默斯的怪人论证、布洛克的色谱颠倒论证、中国人口论证；后者有杰克逊的知识论证、T. 内格尔的蝙蝠论证、莱文的解释空缺论证。认识论论证还是为了得出本体论结论。新二元论通过批判物理知识的完备性来否定物理主义本身。

（一）新二元论的本体论论证

在诸本体论论证中，无论从哪一个论证入手，都可以通过修改其中的某个细节，或为其中的某个前提增加一个新的前者，就可以与另外一个论证相通。我们姑且从克里普克的模态论证入手。

如前所述，物理主义的兴起源于物理主义的心理因果性论证，论证的结论是，心理事物同一于物理事物。克里普克直接反驳这一论点。其论证过程如下：

（1）如果心理事物同一于物理事物，那么，心理事物必然地同一于物理事物。

在克里普克看来，同一性具有必然性。这种必然性也符合物理主义的最低限度的承诺。

（2）如果心理事物必然地同一于物理事物，那么，心理事物不可能不同一于物理事物。

如果心理事物必然地同一于物理事物，那么，下述两种情况都是不可能的：

①　物理知识不仅指当下的物理学所发现的知识，还包括未来的物理学可能发现的知识。

一是只存在心理事物，但相应的物理事物不存在；二是只存在物理事物，但相应的心理事物不存在。

（3）心理事物可能不同一于物理事物。

心理事物可能不同一于物理事物，意味着以下两种情况之一是可能的：一是心理事物存在，相应的物理事物不存在；二是物理事物存在，相应的心理事物不存在。我们认为，克里普克的模态论证、查默斯的怪人论证、布洛克的色谱颠倒论证的区别就在于论证（3）的方式不同。

根据克里普克的模态论证，心理事物不同一于物理事物具有逻辑的可能性。某人有某种特定的心理状态却没有相应的物理状态，某人有某种特定的物理状态却没有相应的心理状态，"至少在逻辑上是可能的"。这种逻辑上的可能性表明了心理事物不同一于物理事物是可能的。

查默斯的怪人论证认为，心理事件不同一于物理事件是可设想的。他是通过设想怪人来设想这种可能性的。假设存在一个怪人的世界。怪人在可观察的行为模式上与我们无法分辨，在微观物理上与我们也无法分辨。尽管如此，怪人与我们不同，我们有意识，它们没有意识。可设想性蕴含可能性是怪人论证的关键。布洛克的色谱颠倒论证从本质上讲是怪人论证的一种延伸。

（4）心理事物不同一于物理事物。

根据（1）、（2）、（3），利用否后式，就可以得出命题（4）。如果说物理主义的心理因果性论证的核心是物理因果闭合性原则，那么，新二元论的本体论论证的核心就是物理事物对心理事物的必然关系原则。必然的反面是可能。新二元论者试图找到或论证心物不同的任何可能性从而论证其本体论观点。

（二）新二元论的认识论论证

在诸认识论论证中，影响最大的是杰克逊的知识论证。T. 内格尔的蝙蝠论证和莱文的解释空缺论证与杰克逊的知识论证本质上是一致的。我们以知识论证为例来说明新二元论的论证，并在论证的过程中，说明蝙蝠论证、解释空缺论证与知识论证的关系。知识论证的论证过程如下：

（1）如果物理主义是正确的，那么，物理知识是完备的。

物理主义和新二元论都是关于心理事物与物理事物的本体论主张，而知识论证揭示的只是关于物理事物的知识和心理事物的知识之间的关系。因此，要从认识论达到本体论，必须预设（1）是正确的。

（2）如果一个人掌握了完备的物理知识，那么，他不会再增加新的知识，也不会有他解释不了的事物。

既然物理知识是完备的，那么，一个人掌握了完备的物理知识之后，就不可能再获得新的知识。

在杰克逊的知识论证中，假设一位掌握了所有物理知识的天才科学家，名叫玛丽，在刚出生时就被关在一个只有黑白两种颜色的房间里。她通过黑白书籍和黑白电视学习。尽管如此，她最终掌握了所有的物理知识，包括神经科学方面的知识。在 T. 内格尔的蝙蝠论证中，假设"你"完全掌握了蝙蝠的神经生理学知识。在莱文的解释空缺论证中，假设人们完全掌握了与疼痛相关的神经生理学知识。

（3）一个人即使掌握了完备的物理知识，也会获得新知识，同样也会存在他解释不了的事物。

假设玛丽从黑白房间走出，她是否会获得新的知识呢？显然，她会学会新的知识，即世界向她呈现的视觉经验的知识。既然如此，之前即使她了解了我们报告"西红柿是红色的"和"天空是蓝色的"时的神经生理状态，也不可能知道我们的内心感受。蝙蝠论证的观点亦是如此，只不过角度不同。蝙蝠论证的关键是，"你"即使掌握了关于蝙蝠的神经生理学知识，"你"也不可能知道"成为一只蝙蝠是什么样子"。在蝙蝠论证中，"你"之于蝙蝠的关系，就像在知识论证中，玛丽之于他人的关系。

莱文的解释空缺论证略有不同。他实际上是将"疼痛 =C 神经纤维的激活"与"水 =H_2O"做了一个比较。将水同一于 H_2O 可以"无缝地"解释水的沸腾现象，如 H_2O 分子的运动。但是，如果疼痛同一于 C 神经纤维的激活，就像水同一于 H_2O 那样，那么，C 神经纤维的激活过程能"无缝地"解释疼痛的感受性吗？事实却并不是如此。人们无法用 C 神经纤维的激活过程"无缝地"解释疼痛的感受性。C 神经纤维的激活为什么会产生疼痛的感受性，就是一个没有得到圆满解释的问题，从而留下一个解释空缺。

（4）物理知识是不完备的。

根据（2）和（3），利用否后式，可以直接得出结论（4）。杰克逊的知识论证、T. 内格尔的蝙蝠论证和莱文的解释空缺论证，都明确地得出结论（4）。但是，我们认为这里存在一个逻辑上的跳跃。实际上，根据（2）和（3），利用否后式，得出的是一个析取结论：要么物理知识是不完备的，要么一个人对（完备的）物理知识的掌握是不完备的。只有假设一个人完全掌握了（完备的）物理知识，根据刚才所说的否后式，才能得出结论（4）。但是，这个假设是否具有合理性却是一个需要讨论的问题。

（5）物理主义是错误的。

根据（1）和（4），利用否后式，可以直接推出结论（5）。

三、物理主义对新二元论的批判

在新二元论的两种不同类型的论证中，本体论论证的关键点在于，从可设想性推衍出形而上学的可能性；认识论论证的关键点在于，从知识裂隙推衍出本体论裂隙。对于物理主义而言，只要抓住这两个论证的"七寸"，给予打击，就可以推翻新二元论。

（一）新二元论的本体论论证的问题与后天物理主义

在物理主义者看来，从可设想性中不能推衍出形而上学的可能性。对于这一点，物理主义者往往采取了如下这种归谬论证：

（1）如果一个人能够设想一个情形，则这个情形具有形而上学的可能性。

（2）一个人能够设想水不是 H_2O。

（3）水不是 H_2O，则具有形而上学的可能性。

显然，结论（3）是荒谬的，水必然是 H_2O。这就意味着，要么（1）有问题，要么（2）有问题。显然（2）是没有问题的。一方面，一个人设想水不是 H_2O 不违反逻辑；另一方面，在化学知识诞生之前，任何人的生活都离不开水，但并不知道水的化学构成，他否定他知道的东西是他不知道的东西是很常见的事情。由此可以推出，有问题的只可能是（1），即从可设想性中推不出形而上学的可能性。

关于水，实际上有两种不同的理解。对于一个没有学过化学知识的人来说，水是无色无味的透明液体。对于一个学过化学知识的人来说，水是 H_2O。因此，关于水的命题就有下面两个：

①水是无色无味的透明液体。

②水是 H_2O。

命题①是一个先天判断，而命题②是一个后天判断。对于命题①而言，仅从"水"这个概念中就可以先天地分析出它是"无色无味的透明液体"。这种先天分析性源于人类祖先的"命名式"。人类祖先把无色无味的透明液体命名为"水"，因此，从"水"这个概念中可以先天地分析出它是"无色无味的透明液体"。对于命题②而言，从"水"这个概念中不能先天地分析出它是 H_2O。人类知道水的化学结构是 H_2O，是在化学诞生之后通过后天的经验得来的结论。

命题①是一个偶然判断，而命题②是一个必然判断。对于"水"所指称的那种物质而言，它不必然地是无色无味的透明液体，却必然地是 H_2O。在现实世界中，由于人类特定的感觉器官的功能，H_2O 向人类呈现的特性是无色无味的透明液体。如果将其放置在这样的一个可能世界中，其中的生物与人类有完全不同的感觉器官，H_2O 向它们呈现的特性是有色有味的东西，即使这样，H_2O 还是 H_2O，水还是水。

承认后天必然命题的存在，要归功于克里普克。克里普克打破了认识论和形而上学的传统关联。先天和后天属于认识论中的一对范畴。必然和可能属于形而上学中的一对范畴。① 至少自康德开始，直至后来的逻辑经验主义，一般认为，先天命题一定是必然命题，后天命题一定是偶然命题。克里普克根据他的新本质主义，论证了先天偶然命题和后天必然命题的存在。因此，从哲学史上看，不论对错，不论合不合理，对必然性都有两种理解：一是康德式的先天理解；二是克里普克式的后天理解。据此，对物理主义的基本命题，即心理事物必然是物理事物，也有先天物理主义和后天物理主义两种不同理解：

①先天物理主义：在水"必然"是无色无味的透明液体的意义上，心理事物"必然"是物理事物。

②后天物理主义：在水"必然"是 H_2O 的意义上，心理事物"必然"是物理事物。

对于新二元论的本体论论证，后天物理主义的解决方案是有效的。设想心理事物不是物理事物，就像设想水不是 H_2O 一样，源于后天知识的缺乏，因而是错误的、虚假的。在后天物理主义看来，通过后天的发现，就会知道心理事物必然地是物理事物，就像水必然地是 H_2O 一样。

（二）新二元论的认识论论证的问题与现象概念策略

对于新二元论的认识论论证而言，物理主义者只要以物理主义的方式来消解新二元论的认识论上的直觉，解释这种直觉为什么会产生，就可以达到反驳新二元论的目的。以洛尔和帕皮诺为代表的现象概念策略采取的就是这种思路。

现象概念策略与戴维森的异常一元论同根同源，都是坚持本体论上的一元论和概念上的二元论。它由以下三个论题构成。

（1）现象属性同一于物理属性。这一论题为洛尔和帕皮诺坚持物理主义奠定了基础。和其他物理主义者一样，他们诉诸物理主义的因果论证。这一论证

① 分析和综合属于语言学中的一对范畴。

不仅适用于心理事件，还适用于心理属性。这一论证的心理属性版本可以论证现象属性同一于物理属性。以人类的疼痛为例，"疼痛"这个现象概念和"C 神经纤维的激活"这个物理概念有相同的指称，指的就是一种独特的物理属性即 C 神经纤维的激活。

（2）现象概念不同于物理概念。对于同一个实在，可以用两种不同的概念来把握：一种是第三人称的物理概念；另一种是第一人称的现象概念。比如，一个人的大脑的 C 神经纤维被激活了，对于这一状态，人们可以通过多种方式利用不同的概念来把握。虽然方式不同、语言不同，但把握的对象却是同一个对象。

现象概念策略不仅可以消解知识论证，也可以消解解释空缺论证。根据这一策略，玛丽对于整个世界有两套完全不同的认识工具：一套是后天习得的物理知识；另一套是先天具有的现象概念知识。她走出黑白房间，启用现象概念知识的条件已经具备，她就启用了现象概念知识来认识这个世界。她从黑白房间中走出来，她的确获得了新知识，但这种新知识不是新的物理知识，而是现象心理学知识。根据现象概念策略，现象概念和物理概念把握世界的模式是绝对不同的。对于同一个对象，现象概念将其理解为疼痛，并赋予其现象属性；物理概念将其理解为 C 神经纤维的激活，并将物理属性赋予给它。由于两套模式或系统之间没有也不可能先天地关联，所以在直觉上就会造成"解释空缺"这种二元论直觉。

四、新二元论的回应

查默斯是一个坚定的二元论者，对于物理主义对二元论的各种反驳，他予以回应，而且引起了广泛讨论。他一方面用二维语义学论证来反对后天物理主义，另一方面又用万能论证来反对物理主义的现象概念策略。

（一）二维语义学的先"驳"后"立"

后天物理主义反对新二元论的理由是，从可设想性中推不出形而上学的可能性。查默斯作为可设想性论证的提出者，根据他提出的二维语义学，为新二元论的推论过程做了有力的辩护。

1. 二维语义学

任何表达式（包括词和句子）都有内涵。内涵是从可能世界到外延的映射，是在每一个可能世界中确定表达式外延的方式。也就是说，内涵就是对应法则，可能世界是自变量，外延是因变量。二维语义学表明，任何一个表达式都有两重维度的内涵。这两重维度的内涵与理解可能性有关。在所有可能世界中，第一维内涵将其中的一个可能世界理解为现实世界，即将可能性理解为现实性；第二维内涵将其他的可能世界理解为反事实世界，即将可能性理解为反事实性。

第一维内涵是从现实世界到（现实世界中的）外延的映射。

例1：在所有可能世界中，我们的世界是现实世界，水在我们这个现实世界中就是无色无味的透明液体，不论它的化学结构事实上是什么。"水"的第一维内涵就是"无色无味的透明液体"。"水是无色无味的透明液体"在我们居住的现实世界中是真的。

例2：在孪生地球思想实验中，对于孪生地球人而言，孪生地球是他们的现实世界，水在他们的现实世界中也是无色无味的透明液体，不论它的化学结构事实上是什么。"水"的第一维内涵也是"无色无味的透明液体"。"水是无色无味的透明液体"在孪生地球人居住的孪生地球中是真的。

例3：在第三个可能世界中，有完全相异于地球人的生物，它们的感觉器官与我们的感觉器官完全不同，即向我们显现为无色无味的透明液体的 H_2O，向它们显现为有色有味的不透明固体。对于这些生物而言，这个可能世界就是它们的现实世界。在它们的现实世界中，"水"的第一维内涵就是"有色有味的不透明固体"。"有色有味的不透明固体"在它们的世界中是真的，而"水是无色无味的透明液体"在它们的现实世界中却是假的。

第二维内涵是从可能世界到（可能世界中的）外延的映射。一旦在现实世界中向主体显现为无色无味的透明液体的那种物质确定了，那么，其他可能世界中那种物质还是那种物质，不论它向可能世界的主体显现为何种特征。

例4：如果我们居住的世界是现实世界，"水"的第二维内涵就是" H_2O "。在反事实的可能世界中，只要有水，它就一定是 H_2O 。在孪生地球上，向孪生地球人呈现为无色无味的透明液体的东西，不是水，因为它不是 H_2O ，而是XYZ。XYZ只是无色无味的透明液体，即从表面上看像水一样的东西。

例5：孪生地球人居住的世界对于孪生地球人而言就是现实世界，"水"的第二维内涵就是XYZ。在反事实的可能世界中，只要有水，它就一定是XYZ。在现实地球上，向我们现实地球人呈现为无色无味的透明液体的东西，对于孪生地球人来说，不是水，因为它不是XYZ，而是 H_2O ，它只是从表面上看像水一样的东西，但实际上不是水。

例6：在第三个可能世界中，对于这些相异于现实地球人的生物而言，"水"

的第二维内涵是 H_2O，即使它的第一维内涵是"有色有味的不透明固体"。

从上面的分析和比较中，我们可以得出，第一维内涵和第二维内涵的区别是：①表达式的第一维内涵表述的是事物的偶然属性，第二维内涵表述的是事物的本质属性；②表达式的第一维内涵在现实世界成立，表达式的第二维内涵在包括现实世界在内的所有可能世界都成立。

2. 驳：后天物理主义的归谬论证

根据查默斯的二维语义学，我们可以得出如下结论：

（1）"水"的第一维内涵是"无色无味的透明液体"。

（2）"水"的第二维内涵是 H_2O。

我们在此基础上再分别审视一下后天物理主义对新二元论的本体论论证。我们先以"水"的第一维内涵来重构后天物理主义的归谬论证：

（3）如果一个人能够设想一个情形，则这个情形具有形而上学的可能性。

（4）一个人能够设想无色无味的透明液体不是 H_2O。

（5）无色无味的透明液体不是 H_2O。

根据前面的分析，在孪生地球中，无色无味的透明液体不是 H_2O。结论（5）不荒谬，也不违和。重构后的后天物理主义反而证明了可设想性蕴含形而上学可能性的合理性。

我们再以"水"的第二维内涵来重构后天物理主义的论证：

（6）如果一个人能够设想一个情形，则这个情形具有形而上学的可能性。

（7）一个人能够设想 H_2O 不是 H_2O。

（8）……

在这个论证中（7）是错的。"H_2O 不是 H_2O"在任何可能世界都不成立。违反逻辑的世界不是可能世界，人不能设想违反逻辑的东西。因此不能从错误的（7）中推衍出任何结论来。

3. 立：可设想性论证的合理性

可设想性论证的关键在于，能否从可设想性中推衍出可能性。后天物理主义给出了否定的回答。查默斯在其二维语义学的基础上，不断改进可设想性论证，在此基础上，给出了肯定的回答。

在查默斯看来，内涵涉及理解可设想性和可能性的方式。任何表达式都有两重不同维度的内涵，相应地，可设想性和可能性也分别有两重维度。

第一维可能性：对于任何一个表达式 E 而言，仅当 E 在某个可能世界中是真的。

第二维可能性：对于任何一个表达式 E 而言，仅当 E 在所有可能世界中都是真的。

第一维可设想性：对于任何一个表达式 E 而言，仅当 E 的第一维内涵在某个可能世界中是可设想的。

第二维可设想性：对于任何一个表达式 E 而言，仅当 E 的第二维内涵在所有可能世界中都是可设想的。

最初的可设想性论证如下（P 表示物理属性，Q 表示感受性）：

（Ⅰ）$P \wedge \neg Q$ 是可设想的。

（Ⅱ）如果 $P \wedge \neg Q$ 是可设想的，那么，$P \wedge \neg Q$ 是形而上学可能的。

（Ⅲ）如果 $P \wedge \neg Q$ 是形而上学可能的，那么，物理主义是错的。

C：物理主义是错的。[①]

正是这个最初的可设想性论证，遭到了后天物理主义的攻击。在后天物理主义者看来，"水不是 H_2O" 是可设想的，却不是形而上学可能的，因此，上面（Ⅱ）被证伪了。"水不是 H_2O" 中的 "水" 有两个维度的内涵，因而其本身作为一个表达式也有两个维度的内涵。第一维内涵是 "无色无味的透明液体不是 H_2O"，第二维内涵是 "H_2O 不是 H_2O"。"水不是 H_2O" 仅具有第一维可设想性，因而具有第一维可能性。"水不是 H_2O" 不具有第二维可设想性，因而不具有第二维可能性。

从上面的分析中，我们可以看出，第一维可能性与第二维可能性之间没有必然的关联。无论是物理主义还是二元论都是形而上学命题，它要求的是命题不只是在某个可能世界中为真，而是在所有可能世界中为真。从两种可能性的角度看，二元论要是正确的，它的命题必须具有第二维可能性。无论是物理主义还是二元论，对（Ⅰ）都没有争议，即 "$P \wedge \neg Q$ 是可设想的"。既然 "$P \wedge \neg Q$" 是可设想的，它一定不违反逻辑，具有第一维可设想性，因而一定存在某个可能世界使其为真。但是，二元论的目标是论证 "$P \wedge \neg Q$" 具有第二维可能性。这就要求查默斯从第一维可能性中推衍出第二维可能性。

改进后的可设想性论证如下：

（Ⅰ）$P \wedge \neg Q$ 是可设想的。

（Ⅱ）如果 $P \wedge \neg Q$ 是可设想的，那么，$P \wedge \neg Q$ 具有第一维可能性。

（Ⅲ）如果 $P \wedge \neg Q$ 具有第一维可能性，那么，$P \wedge \neg Q$ 具有第二维可能性。

（Ⅳ）如果 $P \wedge \neg Q$ 具有第二维可能性，那么，物理主义是错的。

① Chalmers D. The two-dimensional argument against materialism//McLaughlin B, Beckermann A, Walter S. The Oxford Handbook of Philosophy of Mind. Oxford: Clarendon, 2009.

C：物理主义是错的。[①]

改进后的可设想性论证是否有效，取决于（Ⅲ）。（Ⅲ）述说的对象是"P ∧ ¬ Q"。它是一个表达式，也有两重维度的内涵：

第一维内涵：（P 的第一维内涵）∧ ¬（Q 的第一维内涵）。

第二维内涵：（P 的第二维内涵）∧ ¬（Q 的第二维内涵）。

根据上面的分析，"P ∧ ¬ Q"这个表达式的第一维内涵是真的。如何从它的第一维内涵的真推衍出第二维内涵的真呢？如果在"P ∧ ¬ Q"这一表达式的第二维内涵中，P 的第二维内涵与 P 的第一维内涵重合，Q 的第二维内涵与 Q 的第一维内涵重合，换言之，"P ∧ ¬ Q"的第二维内涵与"P ∧ ¬ Q"的第一维内涵重合，那么，"P ∧ ¬ Q"的第一维内涵为真，就能推衍"P ∧ ¬ Q"的第二维内涵为真。

现在，只要论证表述 P 的物理概念的两维内涵（以及表述 Q 的现象概念的两维内涵）是重合的，则改进后的可设想性论证就证毕了。

在查默斯看来，现象概念和物理概念的第二维内涵与第一维内涵都是重合的。查默斯以疼痛为例来说明现象概念的两维内涵是重合的。在所有可能世界中，如果其中的生物没有体验到疼痛感就不能说它经历了疼痛。疼痛在现实世界中和在其他可能世界中都是疼痛感。因此，"疼痛"的第二维内涵和第一维内涵是重合的。

现在的问题是：物理概念的第二维内涵与第一维内涵是否重合？

如果物理概念的两维内涵不是重合的，就说明现代物理学告诉我们的关于世界的物理属性只是表面的属性，关于世界深层次的物理属性，现代物理学还没有发现。表层的物理属性只是深层次的物理属性在某个可能世界中的一个表现，而不是在所有可能世界中的表现。产生现象属性的是现代物理学还没有发现的深层次的物理属性。既然如此，深层次的物理属性隐藏着某些原现象属性。这就意味着，在某个可能世界中或在现实世界中，现象属性和现代物理学发现的表层的物理属性都是原现象属性的一种显现。这种观点实际上就是罗素的中立一元论。

如果物理概念的两维内涵是重合的，则物理主义直接是错误的。如果物理概念的两维内涵不是重合的，则中立一元论是正确的。

最终的可设想性论证如下：

① Chalmers D. The two-dimensional argument against materialism//McLaughlin B, Beckermann A, Walter S. The Oxford Handbook of Philosophy of Mind. Oxford: Clarendon, 2009.

（Ⅰ）P∧¬Q 是可设想的。

（Ⅱ）如果 P∧¬Q 是可设想的，那么，P∧¬Q 具有第一维可能性。

（Ⅲ）如果 P∧¬Q 具有第一维可能性，那么，P∧¬Q 具有第二维可能性或者罗素的中立一元论是正确的。

（Ⅳ）如果 P∧¬Q 具有第二维可能性，那么，物理主义是错的。

C：物理主义是错的，或者罗素的中立一元论是正确的。[①]

（二）万能论证

物理主义的现象概念策略针对的是新二元论的认识论论证。查默斯提出了一种万能论证。在他看来，万能论证能证明所有的现象概念策略都会失效。

现象概念策略的支持者先提出一个将某些关键性的心理特征归属给人类的论题 C，再继而论证：

（1）C 是正确的：人类实际上具有这些关键性的特征。

（2）C 解释了关于意识的认知情境：C 解释了我们为什么会遇到相关独特的认知空缺。

（3）C 本身可以用物理的语词来解释：人们（至少在原则上）能够以唯物主义的方式给出一个关于人类何以具有这些关键性特征的可接受的解释。[②]

在现象概念策略论者看来，心理现象的本质特征是经验的现象特征。（1）承认了现象特征的存在地位。现象概念策略反对二元论，坚持唯物主义一元论。因此，它本身既要消解解释空缺，即坚持（2），又要坚持唯物主义，即坚持（3）。如果不坚持（3），它就是走向了二元论。

查默斯利用他的可设想性论证向现象概念策略论者提出了一个两难问题。这个问题是："我们是否可以设想一个这样的怪人？"对于这个问题，无非"可设想"和"不可设想"两种回答。如果回答"可设想"，则我们不能以唯物主义的方式来说明关键性特征，而 C 承认这些关键性特征，因而 C 就不能得到唯物主义的解释，即（3）是错的。如果回答"不可设想"，我们就不能用 C 来说明解释空缺。查默斯说明了，在现象概念策略中，（2）和（3）是矛盾的。

① Chalmers D. The two-dimensional argument against materialism//McLaughlin B, Beckermann A, Walter S. The Oxford Handbook of Philosophy of Mind. Oxford: Clarendon, 2009.

② Chalmers D. Phenomenal concepts and the explanatory gap//Alter T, Walter S. Phenomenal Concepts and Phenomenal Knowledge: New Essays on Consciousness and Physicalism. Oxford: Oxford University Press, 2007.

第三节　新二元论的科学论证

二元论不仅有哲学上的论证，还有经验科学上的论证。二元论的科学论证类型多种多样：有神经科学的论证，以之为基础的新二元论有利贝特的二元论、斯佩里的突现的精神一元论、波普尔和埃克尔斯的二元论的相互作用论；还有量子力学的论证，以之为基础的新二元论有佐哈的"关于意识的新量子力学理论"、彭罗斯（Penrose）的"新三个世界理论"。①但是，新二元论的量子力学论证实际上不是一种直接的论证，而是为理解心身关系提供了量子力学模型。相较而言，神经科学的论证则直接得多，相关的科学实验结果对物理主义不利。利贝特的意识半秒延迟实验在神经科学中影响很大。这一实验向物理主义发起了直接挑战，因为心理事件与大脑中的神经生理事件不是同时发生的，而是慢半秒钟。斯佩里、波普尔和埃克尔斯提出的二元论都直接或间接地肯定和利用了这一实验。

一、支持新二元论的科学实验

利贝特的系列实验包括三个部分：一是意识半秒延迟实验；二是意识逆向回溯实验；三是自由意志的时刻实验。第一个实验部分地证伪了物理主义的同一论。第二个实验和第三个实验不仅证明了意识的存在，还证明了意识对行动具有独特的因果作用，即间接地证明了二元论。

（一）意识半秒延迟实验：心物事件不同时发生

利贝特选取的被试曾经因病接受过神经外科手术。对他们的大脑感觉皮层施加不同频率、不同强度和不同持续时间的电脉冲刺激。在达到一定条件下，被试会报告说，他们感觉他们的皮肤被刺激了。实际上，刺激大脑皮层让他们误以为有东西刺激他们的皮肤。

根据一系列的实验，利贝特揭示，有意识的感觉主要取决于刺激的强度和持续时间，与刺激的频率关系不大。当刺激强度小于一个特定的阈值时，无论刺激时间有多长，都不会引起感觉意识。即使刺激强度处于阈值以上，也要持续平均 0.5 秒的时间，这样有意识的感觉才会出现。

① 高新民．二元论的量子力学路径 // 高新民．心灵与身体．北京：商务印书馆，2012: 429-476.

利贝特得出的结论是，感觉意识的"神经适合性"只有在 0.5 秒的连续刺激后才能在大脑的感觉皮层中产生。他说：从本质上说，适当的神经活动持续足够长的时间，是产生自发主观体验这一现象的根源。①

意识活动晚于大脑活动约半秒的时间，这与物理主义的观点（心理事件与物理事件是同一的）不同。

（二）意识逆向回溯实验：主观回溯时间

如果意识真的需要大脑半秒以上的连续活动才能建立起来，这是否意味着，我们对世界的认知与世界本身之间存在半秒的延时呢？事实告诉我们不是。以看到灯亮就按按钮为例来说明。从灯亮给予视觉刺激，到意识形成并发出行动指令，再到按按钮，这个过程一般只需 200 毫秒。

利贝特又进行了另一个实验，结果似乎表明，时间会被主观地回溯。如果同时刺激大脑皮层和身体皮肤，前者就会干扰后者。尽管前者的感觉和后者的感觉相似，但是，被试还是能够区别两种不同的刺激。利贝特的方法是，先持续刺激大脑皮层，在将到还未到半秒时（如在第 400 毫秒时），再刺激皮肤。实验结束后，被试们一致报告，他们觉得皮肤刺激先出现，大脑皮层刺激后出现。

虽然刺激皮肤后发生，但被试主观上却认为它先发生，原因在于，从皮肤刺激传送到大脑中的感觉皮层有一必经之路，就是丘脑（或内侧丘系）。初级诱发电位在皮肤刺激出现之后很快就发生了，一般只要 10 ～ 20 毫秒，几乎可以忽略不计。利贝特认为，正是这个初级诱发电位标记了刺激发生的时间。感觉意识的产生即便需要半秒时间，主观经验也会回溯到初级诱发电位所标记的时间点，从而主观地提前时间。因此，我们不会觉察到延迟。

波普尔和埃克尔斯接受了这一结论，认为非物质的思维对物质性神经活动的干预是解释主观性时间标记提前所必需的。②

（三）自由意志的时刻实验

在自主行动之前，大脑内部会出现运动关联电位。利贝特想弄清楚：从出现运动关联电位到自主行动发生之间，自由意志在哪里？有什么作用？从运动关联电位出现到自主行动发生是否需要当时普遍认为的 800 毫秒？ 800 毫秒明显与他前期的实验数据有较大的差距。

① Libet B. Brain stimulation in the study of neuronal functions for conscious sensory experiences. Human Neurobiology, 1982, 1(4): 235-242.

② Eccles J, Popper K. The Self and Its Brain: an Argument for Interactionism. New York: Springer-Verlag, 1977.

利贝特的这项实验主要是要弄清楚三个时间点：一是运动关联电位发生的时间 R；二是自由意志出现的时间 W；三是行动的时间 M。在这三个数据中，M 最好获取。其次是 R，方法是将脑电波探测仪戴在被试的头上。最难获取的是 W。方法是在被试面前摆一个屏幕，屏幕上有一个光点以一定的速度在屏幕的钟表盘上旋转。每当被试弯曲手腕之后，利贝特让他们报告，光点在什么位置时他们有"要弯曲手腕"的想法。根据被试报告的光点位置算出 W。

实验的平均结果是，R 比 M 早约 550 毫秒，W 比 M 早约 200 毫秒。由这两个数据可以得出，R 比 W 早约 350 毫秒。这一实验再次证明心理活动与大脑的神经生理活动的时间是不一致的。

现在的问题是：自由意志在这个过程中有没有发挥作用？如果没有发挥作用，就是一种副现象，如果发挥了作用，就要用实验数据来证明。在利贝特看来，自由意志在这个过程中起到了类似电路"开关"的作用。在实际行动发生前，自由意志可"断开"线路，不让行动发生。

二、反对二元论的科学实验

利贝特的系列实验实际上只证实了被试感觉他们具有自由意志。但是，觉得自己具有自由意志是一回事，真的具有自由意志却是另外一回事。对于这个问题，沃尔特的实验表明，动作在意识发生之前就发生了；韦格纳（Wegner）的实验表明，人们能在不是自己的动作中感觉到一种动作的意愿。

沃尔特实验的被试是神经外科病患，在大脑的运动皮层中植入了电极。被试被要求坐在幻灯片放映机前，可以随时按一下按钮，从而切换幻灯片。只不过被试不知道的是，电极实际上还通过其他途径与放映机相连，每当电极测到他的脑电波发生变化时，就会切换幻灯片。被试非常吃惊，说刚想按按钮之前，幻灯片就切换了。这个实验说明，"自主的行动"的原因不是自由意志，而是大脑。这证明了，在特定条件下，我们不可以不自觉地或无意识地控制行动。

韦格纳通过实验证实了一种观点，即我们能够在别人的动作中感觉到动作的意愿。也就是，我们以为别人的行动是我们的意愿的结果。让被试站在一面镜子前。通过一面屏风的巧妙布置，让镜子里的手臂看起来像他自己的，但实际上手臂不是被试的，而是别人的。被试被要求跟着声音指令做相关的动作，那只手臂也做着相关的动作。实验的结果显示，在这种情况下，被试觉得手臂的运动是由他自己的意愿导致的。韦格纳的实验比这个实验要复杂得多，但基本的思路和观点是一致的。韦格纳宣称，自由意志只是一种错觉。它的产生有三个步骤：首先，我们的大脑计划动作并实际地实施；其次，我们意识到自己在想这个动作并称之为意图；最后，我们的动作在意图产生之后发生了，于是我们错误地认为，动作是由我们的意图导致的。[①] 很有意思的是，韦格纳不否定错觉的作用，他甚至告诫人们，如果觉得错觉不重要，那就大错特错了。

第四节　新二元论的心理因果性理论及辩证分析

笛卡儿式的心身实体二元论陨落的根本原因在于，它难以解决心理因果性问题：异质的心物事件之间相互作用是如何可能的？新二元论者不再回避这一问题，试图找到解决的突破口。他们把方向定在能量守恒定律和以之为基础的物理因果闭合性原则。

一、新二元论中心理因果性的可能性

在科学家看来，异质的心物事件之间相互作用违反了能量守恒定律，在哲学家看来，这种相互作用违反了物理因果闭合性原则。20 世纪 50 年代以后的二元论者开始直面这个问题。一方面，他们承认心理能量的存在以及对行动发挥因果作用不会违反能量守恒定律；另一方面，他们也开始质疑物理因果闭合性原则的正确性。

（一）心理能量的存在不违反能量守恒定律

能量守恒定律说的是能量只会转移或转换，在转移或转换的过程中，总量不会发生变化。物理主义宣称，物理域的能量是守恒的，如果心理事物能够改变物理事物，就会向整个物理域注入新的能量，从而打破守恒。但是，在二元论者看来，心理事物本身是一个"蓄电池"，它从物理事物对它的因果作用中获取能量，再对其他物理事物施加因果作用而释放能量。如果是这样，心理事物既能够发挥因果作用，又没有违反能量守恒定律。

在二元论者看来，能量有不同的类型，既有物理能量，又有心理能量，能

---

① 布莱克摩尔. 人的意识. 耿海燕，李奇，等译校. 北京：中国轻工业出版社，2008：122；Wegner D, Wheatley T. Apparent mental causation: sources of the experience of will. American Psychologist, 1999, 54(7): 480-492.

量在包括物理域和心理域的总体范围内是守恒的。帕皮诺从经验上否认了非物理守恒量的存在，一方面是由于迄今未发现非物理能量存在的证据，另一方面是由于生理学、分子生物学在解释上取得的巨大成功。

二元论者哈特（Hart）就以这样的能量守恒定律为其二元论辩护。笛卡儿认为，二元论是一种关于存在着无体心灵的模态理论。这无体的心灵即使没有实际出现，对二元论也没有任何威胁。①哈特对二元论的论证也属于可设想性论证。这种可设想性论证从本质上讲和查默斯的可设想性论证一样，即从心不是物是可设想的推衍出，心与物在形而上学上是不同的。他的创新性就在于直面二元论所遇到的互相作用论问题，并试图去解决这个问题。

在哈特看来，离体的心灵本身没有能量，但它与外物发生关系时，由于外物作用于感官时必定有能量的消耗和转化，基于能量守恒，这些损失和转化的能量就会进到信念和愿望之内，从而使得它们有能量。例如在视觉中，光线能量就会转化为信念能量。虽然心灵不能直接移动物体，但由于它通过知觉吸收了能量，借助能量转化可以让肢体去完成它移动物体的指令。②

（二）物理因果闭合性原则是错误的原则

在探讨二元论和物理主义的观点时，人们从共时性的维度去探讨它们。如在某一时间，两个事物具有相同的物理属性，它们是否具有相同的心理属性？物理主义作出了肯定的回答，而新二元论则作出了否定的回答。但在思考心物之间的因果相互作用时，人们又从历时性的维度去探讨他们。这就引发了另外一个问题：如果两个世界的物理属性完全相同，在随后引起的心理属性上是否有可能不同？这就涉及物理域的因果性是闭合的还是开放的问题。

心身关系问题和因果关系问题是两个不同的问题。前者是从共时性的角度去考量，后者是从历时性的角度去考量。一个理论在前一个问题上的观点不会决定它在后一个问题上如何回答。物理域在因果上是否闭合在物理主义和二元论之间是中立的。

波普尔和埃克尔斯的二元论所面临的是相互作用问题。他们否定了物理因果闭合性原则，但承认整个世界的因果闭合原则。换言之，整个世界不仅包括物理世界，还包括另外两个世界，即主观的精神世界和客观的精神世界。波普尔和埃克尔斯的二元论就是他们的"三个世界"理论。"第一世界"或"世界1"就是物理世界，包括宇宙中的一切物理事物、物理事实、物理事件、物理属性

---

① Hart W. The Engines of the Soul. New York: Cambridge University Press, 1988: 147.

② Hart W. The Engines of the Soul. New York: Cambridge University Press, 1988: 173-174.

和物理状态。"第二世界"或"世界 2"就是主观的精神世界，作为一种精神活动存在于大脑中，但又不同于大脑本身。"第三世界"或"世界 3"是客观的精神世界，是精神的对象化和客观化，作为一种精神产品存在于大脑外，如书本、艺术、声音等。从发生学的角度看，世界 1 是整个宇宙的本原，世界 2 来自世界 1，世界 3 又来自世界 2。三者产生之后彼此之间又相互作用。

为了说明三个世界间的相互作用如何可能，波普尔对物理因果闭合性原则进行了否定。在他看来，物理决定论是错误的。[①] 在《论云和钟》中，他指出了自然界中有两种不同类型的现象：一种是似钟的现象，由严格的决定论的规律支配它们的行动；另一种是似云的现象，它们毫无秩序，难以预测。处于社会中的人，其行为则是一种介于二者之间的现象。人类的行为既有似云的一面，又有似钟的一面。埃克尔斯的二元论也赞成心身相互作用论或交感论：心智和大脑是相互分开独立的存在，大脑属于世界 1，心智属于世界 2，两者之间有某种交互作用。物质－能量世界不是完全闭合的。[②]

二、辩证地看待新二元论的心理因果性理论

对于心理能量的存在，哈特等人只是从可能性的角度来论证，没有发现心理能量存在的现实性根据。正如帕皮诺所言，没有发现心理能量的现实性，并不代表它没有可能性。然则，这种可能性也是让人怀疑的。

根据爱因斯坦质能方程，能量和质量是一体两面的关系。质量是物质所具有的属性，因此，只有物质才有能量，非物质的心理事物不具有能量。根据二元论的假设，心理事物从物理事物对它的作用中吸收能量，在对物理事物施加因果作用的过程中释放能量。心理事物吸收能量和释放能量不是同时进行的。这样就存在物理域的能量在一段时间内没有保持守恒的情况。但是，科学家至今也没有发现物理能量不守恒的情况。

至于物理因果闭合性原则，二元论者的观点有一定的合理性。如果正如物理主义所说的那样，一切都是物理的，那么，物理世界就是整个世界，那么，在物理世界中就不会有人类社会制定的规范性。人类社会制定的规范性是人与人、人与社会的一致性，例如交通规则，并不由客观物理规律严格决定。

---

① 波普尔.客观知识：一个进化论的研究.舒炜光，卓如飞，周柏乔，等译.上海：上海译文出版社，1987：234.
② 埃克尔斯.脑的进化：自我意识的创生.潘泓译.上海：上海科技教育出版社，2007：208.

第十章

实践唯物主义：一种可能的心理因果性理论

　　物理主义和二元论的心理因果性理论存在这样或那样的问题。马克思以实践的范畴超越了旧唯物主义和唯心主义之间的对立。语言哲学中的语用学、知识论中的实用主义，实际上是沿用马克思主义的实践路径，去解决它们各自所面对的问题。因此，无论实践范畴是否能够解决心理因果性问题，有意回避和绕开实践范畴，至少是一种不合时宜的做法。本章希望结合以实践为基础的各种理论，做一些有益的尝试，即用实践范畴解决与心理因果性相关的某些问题，特别是与意向心理事件相关的因果性问题。下面我们将试图阐述以下几种观点：①确定心理内容的，不是大脑的神经生理状态，而是在特定环境中所采取的实践活动；②意向性存在是有目的的实践活动的结果；③意向因果作用可以根据以实践为基础的干预主义的因果理论来揭示；④具有意向性的心灵，是人的一种以实践为手段、以语义为中介、以获得生存价值为目的的能力。

第一节　"当作实践去理解"

　　心灵哲学在理解心灵上的困境与旧哲学在理解感性世界上的困境具有一致性，是指引我们以解决后一困境的方式来解决前一困境的最主要的原因。对于（包括心灵在内的）各种对象，以实践的方式来理解，不仅可以理解其本质，还可以理解其存在原因。

不同的心灵理论对心灵的本质特征的理解不一样，因而要面对和解决的问题也不尽相同。如果一种理论如戴维森的异常一元论，认为心灵是自由的，不受严格的决定论的规律支配，那么，它就要面对和解决心理异常性难题。如果一种理论像常识一样坚持心灵具有某种独特性，那么，它就要面对和解决金在权提出的随附性／排除难题。如果一种理论坚持心灵具有某种外在性，那么，它就要面对和解决"外在主义威胁"。如果一种理论认为心灵是自由的、独特的和外在的，那么，它就要同时解决心理异常性难题、随附性／排除难题和外在主义威胁。①

20世纪，心灵哲学在西方哲学中异军突起。在关于心灵的本质和因果作用问题上，物理主义可以说占据了主导地位，不过，二元论也一直在"争鸣"。物理主义如心脑同一论宣称，一切都是物理事物，心理事物就是物理事物。心灵对行为的因果作用和物理事物之间的因果作用无异，没有任何难以理解的地方。物理主义似乎回答了心灵的因果作用如何可能的问题，但实际上，它只是在回答物理事物之间的因果作用如何可能的问题，因为消解了心灵不同于物理事物的独特之处，心灵也就不再是心灵了。二元论肯定了人作为万物之灵的独特性，而且肯定了意识能够发挥对世界的因果作用，但是，它的问题在于，对这种因果作用的解释具有神秘性。自20世纪70年代起，非还原的物理主义如异常一元论试图调和物理主义和二元论。这种理论在继承两者优点的同时，也继承了两者的缺陷。它本身遭到了心理属性副现象论的质疑。不仅如此，金在权提出了因果排除论证，证明一切非还原的物理主义都是伪命题，其逻辑归宿要么是还原的物理主义，要么是副现象论。强行调和物理主义与二元论似乎难以成功。

如果把心灵当作一种对象来研究，那么，物理主义和二元论对这种特殊对象的理解，可能犯了马克思所说的片面性错误。物理主义像旧唯物主义一样，只从客体或通过直观的形式去理解对象，而二元论像唯心主义一样只从主体方面去理解对象。物理主义和18世纪的"旧唯物主义"是一脉相承的，它们都是马克思所说的"抽象的自然科学的唯物主义"。②物理主义与旧唯物主义至少有以下共同点。一是以自然科学为基础。只不过旧唯物主义以经典力学为基础，

---

① 在关于心理因果性的三个问题之中，解决了心理异常性难题，不一定就解决了随附性／排除难题，因为心理异常性难题只是随附性／排除难题的一个特例；解决了随附性／排除难题，不一定解决了外在主义威胁，因为外在主义威胁是随附性／排除难题的进一步深化；但解决了外在主义威胁，则一定解决了随附性／排除难题；因为解决外在主义威胁是以解决随附性／排除难题为前提条件的。由此可以推知，能够解决外在主义威胁是解决心理因果性问题的试金石。

② 中共中央马克思恩格斯列宁斯大林著作编译局．马克思恩格斯文集：第五卷．北京：人民出版社，2009：429．

而物理主义以量子力学和相对论为基础。二是只见物,不见人。在自然科学的研究中,为了保证客观性,必须祛除主观性。

二元论与唯心主义具有一致性。唯心主义重视意识,重视意识的能动作用,但是抽象地发展了这种能动作用,认为离开了物质,意识可以不受限制地创造一切。二元论和唯心主义一样也承认意识的能动作用,但它既承认意识也承认物质。

马克思主义哲学也曾在旧唯物主义和唯心主义这两种对立的哲学形态之间寻找出路,基于实践范畴扬弃二者,超越旧唯物主义和唯心主义的二元对立,实现了哲学革命。马克思主义的实践唯物主义是促使我们试图以实践范畴来突破心灵的本质和因果作用问题的重要原因。以实践来理解对象,不仅可以理解对象的本质,还可以理解对象的存在。

"对象、现实、感性"是我们面对的和生活于其中的现实世界。[①] 对于这个现实世界,有三种不同的理解方式。第一种理解方式是旧唯物主义的理解方式,从客体的或直观的方面去理解。这种理解方式的特征是,以对象的内在属性来理解对象本身。第二种理解方式是唯心主义的理解方式,从抽象的能动方面去理解。这种理解方式的特征是,将主体的能动性无限扩大,仿佛主体创造万物是任意的,不受客观规律的限制,没有受动性的一面。可以说,旧唯物主义和唯心主义虽然犯的错误不同,但性质是相同的,即都犯了片面性的错误。旧唯物主义没有从主体的或能动的方面去理解,唯心主义没有从客体的或直观的方面去理解。全面而又正确的理解方式是第三种理解,即从实践的方面去理解,既从客体的或直观的方面去理解,又从主体的或能动的方面去理解。

诉诸实践,不仅能够理解对象的本质,还能够说明它们何以存在。在马克思主义哲学看来,人类在实践活动中生成了我们生活于其中的现实世界。现实世界是人类实践活动的结果。没有人类的实践活动,我们生活于其中的现实世界就不可能存在。马克思和恩格斯在《德意志意识形态》中批评费尔巴哈的直观唯物主义。费尔巴哈所说的那种与人的目的性活动相分离的自然界,不是现实世界,不是我们生活于其中的世界,而是抽象的自然界。

从关注的对象来看,马克思主义哲学和物理主义还有不同。马克思主义主要关注的是我们生活于其中的世界(即生活世界),而物理主义关注的世界则更广,不仅包括我们生活于其中的世界,还包括在人之外与人无关的世界。在人之外与人无关的世界,如人类未诞生之前的自然界,相对于我们生活于其中的

---

① 中共中央马克思恩格斯列宁斯大林著作编译局.马克思恩格斯选集:第一卷.2版.北京:人民出版社,1995:54.

现实世界，具有时间上的先在性。但是，在马克思和恩格斯看来，它们与我们的生活无涉，与我们不能发生对象性关系。但是，人的意识显然不是抽象自然界中的一部分，人类的意识与人类生活息息相关。总之，尽管马克思主义和物理主义关注的对象不同，但是，意识都在它们的理论视野内。

第二节　以实践来理解意向性的本质

一个人有什么样的心理内容根据什么来确定？物理主义者宣称，只要"从客体的或直观的形式"去弄清楚他此时大脑的神经生理状态，就可知道他心里的想法。但是，在外在主义看来，同一种神经生理状态可以实现不同的心理内容，决定心理内容的是主体所处的自然－社会－历史的环境。由于这些环境具有广域性，我们不知道实现它们的物理边界在哪里。因此也不可能根据主体的大脑的神经生理状态和他所处的环境来推知他的心理内容。但是，人们可以根据一个人在他所处的环境中所采取的实践活动来确定他的心理内容。

自布伦塔诺（Brentano）以来，意向性就被看作心理事物区别于物理事物的标准。意向性是心理状态总会超越自身而指向或关于一个外在的事态。这就说明，意向性的本质是一种关系属性，而不是一种内在属性。这一点类似于人们用的纸币，一张纸币是不是真币，不是由它的内在属性决定的，而是由它的关系属性决定的，即是否由官方发行。同理，两种状态即使在内在神经生理属性上不可分辨，也可能是两种不同的心理状态，因为它们指向的外在因素不一样。

支持外在主义的论证有很多，但主要的论证有三个：孪生地球思想实验、关节炎思想实验、沼泽人思想实验。第一，孪生地球思想实验表明，心理内容由自然环境决定。第二，关节炎思想实验表明，心理内容由社会环境决定。第三，沼泽人思想实验表明，心理内容由历史决定。沼泽人思想实验和缸中之脑思想实验类同。

孪生地球思想实验、关节炎思想实验和沼泽人思想实验表明了，意向心理事件的本质是由自然环境、社会环境和历史决定的。即使两个人内在的神经生理状态不可分辨，只要他们所处的外在环境不一样，他们的心理内容就不一样。

物理主义者面对外在主义的结论不做改变，依然故我。他们对于外在主义的态度有三种。一是试图从各个方面揭示外在主义的三个论证有内在的逻辑问题，从而说明外在主义的论证是不成立的。二是论证心理内容不是因果力因素，论证一个心理事件只要内在状态相同，即使关于对象不同，因果力也不会改变。计算机功能主义者福多就持这种态度。三是说明意向语词描述的东西根本就不存在，应予以取消。在此基础上，物理主义重复着旧唯物主义的工作，用当代最先进的自然科学，如量子物理学、神经科学、计算机科学，来分析心灵的本质，实现对心灵的自然化。如计算机功能主义认为，心灵无异于计算机。这和18世纪的旧唯物主义如出一辙。

即使终有一天神经生理学把大脑内的神经生理活动全部弄清楚，也无法说明心理事件的本质问题。因为心理事件不同于大脑内的神经生理事件。同一关系是一对一关系。外在主义论证说明了意向心理事件与神经生理事件是多对一的关系。可多样实现性说明了意向心理事件与神经生理事件是一对多的关系。可多样实现性有三种不同的类型：跨种系的可多样实现性、种系内的可多样实现性、同一个体的可多样实现性。第一，跨种系的可多样实现性说的是，同一种意向心理状态在不同的物种中由不同的神经生理状态来实现。这种可多样实现性推翻了物理主义中的类型同一论。第二，种系内的可多样实现性指的是，同一种意向心理状态在同一物种的不同个体中由不同的神经生理状态来实现。这种可多样实现性推翻了金在权式的种系内的局部还原。第三，同一个体的可多样实现性指的是，同一种意向心理状态在同一个体之中有可能由不同的神经生理状态来实现，如"半脑人"。这种可多样实现性推翻了个例同一论。

既然不能从一个人大脑的神经生理状态"读取"他的心理内容，而他所处环境的物理边界也是模糊的，那么如何确定他的心理内容呢？答案是通过实践。

马克思说："劳动过程结束时得到的结果，在这个过程开始时就已经在劳动者的表象中存在着，即已经观念地存在着。他不仅使自然物发生形式变化，同时他还在自然物中实现自己的目的。"[①]通过劳动及其结果可以探寻主体的所思所想，因为结果是目的的实现。

实践实在论者贝克提出，确定心理内容的根据是人在各种环境中的实践活动及其倾向，而不是科学自然主义所说的大脑是否有一种特定的神经生理状态。贝克说：一个人有没有一个独特的信念，是由他在各种环境中做什么、说什么、想什么或可能做什么、说什么、想什么来判定的。[②]一个人要是有某种意向性，就会在环境适宜的情况下做出相应的实践活动。

如何通过实践活动来确定一个人的心理内容呢？戴维森的"彻底的解释理论"解决的就是这个问题。彻底的解释就是从零开始的解释。比如，一个人完

---

① 中共中央马克思恩格斯列宁斯大林著作编译局.马克思恩格斯文集：第五卷.北京：人民出版社，2009.：208.

② Baker L. Explaining Attitudes: a Practical Approach to the Mind. Cambridge: Cambridge University Press, 1995.

全不懂英语，来到了美国，他对美国人的语言和行动的解释，就是彻底的解释。对于他人的活动，如果有办法破译他采取这种特定活动背后的理由（即信念和愿望），就能根据理由对他的活动进行解释。实际上，戴维森的彻底的解释就是要求通过他人的实践活动来确定他人的心理内容。

在彻底的解释理论中，有一个方法性原则，即宽容原则，说的是解释者相信说者的信念之网中绝大多数的信念是真实的。所谓"设身处地地为他人着想"，即"如果我是你，我在这样的环境下，我也会采取相同的行动，因为我和你的想法也是一样的"。环境、意向心理事件、实践行动之间的关系紧密。如果它们处于一条因果直线上，确定了环境和实践行动，也就确定了中间的意向心理事件。解释者根据环境和行动确定自己要是这样行动会是基于什么样的理由，则将这种理由投射到被解释者身上，从而推知被解释者的信念状态。在戴维森的理论中，意向性是一种归属的属性，而不是真实的属性。归属是一个人将意向性归属给另外一个人，因而不可避免地具有某种程度的主观性。

贝克则采取了另外一种方式，即通过反事实条件句来揭示意向内容。在某种环境中，主体如果有某种意向状态，就会有相应的实践活动。同理，在某种环境中，主体如果有某种实践活动，那么，一定有相应的意向状态作为实践活动的原因。要通过反事实条件句来揭示意向内容，就涉及另外一个问题，即如何判断反事实条件句的真假。贝克继承了刘易斯的做法，即以可能世界理论来判断。一个人在其中希望甲获胜并投票支持甲的世界，离我们的现实世界近；一个人在其中希望甲获胜并投票支持甲的对手的世界，离我们的现实世界远。贝克确定意向内容的方式消除了戴维森的方式的主观性。

第三节　以实践来理解意向性的来源

意向性是心理状态关于或指涉外在事态的一种关系属性。对意向性是什么的问题，物理主义者采取各种方法进行自然化，即以人们熟悉的自然科学去揭示意向性存在的充分或必要条件，也就是用自然科学的语言来说明意向性。对于为什么心理状态能够超越自身而指向外在的对象，物理主义似乎不太关心。有唯物主义的目的论功能主义倾向的哲学家认为，意向性的存在是有目的的实践活动的结果。

物理主义是以标准的物理学理论为基础的哲学理论。物理学描述这个世界，回答这个世界是什么的问题。例如它揭示并描述物质质量与能量的关系，但不回答物质质量与能量之间为什么会有这样的关系。物理主义认为这并不意味着物理学本身的失败，而是物理学本身没有这样的义务。相反地，唯心主义则能回答世界为什么如此，如宗教神学的主张。由于物理主义不能回答世界为什么如此存在，不能回答"存在物的第一因"问题，张志林就据此认为，物理主义没有资格成为一种形而上学。[①]

有些物理主义试图打破物理主义的局限性，对意向性的存在原因进行解释。在因果论者看来，心理状态能够指向外在对象，是因为外在对象对心理状态施加了因果作用。但是这种观点的问题也是非常明显的。假设外在对象是一个定点，作为结果的心理状态是另一个定点，两个定点可以确定一条因果直线。如果因果论是正确的话，那么，作为结果的心理状态就可以表征或指向在它之前的处在这条因果直线上的任何原因。但是，事实上，意向性似乎是专有的。

物理主义者在理解意向性的存在原因上，似乎犯了马克思所说的片面性错误，只从客体的或直观的方面去理解，而没有从主体的或能动的方面、实践的方面去理解。有着目的论功能主义倾向的哲学家，从有目的的实践活动中理解意向性的存在原因。

在德雷斯基看来，人造物的意向性源于人的实践活动。例如，温度传感器与环境的温度之间就是一种指示与被指示的关系。温度传感器之所以能感知环境温度，是因为人的设计活动。人们为了实现探测环境温度的目标，通过现实的创造活动，将它创造出来。从这个例子中，我们可以看出，人造物之所以具有意向性，是因为人的有目的的实践活动。

根据米利肯的观点，动物的意向性发挥着专有功能的作用。例如，对老鼠而言，大脑中的符号"猫"的专有功能就是表征猫。一个生物系统的专有功能，就是在其族类进化的过程中由"人格化的"自然界通过自然选择为其族类"设计"的一种特定的功能。对于老鼠而言，"猫"表征猫是大自然有目的地设计的结果。在米利肯看来，描述一个事项的生物学功能，就是描述它的祖先在特殊的历史过程中所发挥的作用，即它的祖先在诞生、发展和生殖的具体的延续数代的周期性的过程中所发挥的作用。在老鼠进化的过程中，如果不以"猫"表征猫从而采取规避活动，老鼠就会灭绝。

人与人造物和其他动物不同，人的意向性不仅源于大自然的设计，还源于人类的自我设计。例如，为了使交通有序进行，保障生命安全，人类设计了交

---

① 张志林. 物理主义是形而上学吗？自然辩证法通讯，2013，35(3)：7-12，125.

通规则和交通指示灯。例如，看到红灯亮了，应停止前行。对于这个例子，我们有三点需要注意。一是交通指示灯中的红灯和舞台上的红灯对人的视网膜产生的因果作用有可能不可分辨，但是人们只有将红灯表征为交通指示灯，才会停止前行；如果将其表征为霓虹灯，则效果不同。这说明：①意向性的根源不是意向对象对心理状态的因果作用，否则，人们脑中的"红灯"只能指示相同的对象。②人们将脑中的"红灯"表征为交通指示灯，源于人们对交通规则的学习活动，而交通规则从根本上源于人类有目的的设计。③人们将脑中的"红灯"表征为交通指示灯，与停止前行之间只具有规范性，不具有必然性。有人看到交通指示灯红灯亮了，有可能因其他原因违反交通规则。因此，意向性与行动之间的因果关系和打开开关与灯亮之间的因果关系不同。

意向性就是语义性。语义性是符号与表征对象之间的语义关系。根据实践论的观点，符号与表征对象之间的指示关系，并不是自然而然地形成的，而是有目的地活动的结果。各种交通指示牌是人们设计的结果，"P"代表可以停车，让需要停车的人知道此处可以停车。物理主义者分析交通指示牌"P"的物理构成不能揭示其本质和存在的原因，停车和"P"之间也不存在因果关系。只有诉诸人的有目的的实践活动，才能理解语义性，才能理解意向性的存在原因。

第四节　以实践来理解意向性的因果作用

意向性是否有因果作用？如果有，它是如何可能的？要回答这一问题，除了要弄清楚意向性本身是什么这一问题之外，还要弄清楚因果关系是什么，特别是要弄清楚因果关系与非因果关系的判别标准。物理主义将心理事件的意向属性置于副现象境地，是因为它坚持物理因果闭合性原则和因果排除原则。物理因果闭合性原则本质上是因果关系的法则学充分性原则。这个原则或许适用于物理事物，但不适用于意向心理事物。恩格斯和伍德沃德支持以实践的方式来判别因果关系。如果一个人的意向心理事件与他的（实践）活动之间具有因果关系，那么，对此人的意向心理事件进行（实践）操控，使其存在或不存在，则他的（实践）活动也会有相应的变化。

意向性能发挥对实践活动的因果作用。对于意向性的因果作用，诉诸物理学的因果法则学标准是无效的，因为意向因果性超出了物理学因果关系的适用范围。因果关系除了物理学的因果关系之外，还有其他的类型，如生物学、心理学、经济学和社会学的因果关系。每一种类型都有自己独特的适用条件和范围，彼此之间只有"家族相似性"，而无共同的本质。

我们设想一个"交通规则"的思想实验。上海和香港的交通规则不同，前者是靠右行驶，后者是靠左行驶。对于交通秩序和安全而言，关键问题不在于是靠右行驶，还是靠左行驶，而是统一行动，靠一边行驶。从模态直觉上看，人们完全可以设想：一个地区决定靠哪一边行驶的那一刻，决定不靠右行驶，而靠左行驶。这种设想即使不具有现实性，但具有某种（逻辑上的或形而上学上的）可能性。在决定靠哪一边行驶的那一刻，以物理语言描述的物理事实是既定的，而由这个物理事件充分决定的结果有两个，一个是靠右行驶，一个是靠左行驶。靠右行驶和靠左行驶显然是两个不同的物理事件。这就表明了，同一个物理事件可充分决定两个不同的物理结果。这一结论与物理因果闭合性原则相悖。

在物理主义的世界中没有规范性因果力的存在地位。因果力有两种不同的类型。一种是自然的因果力。它是一种必然的因果力量，任何人不得违反，比如万有引力。二是规范的因果力。一个地区决定是靠右行驶，还是靠左行驶，是在制定交通规则。交通规则成为一种规范，就有限定人们行为的因果力。这是一种"应当"的因果力，而不是一种"必然"的因果力。一个遵守交通规则的人会受制于交通规则的限制而靠右行驶。一个规范观念不强的人在同一种规范之下仍然有可能违反。规范具有因果力是客观存在的事实。国家、社会制定各种规范，也是基于这一点。但是，在物理主义的世界中，规范性的因果力没有存在地位。从这一点也可以得出，物理因果闭合性原则是一条错误的原则。

用什么来判别因果关系和非因果关系，恩格斯和伍德沃德的回答是实践。

恩格斯说：人类的活动对因果性作出验证。他举例说，人们可以对引信点燃炸药是不是弹丸射出枪膛的原因作出"双重验证"。[①] 如果引信点燃炸药，则弹丸射出枪膛；如果引信没有点燃炸药，则弹丸没有射出枪膛。那么，引信点燃炸药是弹丸射出枪膛的原因。通过相应的实践活动，使原因出现，则结果跟着出现，使原因不出现，则结果不出现，那么，原因和结果之间的因果关系就得到了双重验证。

伍德沃德的干预主义的因果理论的核心思想是：相对于一个系统 S，X 引起 Y，当且仅当：在 S 中发生了一个干预 I，使得 X 的值发生了变化，相应地，Y 的值也发生了变化。[②] 干预实际上是一种实践活动。

---

① 中共中央马克思恩格斯列宁斯大林著作编译局. 马克思恩格斯选集：第四卷. 2 版. 北京：人民出版社，1995: 329.

② Woodward J. Making Things Happen: a Theory of Causal Explanation. Oxford: Oxford University Press, 2003.

无论是在日常生活中，还是在心理学和社会科学的实验中，心理现象 M 和行为 R 都能满足上述两个条件。仅以日常生活为例。假设你口渴想喝水。有人告诉你，冰箱里有水。你因此相信冰箱里有水（M），就会走向冰箱取水（R）。这就是，在其他条件相同的情况下，有 M 就有 R。如果有人告诉你，冰箱里已空无一物了，你因此就不会相信冰箱里有水，也不会去冰箱取水。此即在其他条件相同的情况下，无 M 就无 R。这一正一反两种情况表明了，心理现象和行为之间具有因果相关性。

伍德沃德的干预主义的因果理论与其他人（如钟磊）的干预主义的因果理论的不同在于，在他看来：第一，意向心理现象对行为具有因果作用，实现意向心理现象的大脑神经生理现象也具有因果作用；第二，意向心理现象和大脑神经生理现象，类似于红色和猩红色之间的关系，它们之间不存在因果排除关系。不但如此，伍德沃德还认为，意向心理解释具有相对于神经生理学解释的解释优势。

第五节　从意向性到心灵

一种普遍的观点是，意向性是心灵的特性，而不是心灵本身。说明意向性的本质和说明心灵的本质是两回事。在整个心灵哲学中，已有多种理论对心灵的本质进行了把握。如果不对心灵下一个定义，似乎有一种"隔靴搔痒"的感觉。我们现在试图通过意向性逐步分析心灵的本质。

意向性是心理状态对外在对象的指向性或关涉性；从语言学的观点看，就是语言符号与其对象之间的意义关系。一个人要有意向性，要理解某种语言，就必须有能力将内在的表征符号或语言符号与表征对象关联起来。要想理解"天下雨了"的意义，就必须有能力将这句话与它的成真条件实际地关联起来。因此，具有意向性的心灵是一种能力，这种能力是一种理解语义的能力。塞尔的中文屋论证表明了强人工智能的不可能性。人与计算机的不同在于，人能理解符号的意义。因此，我们可以得出以下结论。

心灵是一种能力。意向性的主体是整个人。同婚姻状况、财产状况、信用状况一样，意向状态是整个人的全局状态，不是大脑（或其他亚人部分）的状态。从日常语言的角度讲，命题态度动词（如"相信""希望""意图"等）和语言学动词（如"说""讲"等）的主体不是大脑，只能是人。只有将人当作可理解的整体，人们才能有意义地谈论他在各种环境中的思想和作为，以及应承担的道德和法律责任。由此可以得出，心灵不是大脑的能力，而是人的一种能力。在以米利肯为代表的目的论功能主义看来，内在符号表征外在对象和不表征外在对象的区别在于，内在符号表征外在对象具有生存价值。因而，心灵是人的一种以获得生存价值为目的的能力。对于生物而言，将内在符号表征为外在对象，以保障生存，还有一个条件，即必须通过实践。以交通指示灯为例，当不同的灯亮起时，人们只有采取与之相适应的行动，才能保护人身安全、免于违法处罚。由此可以得出：心灵是人的一种以实践为手段、以获得生存价值为目的的能力。只有行人理解了交通规则和交通指示灯的意义，他才有可能做出正确的行动、保障生存，所以，心灵是人的一种以实践为手段、以意义为中介、以获得生存价值为目的的能力。意义和意向性本质上是一回事。在把握心灵的本质时，我们以意义取代意向性，主要出于下述原因。

一方面，有利于衔接对心灵的传统理解。意义是语言的意义，而心灵在思考问题时，需要以语言为中介。《德意志意识形态》中说："精神"从一开始就很倒霉，受到物质的"纠缠"，物质在这里表现为振动着的空气层、声音，简言之，即语言。

另一方面，便于理解心灵的社会性。根据维特根斯坦的"反私人语言论证"，凡是语言都是公共的，具有社会性。一个没有掌握任何语言的鲁滨逊，不可能独自地创造一种语言。① 马克思和恩格斯也说："语言和意识具有同样长久的历史；语言是一种实践的、既为别人存在因而也为我自身而存在的、现实的意识。"② 如果语言是社会实践的产物，那么，以语言的意义为中介的心灵活动也属于社会实践。从实践来理解心灵也具有一种合理的可能性。

第六节　问题与思考

实践唯物主义与物理主义是两种不同的理论路径。物理主义是以意向心理的物理基础来理解意向心理，而实践唯物主义是根据意向心理的结果来理解意向心理。以实践来理解意向心理，既是一种猜想，也是一种美好的愿景。这种

---

① 维特根斯坦.哲学研究.李步楼译.北京：商务印书馆，2017: 138.
② 中共中央马克思恩格斯列宁斯大林著作编译局.马克思恩格斯选集：第一卷.2版.北京：人民出版社，1995: 81.

方式本身还有许多需要进一步思考的问题。

第一，以实践理解意向心理的方式，在何种意义上是一种唯物主义？唯物主义和唯心主义之间的区别在于，它们对于哲学基本问题的本体论方面所作的回答不同。唯物主义承认物质第一性，意识第二性，而唯心主义则与之相反。如果实践唯物主义是一种实践本体论，那么，它必然也会遇到实践本体论在何种意义上是唯物主义的问题。唯物主义坚持的是物质本体论。实践和物质谁具有第一性？如果物质具有第一性，以物质来理解实践的性质，坚持了唯物主义，也剥夺了实践的本体论资格；如果实践具有第一性，以实践来理解物质，虽然能赋予实践以本体论资格，但无法说明它是一种唯物主义。对意向心理的实践理解，也存在相似的问题。不过，在以实践范畴理解意向心理的过程中，至少坚持了一种自然主义的观点，没有用超自然的力量来解释相关的问题，没有投入唯心主义和二元论的怀抱。但是，这种方法在何种意义上是一种唯物主义却也语焉不详。

第二，有将认识论置于本体论之先的倾向。本体论和认识论的一个重要区别是，本体论是纵向的，讨论的是存在之间的层次问题。例如，唯物主义认为，物质具有第一性，意识具有第二性。物质是意识的基础，例如一栋房子，物质是地基，意识是地基上的房子。而认识论是横向的，认识的主体和认识的客体是并存的。例如，唯物主义认识论认为，认识是主体对客体的反映。在意向性问题上，物理主义认为有相应的神经生理基础就"有"相应的意向心理；而实践唯物主义认为有相应的实践活动就"有"相应的意向心理。前一个"有"是本体论上的有，后一个"有"是认识论上的有。基于实践的干预主义的因果理论，能从认识论上得出，意向心理内容具有对行为活动的因果作用，从而根据因果关系赋予意向心理内容实在论地位，但是，这依然消解不了将认识论置于本体论之先的倾向。当然，也有哲学家（如贝克和伯奇）认为这种倾向是合理的。物理主义在本体论上的物理实在论和在自然化上的还原论，被证明是两个难以信奉的教条。物理主义在纲领上的失败，从根本上说，要归咎于它错误的哲学出发点，即从先验的形而上学理论出发，先验地构想一个关于因果性和实在的形而上学图景，然后再思考如何通过还原的方法，将事物纳入这个宏大图景之中，对于抵制纳入的，就像对待以太和燃素一样取消其存在地位。

第三，没有为实践的解释能力划界。也就是没明确地规定，在对意向心理的理解过程中，哪些可以诉诸实践来理解，哪些不必诉诸实践来理解。如果实践可以解释一切，自然科学就没有存在的合法性。实践并不是无所不能的。在整个论述的过程中，意向心理的实现基础是自然科学的解释范围，而不是实践的解释范围。这可能与马克思主义哲学略有不同。在马克思主义哲学中，实践是理解马克思主义的红线，是思维辐射的轴心，是"普照的光"。在马克思主义哲学中，实践的解释范围极其广泛，但同样需要明确它的解释范围和边界。

第四，遗漏了感受性问题。感受性就是现象意识。感受性和意向性被认为是心灵具有而物质不具有的特征。新二元论主要是基于感受性设计多种论证向物理主义发难，宣称在物理主义的世界中没有感受性的位置，感受性不能根据物理主义的知识来说明。金在权在阐述他的功能还原主义时，也曾直言不讳地说，由于感受性抵制功能化，因而他的功能还原主义无法对感受性作出解释。色谱颠倒论证和怪人论证都论证了功能相同而感受性不同的怪人的存在。这就说明，感受性只是作为结果出现，而不能作为原因出现，不能对行为以及外在世界施加因果影响。如果是这样的话，对意向性诉诸实践的理解方式就不能移植到对感受性的理解上。实践唯物主义作为一种合理的理论，必须要对感受性作出回答。

参 考 文 献

埃克尔斯.脑的进化：自我意识的创生.潘泓译.上海：上海科技教育出版社，2007.

柏吉.心理学中的个体性与因果性.刘明海译.世界哲学，2016，(6)：102-114.

波普尔.客观知识：一个进化论的研究.舒炜光，卓如飞，周柏乔，等译.上海：上海译文
　　出版社，1987.

伯德.科学哲学.贾玉树，荣小雪译.北京：中国人民大学出版社，2008.

布莱克摩尔.人的意识.耿海燕，李奇，等译校.北京：中国轻工业出版社，2008.

布宁，余纪元.西方哲学英汉对照辞典.北京：人民出版社，2001.

陈晓平.感受性问题与物理主义——评金在权"接近充足的物理主义".哲学分析，2015，
　　6(4)：109-120，199.

程炼.亨普尔两难.世界哲学，2015，(4)：25-36，115，160.

初维峰.因果关系的操控理论与因果多元主义.自然辩证法通讯，2016，38(2)：28-34.

戴维森.心理事件 // 戴维森.真理、意义与方法：戴维森哲学文选.牟博选编.北京：商务
　　印书馆，2008.

戴维森.行动、理性和真理 // 欧阳康.当代英美著名哲学家学术自述.北京：人民出版社，
　　2005.

戴维森.知识的三种类型 // 戴维森.真理、意义与方法：戴维森哲学文选.牟博选编.北京：
　　商务印书馆，2008.

丹尼特.意向立场.刘占峰，陈丽译.北京：商务印书馆，2015.

笛卡尔.第一哲学沉思集：反驳和答辩.庞景仁译.北京：商务印书馆，1986.

笛卡尔.论灵魂的激情.贾江鸿译.北京：商务印书馆，2017.

方红庆.戴维森的外在主义.科学技术哲学研究，2011，28（3）：23-27.

福德.把方法论的唯我论当作认知心理学的研究策略.徐锐译.哲学译丛，1989，(4)：1-17.

高新民.二元论的量子力学路径//高新民.心灵与身体.北京：商务印书馆，2012.

高新民.意向性理论的当代发展.北京：中国社会科学出版社，2008.

高新民，刘占峰，等.心灵的解构：心灵哲学本体论变革研究.北京：中国社会科学出版社，
   2005.

高新民，沈学君.现代西方心灵哲学.武汉：华中师范大学出版社，2010.

海尔.当代心灵哲学导论.高新民，殷筱，徐弢译.北京：中国人民大学出版社，2005.

韩林合.分析的形而上学.北京：商务印书馆，2003.

郝刘祥.物理主义是最可能的形而上学吗?.自然辩证法通讯，2013，35(3)：13-19，125.

华生.行为主义.李维译.杭州：浙江教育出版社，1998.

华生.行为主义者所看到的心理学//张述祖.西方心理学家文选.北京：人民教育出版社，
   1983.

金在权.50年之后的心－身问题.郁锋译.世界哲学，2007，(1)：40-52.

金在权.随附性的种种概念//高新民，储昭华.心灵哲学.北京：商务印书馆，2002.

金在权.物理世界中的心灵.刘明海译.北京：商务印书馆，2015.

金在全.心灵哲学与心理学//路德维希.唐纳德·戴维森.郭世平译.上海：复旦大学出版社，
   2011.

卡尔纳普.哲学和逻辑句法.傅季重译.上海：上海人民出版社，1962.

凯勒斯特拉普.语义外在论.李葵译.北京：华夏出版社，2016.

考夫曼.宇宙为家.李绍明，徐彬译.长沙：湖南科学技术出版社，2003.

克里普克.同一性与必然性//涂纪亮.语言哲学名著选辑（英美部分）.北京：生活·读书·
   新知三联书店，1988.

克里普克.命名与必然性.梅文译.上海：上海译文出版社，2005.

蒉益民.物理世界的因果封闭性、心灵因果性以及物理主义.世界哲学，2014，(6)：111-
   119，161.

蒉益民.心灵哲学中反物理主义主要论证编译评注.世界哲学，2006，(5)：16-22.

蒉益民.因果过度决定与心灵因果排除.世界哲学，2018，(6)：87-97，158.

赖尔.心的概念.徐大建译.北京：商务印书馆，1992.

黎黑.心理学史.李维译.杭州：浙江教育出版社，1998.

李葵.物理主义难以被刻画.中国社会科学报，2016-01-26(002).

李珍.从干预主义因果论看心理因果性问题———一种对非还原物理主义的辩护.自然辩证法
   通讯，2015，37(4)：23-29.

李珍.意向性与因果性——基于干预主义因果论进路的意向因果性的研究.科学技术与辩证
   法，2009，26(2)：101-105.

里德.论人的行动能力.丁三东译.杭州：浙江大学出版社，2011.

刘易斯.疯子的疼和火星人的疼//程广云.多元：2010分析哲学卷.上海：上海三联书店，2010.

麦克唐纳.行动的心理原因与解释//高新民，储昭华.心灵哲学.北京：商务印书馆，2002.

普特南."意义"的意义//陈波，韩林合.逻辑与语言：分析哲学经典文选.北京：东方出版社，2005.

冉奎，肖小丽.论"功能化的还原模型".世界哲学，2018，(6)：133-139.

塞尔.反对唯物主义的论证//塞尔.心灵导论.徐英瑾译.上海：上海人民出版社，2019.

塞尔.心灵导论.徐英瑾译.上海：上海人民出版社，2019.

塞尔.心灵的再发现.王巍译.北京：中国人民大学出版社，2005.

塞尔.意识的奥秘.刘叶涛译.南京：南京大学出版社，2009.

塞尔.意向性：论心灵哲学.刘叶涛译.上海：上海人民出版社，2007.

舒梅克.物理实现.王佳，管清风译.北京：商务印书馆，2015.

斯蒂克，沃菲尔德.心灵哲学.高新民，刘占峰，陈丽，等译.北京：中国人民大学出版社，2013.

泰勒.形而上学.晓杉译.上海：上海译文出版社，1984.

陶焘.干预主义因果理论与因果排斥问题.自然辩证法研究，2014，30(9)：33-39.

陶焘.什么是物理主义?.自然辩证法通讯，2016，38(4)：152-158.

王姝彦，王姝慧.丹尼尔·丹尼特的意向战略及其理论意义.自然辩证法研究，2008，(8)：22-26.

维特根斯坦.逻辑哲学论.贺绍甲译.北京：商务印书馆，1996.

维特根斯坦.哲学研究.李步楼译.北京：商务印书馆，2017.

休谟.人类理解研究.关文运译.北京：商务印书馆，2011.

休谟.人性论.关文运译.北京：商务印书馆，1980.

叶峰.为什么相信还原的物理主义.学术月刊，2017，49(2)：34-43.

叶峰.因果理论与排斥论证.自然辩证法通讯，2017，39(1)：11-20.

郁锋.金在权的功能还原模型：一种基于实现关系的心身还原.自然辩证法研究，2018，34(10)：15-21.

詹姆斯.心理学原理.田平译.北京：中国城市出版社，2003.

张卫国.物质构成：心理因果性理论研究的新范畴——基于金在权的"因果排除论证"的再思考.科学技术哲学研究，2016，(5):36-41.

张卫国，马洪杰.当代唯物主义的本体论证明及其消解.武汉科技大学学报（社会科学版），2017，19（5）：534-539.

张文琴. 反事实条件句和大卫·刘易斯的逻辑哲学. 华东师范大学博士学位论文，2012.

张志林. 物理主义是形而上学吗?. 自然辩证法通讯，2013，35(3)：7-12，125.

赵梦媛. 随附性／排除论证的限度. 自然辩证法研究，2011，27(7)：7-12.

郑宇健. 沼泽人疑难与历时整体论. 哲学研究，2016，(11): 114-122，129.

中共中央马克思恩格斯列宁斯大林著作编译局. 马克思恩格斯文集：第五卷. 北京：人民出版社，2009.

中共中央马克思恩格斯列宁斯大林著作编译局. 马克思恩格斯选集：第一卷. 2版. 北京：人民出版社，1995.

中共中央马克思恩格斯列宁斯大林著作编译局. 马克思恩格斯选集：第四卷. 2版. 北京：人民出版社，1995.

钟磊，丁岳涛. 精致的排除性与精致的因果性. 清华西方哲学研究，2016，2(1)：121-143.

钟磊，董心. 平行主义的复兴. 自然辩证法通讯，2017，39(1)：1-10.

Baker L. Dretske on the explanatory role of belief. Philosophical Studies, 1991, 63(1): 99-111.

Baker L. Explaining Attitudes: a Practical Approach to the Mind. Cambridge: Cambridge University Press, 1995.

Baker L. The Metaphysics of Everyday Life: an Essay in Practical Realism. New York: Cambridge University Press, 2007.

Baker L. Unity without identity: a new look at material constitution. Midwest Studies in Philosophy, 1999, 23(1): 144-165.

Baker L. Why constitution is not identity. The Journal of Philosophy, 1997, 94(12): 599-621.

Beebee H, Hitchcock C, Menzies P. The Oxford Handbook of Causation. Oxford: Oxford University Press, 2009.

Block N. Do causal powers drain away?. Philosophy and Phenomenological Research, 2003, 67(1): 133-150.

Brown T. Inquiry into the Relation of Cause and Effect. New York: Cambridge University Press, 2012.

Burge T. Mind-body causation and explanatory practice//Heil J, Mele A. Mental Causation. Oxford: Oxford University Press, 1993.

Chalmers D. Phenomenal concepts and the explanatory gap//Alter T, Walter S. Phenomenal Concepts and Phenomenal Knowledge: New Essays on Consciousness and Physicalism. Oxford: Oxford University Press, 2007.

Chalmers D. The two-dimensional argument against materialism//McLaughlin B, Beckermann A, Walter S. The Oxford Handbook of Philosophy of Mind. Oxford: Oxford University Press, 2009.

Churchland P. Matter and Consciousness. Cambridge: The MIT Press, 1992.

Crane T. The mental causation debate. Proceedings of the Aristotelian Society, 1995, 69: 211-236.

Davidson D. Could there be a science of rationality//Davidson D. Problems of Rationality. Oxford: Oxford University Press, 2004.

Davidson D. Externalisms//Kotatko P, Pagin P, Segal G. Interpreting Davidson. Stanford: CSLI Publications, 2001.

Davidson D. Knowing one's own mind. Proceedings and Addresses of the American Philosophical Association, 1987, 60(3): 441-458.

Davidson D. Thinking causes//Heil J, Mele A. Mental Causation. Oxford: Oxford University Press, 1993.

Dennett D. Brainstorms: Philosophical Essays on Mind and Psychology. Cambridge: The MIT Press, 1981.

Dowe P. Causality and conserved quantities: a reply to Salmon. Philosophy of Science, 1995, 62(2): 321-333.

Dretske F. Absent qualia. Mind and Language, 1996, 11 (1): 78-85.

Dretske F. Explaining Behavior: Reasons in a World of Causes. Cambridge: The MIT Press, 1988.

Dretske F. How beliefs explain: reply to Baker. Philosophical Studies, 1991, 63(1): 113-117.

Eccles J, Popper K. The Self and Its Brain: an Argument for Interactionism. New York: Springer-Verlag, 1977.

Ehring D. Part-whole physicalism and mental causation. Synthese, 2003, 136(3): 359-388.

El-Hani C, Emmeche C. On some theoretical grounds for an organism-centered biology: property emergence, supervenience, and downward causation. Theory in Biosciences, 2000, 119(3-4): 234-275.

Feinberg G. Physics and the Thales problem. The Journal of Philosophy, 1966, 63(1): 5-17.

Fodor J. A modal argument for narrow content//Macdonald C, Macdonald G. Philosophy of Psychology. Oxford: Blackwell, 1995.

Fodor J. A Theory of Content and Other Essays. Cambridge: The MIT Press, 1992.

Fodor J. Making mind matter more//Fodor J. A Theory of Content and Other Essays. Cambridge: The MIT Press, 1992.

Fodor J. Methodological solipsism considered as a research strategy in cognitive psychology. The Behavioral and Brain Sciences, 1980, 3: 63-109.

Funkhouser E. Three varieties of causal overdetermination. Pacific Philosophical Quarterly, 2002, 83(4): 335-351.

Gillett C, Loewer B. Physicalism and Its Discontents. New York: Cambridge University Press, 2007.

Harbecke J. Mental Causation: Investigating the Mind's Powers in a Natural World. Frankfurt: Ontos Verlag, 2008.

Hart W. The Engines of the Soul. New York: Cambridge University Press, 1988.

Heil J, Robb D. Mental properties. American Philosophical Quarterly, 2003, 40(3): 175-196.

Hellman G. Determination and logical truth. The Journal of Philosophy, 1985, 82(11): 607-616.

Honderich T. The argument for anomalous monism. Analysis, 1982, 42(1): 59-64.

Horgan T. Mental quausation. Philosophical Perspectives, 1989, 3: 47-76.

Huxley T. Hume with Helps to the Study of Berkeley. New York: Appleton, 1894.

Jackson F, Pettit P. Program explanation: a general perspective//Jackson F, Pettit P, Smith M. Mind, Morality, and Explanation: Selected Collaborations. Oxford: Oxford University Press, 2004.

Johansson I. Constitution as a relation within mathematics. The Monist, 2013, 96(1): 87-100.

Johnston M. Constitution is not identity. Mind, 1992, 101(401): 89-105.

Kim J. Blocking causal drainage and other maintenance chores with mental causation. Philosophy and Phenomenological Research, 2003, 67(1): 151-176.

Kim J. Can supervenience and "non-strict laws" save anomalous monism?//Heil J, Mele A. Mental Causation. Oxford: Oxford University Press, 1993.

Kim J. Dretske on how reasons explain behavior//Kim J. Supervenience and Mind: Selected Philosophical Essays. New York: Cambridge University Press, 1993.

Kim J. Mechanism, purpose, and explanatory exclusion//Kim J. Supervenience and Mind: Selected Philosophical Essays. New York: Cambridge University Press, 1993.

Kim J. Philosophy of Mind. Boulder: Westview Press, 2006.

Kim J. Physicalism, or Something Near Enough. Princeton: Princeton University Press, 2005.

Kim J. Supervenience and Mind: Selected Philosophical Essays. New York: Cambridge University Press, 1993.

Kim J. The layered model: metaphysical considerations. Philosophical Explorations, 2002, 5(1): 2-20.

Kim J. The myth of nonreductive materialism//Kim J. Supervenience and Mind: Selected Philosophical Essays. New York: Cambridge University Press, 1993.

Kim J. The non-reductivist's trouble with mental causation//Heil J, Mele A. Mental Causation. Oxford: Oxford University Press, 1993.

Kim J. The nonreductivist's troubles with mental caustion//Kim J. Supervenience and Mind: Selected Philosophical Essays. Cambridge; New York: Cambridge University Press, 1993.

Kistler M. Causation and Laws of Nature. London: Routledge, 2006.

Kvart I. Transitivity and preemption of causal relevance. Philosophical Studies, 1991, 64(2): 125-160.

LePore E, Loewer B. Mind matters. The Journal of Philosophy, 1987, 84(11): 630-642.

LePore E, Ludwig K. Donald Davidson: Meaning, Truth, Language, and Reality. Oxford: Oxford University Press, 2005.

Lewis D. Causation as influence//Collins J, Hall N, Paul L A. Causation and Counterfactuals. Cambridge: The MIT Press, 2004.

Lewis D. Counterfactual dependence and time's arrow. Noûs, 1979, 13(4): 455-476.

Lewis D. Counterfactuals. Oxford: Blackwell, 1973: 48-49.

Libet B. Brain stimulation in the study of neuronal functions for conscious sensory experiences. Human Neurobiology, 1982, 1(4): 235-242.

Macdonald C, Macdonald G. How to be psychologically relevant//Macdonald C, Macdonald G. Philosophy of Psychology. Oxford: Blackwell, 1995.

Marras A. Consciousness and reduction. The British Journal for the Philosophy of Science, 2005, 56(2): 335-361.

McLaughlin B. Type epiphenomenalism, type dualism, and the causal priority of the physical. Philosophical Perspectives, 1989, (3): 109-135.

Menzies P, Price H. Causation as a secondary quality. The British Journal for the Philosophy of Science, 1993, 44(2): 187-203.

Millikan R. Biosemantics//Macdonald C, Macdonald G. Philosophy of Psychology: Debates on Psychological Explanation. Oxford: Blackwell, 1995.

Millikan R. On swampkinds. Mind and Language, 1996, 11 (1): 103-117.

Montero B. Varieties of causal closure//Walter S, Heckmann H. Physicalism and Mental Causation: The Metaphysics of Mind and Action. Exeter: Imprint Academic, 2003.

Papineau D. The rise of physicalism//Gillett C, Loewer B. Physicalism and Its Discontents. New York: Cambridge University Press, 2001.

Peacocke C. Holistic Explanation: Action, Space, Interpretation. Oxford: Oxford University Press, 1979.

Pereboom D. Robust nonreductive materialism. The Journal of Philosophy, 2002, 99(10): 499-531.

Popper K, Eccles J. The Self and Its Brain. New York: Springer, 2012.

Putnam H. Representation and Reality. Cambridge: The MIT Press, 2001.

Reynolds C. Flocks, herds and schools: a distributed behavioral model. Computer Graphics, 1987,

21(4): 25-34.

Robb D. The properties of mental causation. The Philosophical Quarterly, 1997, 47(187): 178-194.

Robinson W. Epiphenomenalism. Wiley Interdisciplinary Reviews: Cognitive Science, 2010, 1(4): 539-547.

Ryle G. The Concept of Mind. London: Routledge, 2009.

Salmon W. Causality and explanation: a reply to two critiques. Philosophy of Science, 1997, 64(3): 461-477.

Sellars W. Empiricism and the philosophy of mind//Sellars W. Science, Perception and Reality. London: Routledge, 1963.

Stich S. Deconstructing the Mind. Oxford: Oxford University Press, 1996.

Stich S. From Folk Psychology to Cognitive Science: The Case Against Belief. Cambridge: The MIT Press, 1983.

Sturgeon S. Physicalism and overdetermination. Mind, 1998, 107(426): 411-432.

Tye M. Qualia. Stanford Encyclopedia of Philosophy Archive, 2018.

Vicente A. On the causal completeness of physics. International Studies in the Philosophy of Science, 2006, 20(2): 149-171.

Wegner D, Wheatley T. Apparent mental causation: sources of the experience of will. American Psychologist, 1999, 54(7): 480-492.

Williams D. On the elements of being. Review of Metaphysics, 1953, 7(1): 3-18.

Wilson J. How superduper does a physicalist supervenience need to be?. The Philosophical Quarterly, 1999, (194): 33-52.

Woodward J. Making Things Happen: a Theory of Causal Explanation. Oxford: Oxford University Press, 2004.

Woodward J. Mental causation and neural mechanisms//Hohwy J, Kallestrup J. Being Reduced: New Essays on Reduction, Explanation, and Causation. Oxford: Oxford University Press, 2008.

Yablo S. Mental causation//Chalmers D. Philosophy of Mind: Classical and Contemporary Readings. New York: Oxford University Press, 2002.

Zangwill N. Constitution and causation. Metaphysica, 2012, 13(1): 1-6.